KB066833

소크라테스의 변명

정암고전총서 플라톤 전집

소크라테스의 변명

플라톤

강철웅 옮김

아카넷

'정암고전총서'를 펴내며

그리스·로마 고전은 서양 지성사의 뿌리이며 지혜의 보고이다. 그러나 이를 우리말로 직접 읽고 검토할 수 있는 원전 번역은 여전히 드물다. 이런 탓에 우리는 서양 사람들의 해석을 수동적으로 수용하는 처지를 완전히 극복하지 못하고 있다. 사상의 수입은 있지만 우리 자신의 사유는 결여된 불균형의 문제를 안고 있는 것이다. 이런 상황은 우리의 삶과 현실을 서양의 문화유산과 연관 지어 사색하고자 할 때 특히 심각한 문제를 야기한다. 우리 자신이 부닥친 문제를 자기 사유 없이 남의 사유를 통해 이해하거나 해결하는 것은 거의 불가능하기 때문이다. 우리의 문제에 대한 인문학적 대안들이 때로는 현실을 적확하게 꼬집지 못하는 공허한 메아리로 들리는 것도 그런 이유 때문일 것이다.

한 공동체에서 살아가는 사람들이 자신들의 생각과 말을 나누며 함께 고민하는 문제와 만날 때 인문학은 진정한 울림이 있는 메아리가 될 수 있다. 이것은 우리가 우리의 현실을 함께 고민하는 문제의식을 공유함으로써 가능하겠지만, 그조차도 함께 사유할 수 있는 텍스트가 없다면 요원한 일일 것이다. 사유를 공유할 텍스트가 없을 때는 앎과 말과 함이 분열될 위험에 노출될 수 있기 때문이다. 이런 점에서 진정한 인문학적 탐색은 삶의 현실이라는 텍스트, 그리고 생각을 나눌 수 있는 문헌 텍스트와 만나는 이중의 노력에 의해 가능할 것이다.

현재 한국의 인문학적 상황은 기묘한 이중성을 보이고 있다. 대학 강단의 인문학은 시들어 가고 있는 반면 대중 사회의 인문학은 뜨거운 열풍이 불어 마치 중흥기를 맞이한 듯하다. 그러나 현재의 대중 인문학은 비판적으로 사유하는 인문학이 되지 못하고 자신의 삶을 합리화하는 도구로 전락하는 경향이 없지 않다. 사유 없는 인문학은 대중의 욕망을 충족시키기 위해 소비되는 상품에 지나지 않는다. '정암고전총서' 기획은 이와 같은 한계상황을 극복할 수 있는 기본적인 토대를 마련하고자 하는 절실한 문제의식에서 시작되었다.

정암학당은 철학과 문학을 아우르는 서양 고전 문헌의 연구와 번역을 목표로 2000년 임의 학술 단체로 출범하였다. 그리고 그 첫 열매로 서양 고전 철학의 시원이라 할 『소크라테스 이전 철학자들의 단편 선집』을 2005년도에 펴냈다. 2008년에는 비영리 공익법인의 자격을 갖는 공적인 학술 단체의 면모를 갖추고 플라톤 원전 번역을 완결할 목표 아래 지금까지 20여 종에 이르는 플라톤 번역서를 내놓고 있다. 이제 '플라톤 전집' 완간을 눈앞에 두고 있는 시점에 정암학당은 지금까지의 시행착오를 밑거름 삼아 그리스·로마의 문사철 고전 문헌을 우리말로 옮기는 고전 번역 운동을 본격적으로 펼치려 한다.

정암학당의 번역 작업은 철저한 연구에 기반한 번역이 되도록 하기 위해 처음부터 공동 독회와 토론을 통해 이루어진다. 번역 초고를 여러 번에 걸쳐 교열·비평하는 공동 독회 세미나를 수행하여 이를 기초로 옮긴이가 최종 수정하는 방식으로 진행된다. 이같이 공동 독회를 통해 번역서를 출간하는 방식은 서양에서도 유래를 찾기 어려운 번역 시스템이다. 공동 독회를 통한 번역은 매우 더디고 고통스러운 작업이지만, 우리는 이 같은 체계적인 비평의 과정을 거칠 때 믿고 읽을 수 있는 텍스트가 탄생할 수 있다고 확신한다. 이런 번역 시스템 때문에 모든 '정암고전총서'에는 공동 윤독자를 병기하기로 한다. 그러나 윤독자들의 비판을 수용할지 여부는 결국 옮긴이가 결정한다는 점에서 번역의 최종 책임은 어디까지나 옮긴이에게 있다. 따라서 공동 윤독에 의한 비판의 과정을 거치되 옮긴이들의 창조적 연구 역량이 자유롭게 발휘될 수 있도록 노력하였다.

정암학당은 앞으로 세부 전공 연구자들이 각각의 연구팀을 이루어 연구와 번역을 병행함으로써 아리스토텔레스 철학 원전, 키케로 전집, 헬레니즘 선집 등의 번역본을 출간할 계획이다. 그리고 이렇게 출간될 번역본에 대한 대중 강연을 마련하여 시민들과 함께 호흡할 수 있는 장을 열어 나갈 것이다. 공익법인인 정암학당은 전적으로 회원들의 후원으로 유지된다는 점에서 '정암고전총서'는 연구자들의 의지뿐만 아니라 시민들의 소중한 뜻이 모여 세상 밖에 나올 수 있는 셈이다. 이런 점에서 '정암고전총서'가 일종의 고전 번역 운동으로 자리매김되길 기대한다.

'정암고전총서'를 시작하는 이 시점에 두려운 마음이 없지 않으나, 이런 노력이 서양 고전 연구의 디딤돌이 될 것이라는 희망, 그리고 새로운 독자들과 만나 새로운 사유의 향연이 펼쳐질 수 있으리라는 기대감 또한 적지 않다. 어려운 출판 여건에도 '정암고전총서' 출간의 큰 결단을 내린 아카넷 김정호 대표에게 경의와 감사의 뜻을 전한다. 끝으로 정암학당의 기틀을 마련했을 뿐만 아니라 앎과 실천이 일치된 삶의 본을 보여 주신 이정호 선생님께 존경의 마음을 표한다. 그 큰 뜻이 이어질 수 있도록 앞으로도 치열한 연구와 좋은 번역을 내놓는 노력을 다할 것이다.

2018년 11월
정암학당 연구자 일동

'정암학당 플라톤 전집'을 새롭게 펴내며

플라톤의 사상과 철학은 서양 사상의 뿌리이자 서양 문화가 이루어 온 지적 성취들의 모태가 되었다는 점에서 큰 의미를 지니고 있다. 특히 그의 작품들 대부분은 풍성하고도 심오한 철학적 문제의식을 담고 있을 뿐만 아니라 생동감 넘치는 대화 형식으로 쓰여 있어서, 오늘날까지 많은 사람이 최고의 철학 고전이자 문학사에 길이 남을 걸작으로 손꼽고 있다. 화이트헤드는 '유럽철학의 전통은 플라톤에 대한 일련의 각주'라고까지 하지 않았던가.

정암학당은 플라톤의 작품 전체를 우리말로 공유할 수 있도록 하자는 취지에서 뜻있는 학자들이 모여 2000년에 문을 열었다. 그 이래로 플라톤의 작품들을 함께 읽고 번역하는 데 매달려 왔다. 정암학당의 연구자들은 애초부터 공동 탐구의 작업 방식을 취해 왔으며, 이에 따라 공동 독회와 토론을 통해 텍스트를 이해하는 노력을 기울여 왔고, 초고를 여러 번에 걸쳐 교열·비평하는 수고 또한 마다하지 않았다. 2007년에 『뤼시스』를 비롯한 3종의 번역서를 낸 이후 지금까지 출간된 정암학당 플라톤 번역서들은 모두 이 같은 작업 방식으로 이루어진 성과물들이다.

정암학당의 이러한 작업 방식 때문에 번역 텍스트를 출간하는 데 출판사 쪽의 애로가 없지 않았다. 그동안 출판을 맡아 준 이제이북스는 어려운 여건에서도 플라톤 전집 출간의 의미를 이해하고 전집 출간 사업에 동참하여 많은 노력을 기울여주었다. 그 결과 2007년부터 2018년까지 20여 종의 플라톤 전집 번역서가 출간되었다. 그러나 최근 이제이북스의 여러 사정으로 인해 전집 출간을 마무리하기가 어려워졌다. 정암학당은 플라톤 전집 출간을 이제이북스와 완결하지 못하게 된 것에 대해 아쉬움을 표하는 동시에 그 동안의 노고에 고마움을 전한다.

정암학당은 이 기회에 플라톤 전집의 번역과 출간 체계를 전반적으로 정비하기로 했고, 이런 취지에서 '정암학당 플라톤 전집'을 '정암고전총서'에 포함시켜 아카넷 출판사를 통해 출간할 것이다. 아카넷은 정암학당이라는 학술 공간의 의미를 이해하고 '정암학당 플라톤 전집' 출간의 가치를 공감해주었다. 여러 가지 측면에서 많은 어려움이 있었음에도 어려운 결단을 내린 아카넷 출판사에 감사를 표한다.

정암학당은 기존에 출간한 20여 종의 번역 텍스트를 '정암고전총서'에 편입시켜 앞으로 2년 동안 순차적으로 이전 출간할 예정이다. 그러나 이런 작업이 짧은 시간에 추진되었기 때문에 번역자들에게 전면적인 수정을 할 시간적 여유가 주어지지는 않았다. 따라서 아카넷 출판사로 이전 출간하는 플라톤 전집은 일부의 내용을 보완하고 오식을 수정하는 선에서 새로운 판형과 조판으로 출간한다. 이 점에 대해서는 독자들께 양해를 구한다. 정암학당은 출판사를 옮겨 출간하는 작업을 진행하는 동시에, 플라톤 전집 중 남아 있는 텍스트들에 대한 번역본 출간 시기도 앞당길 수 있도록 노력할 것이다. 그리하여 오랜 공동 연구의 결실인 '정암학당 플라톤 전집' 전체를 독자들이 조만간 음미할 수 있도록 최선을 다할 것이다.

끝으로 정암학당의 기반을 마련해 주신 고 정암(鼎巖) 이종건(李鍾健) 선생을 추모하며, 새 출판사에서 플라톤 전집을 완간하는 일에 박차를 가할 것을 다짐한다.

2019년 6월

정암학당 연구자 일동

차례

작품 내용 구분

I. 첫째 연설 : 유무죄에 관련된 항변 연설(17a1~35d9)

1. 서두(17a1~18a6) : 설득력 있는 언변과 말투가 아니라 진실과 정의를 말하는 데 집중하는 것이 재판에 임하는 연설가와 재판관의 덕이다.

2. 항변 프로그램(18a7~19a7) : 이중의 고발이 존재하며, 공식 고발보다 더 뿌리 깊고 오래된 처음 고발("지혜자요 천상과 지하를 탐색하고 약한 논변을 강화한다")에 대해 먼저 항변해야 한다.

3. 항변(19a8~28b2)
   1) 오래된 비공식 고발에 대한 항변 : 소크라테스의 철학적 사명 (19a8~24b2)
   (1) 소극적 해명 : 소크라테스는 무엇이 아닌가?(19a8~20c3)
      ① 자연 철학자가 아니다. (오래된 고발의 내용 : "지하와 천상을 탐구하고 약한 논변을 강화하며 그것들을 남에게 가르친다.")(19a8~d7)
      ② 소피스트가 아니다.(19d8~20c3)
   (2) 적극적 해명 : 소크라테스가 하는 일이 무엇인가? 비방은 왜 생겼는가?(20c4~24b2)
      ① 인간적 지혜 : 신탁의 예언 "소크라테스보다 지혜로운 사람은 없다."(20c4~21a9)
      ② 신탁의 수수께끼를 풀기 위한 탐색 여정(21b1~22e6)
         i) 서두 : 신탁의 수수께끼에 대한 고심(21b1~8)

ⅱ) 정치인들과의 대화(21b9~e1)

　　ⅲ) 시인들과의 대화(21e2~22c8)

　　ⅳ) 수공 장인들과의 대화(22c9~e6)

　③ 탐색의 결과(22e7~24b2)

　　ⅰ) 서두 : 미움과 비방이 생겨난 까닭은 '지혜' 때문이다.(22e
　　　7~23a5)

　　ⅱ) 아폴론이 부여한 사명 : 신탁의 진의에 대한 해석에 따라
　　　신에 대한 봉사로서 검토를 실행했다.(23a5~c1)

　　ⅲ) 모방 시도와 미움 발생 : 이 검토를 젊은이들이 반기고
　　　모방해서 소크라테스에 대한 미움과 비방이 발생했다.
　　　(23c2~e3)

　　ⅳ) 공식 고발과의 관계 : 이런 미움과 비방으로부터 결국 공
　　　식 고발이 나왔다는 것이 진실이다.(23e4~24b2)

2) 멜레토스의 공식 고발에 대한 항변 : 멜레토스와의 대화(24b3~28a2)

　(1) 서두 : 공식 고발 내용("젊은이를 망치며, 국가가 믿는 신들을
　　믿지 않고 새로운 신령스러운 것들을 믿는다.")(24b3~24c3)

　(2) 젊은이를 망친다는 고발에 대한 논박 : 멜레토스는 젊은이 교육
　　에 무관심하다.(24c4~26a8)

　　① 테스트 1 : 누가 젊은이를 훌륭하게 하는가?(24c4~25c4)

　　② 테스트 2 : 젊은이를 의도적으로 망칠 수 있는가?(25c5~26a8)

　(3) 신을 믿지 않는다는 고발에 대한 논박 : 멜레토스의 고발은 자기
　　모순적이다.(26a9~28a2)

　　① 고발에 대한 해석 : "소크라테스는 무신론을 가르침으로써 젊
　　　은이를 망친다."(26a9~e5)

　　② 무신론 고발의 자기 모순성 : "소크라테스는 신을 믿으면서
　　　믿지 않는다."(26e6~28a2)

3) 항변의 마무리 : 공식 고발보다 뿌리 깊은 미움과 비방 문제이며,
　이것은 이후로도 계속 훌륭한 사람을 괴롭힐 것이다.(28a3~b2)

4. 여담 : 소크라테스의 삶 — 두 주요 반론에 대한 응답(28b3~34b5)

1) 첫째 반론(소크라테스가 택한 삶은 위험하다)에 대한 응답 — 소크라테스의 경건함이 입증됨(28b3~31c3)

(1) 정의/훌륭함에 대한 고려 : 죽음의 위험보다 훌륭한 사람의 일(=영혼을 돌보라는 신의 명령)을 실행하는 것이 더 중요하다. (28b3~30c2)

① 일반적인 행위 원칙 : 죽음의 위험보다 명령(의무)을 지키는 일이 더 중요하다. (아킬레우스의 선택과 군사적 비유)(28b3~d10)

② 소크라테스의 경우에 적용 : 죽음이 두려워 명령(의무)을 저버리는 것은 모르는 것을 안다고 생각하는 비난받을 만한 무지다.(28d10~29c1)

③ 실천적 결론 : 조건부 방면 거부 — 여러 번 죽는 한이 있어도 신의 명령을 저버리지(즉 검토하며 영혼 돌보는 일을 멈추지) 않겠다.(29c1~30c2)

(2) 이로움에 대한 고려(30c3~31c3)

① 고발자들은 소크라테스에게 해를 주지 못한다. (나쁜 것이란 무엇인가? : 형편없는 사람이 훌륭한 사람에게 해를 주지 못한다. 죽음이 아니라 불의가 진짜 나쁜 것이다.)(30c3~d6)

② 소크라테스의 사명은 아테네의 유익을 위해서였으며, 가난이 그 증거다. (등에 비유 : "신이 국가에 준 선물")(30d6~31c3)

2) 둘째 반론(개인적 조언을 하면서 공적인 조언(즉 정치 활동)을 못할 이유가 무엇인가?)에 대한 응답 — 젊은이에 대한 소크라테스의 영향이 유익했음이 입증됨(31c4~34b5)

(1) 신의 신호가 정치 활동을 반대했다.(31c4~d6)

(2) 정의로운 사람이 정치하면 죽게 된다.(31d6~33a5)

① 일반 언명 : 정의로운 사람이 정치하면 죽게 된다. (신의 신호에 대한 해석)(31d6~32a3)

16

② 소크라테스의 과거 경험에 적용 (두 증거 사례)(32a4~e1)

ⅰ) 서두 : 실제 행동이 증거이며 이는 진실이다.(32a4~9)

ⅱ) 민주정하에서 저항한 사례(32a9~c2)

ⅲ) 과두정하에서 저항한 사례(32c3~e1)

③ 경험을 통한 추론의 결과 : 공적인 활동을 했다면 오래전에 죽었을 것이다. 그래서 사적인 조언만 했고 이른바 제자들이 부정의한 일을 꾸미는 데 동조한 바 없다.(32e2~33a5)

(3) 그 사적 활동이 선생 노릇은 아니지만 유익한 영향을 주었다. (33a5~34b5)

① 사적 조언을 원하는 누구에게나 제공했지만 가르친 것은 아니다.(33a5~b8)

② 사제 관계도 아니면서 시간을 함께 보내는 것은 소크라테스 측에서는 신의 명령 때문이고 상대 측에서는 검토가 주는 즐거움 때문이다.(33b9~c7)

③ 나쁜 조언으로 망치지는 않았다. 부형이나 친척의 문제 제기가 없는 것이 증거다. (제자 목록)(33c7~34b5)

5. 맺는 말 : 동정에 호소하지 않겠다.(34b6~35d9)

1) 서두 : 아이와 친척이 있지만 그들을 이용해 동정을 사는 행위는 안 하겠다.(34b6~d9)

2) 동정에 호소하지 않는 이유 : 아름답지도 정의롭지도 경건하지도 않다.(34d9~35d9)

(1) 명예의 문제 : 소크라테스에게도 국가에도 아름답지 않다.(34d9~35b9)

(2) 정의의 문제 : 원고나 피고 모두의 의무를 저버리는 부정의한 행위다.(35b10~c6)

(3) 경건의 문제 : 신들이 있다는 것을 믿지 말라고 가르치는 셈이 된다.(35c6~d9)

II. 둘째 연설 : 대안 형량 제안 연설(35e1~38b10)

1. 서두 : 유무죄 투표수 차이가 근소한 것에 놀랐다.(35e1~36b2)

2. 대안 형량 제안(36b3~38b10)
   1) 원칙에 따른 제안 : 소크라테스가 받아 마땅한 것은 무엇인가?
      (36b3~37a2)
      (1) (개인에게 자신을 돌보도록 설득하는 서비스를 베푼) 국가 유공
         자요 가난하다.(36b3~d6)
      (2) 그런 사람이 받아 마땅한 것은 국가가 영구히 베푸는 식사 대접
         이다. 올림픽 승자보다 더 진정한 유공자이므로 이 특권을 누려
         야 한다.(36d6~37a2)
   2) 현실에 따른 제안 : 배심원들이 고려하는 형량은 어떤 것들인가?
      (37a3~38b10)
      (1) 짧은 시간에 설득하기 어려워서 그렇지, 고의로 불의를 행하지
         않는다는 확신을 갖고 있으므로 옥살이나 벌금, 추방(망명) 등
         어떤 처벌도 받을 만하지 않다.(37a3~e2)
      (2) 검토 없는 삶은 살 가치가 없으므로 망명해서 조용히 산다는 것
         도 불가능하다.(37e3~38a8)
      (3) 돈 내는 것은 자신에게 아무런 해가 아니므로 돈이 있다면 벌금
         은 얼마든 제안할 수 있다. 굳이 처벌을 제안해야 한다면 1므나
         벌금을 제안한다. 주변에서 도와준다 하니 벌금 30므나로 수정
         제안한다.(38a8~b10)

III. 셋째 연설 : 최종 판결 후 배심원들을 향한 마지막 연설 (38c1~42a5)

1. 사형(유죄) 투표자에게 하는 연설(38c1~39d10)

    1) 서두 : 사형 투표자들은 잠깐을 못 기다리고 곧 죽을 지혜자를 죽였다는 오명과 비난을 자초한 것이다.(38c1~d3)

    2) 소크라테스와 고발자들의 비교 : 몰염치하게 죽음을 피하고 싶지 않다. 죽음을 피하는 것이 아니라 사악을 피하는 것이 어렵다.(38d3~39b8)

    3) 예언 : 소크라테스의 죽음 이후에도 논박자는 계속 늘어날 것이다. 그것을 벗어나는 길은 자신을 훌륭하게 만드는 것뿐이다.(39c1~39d10)

2. 무죄 투표자에게 하는 연설(39e1~42a5)

    1) 서두 : 일어난 일의 의미에 대해 친구 간의 대화를 나누자.(39e1~40a2)

    2) 신의 신호에 대한 해석 : 신의 신호가 반대하지 않았으니 소크라테스에게 일어난 일이 나쁜 일이 아니다.(40a2~c3)

    3) 죽음에 관한 숙고 : 죽음이란 무엇인가? 무로 가는 것이든 다른 곳으로의 이주든 나쁠 것이 없다.(40c4~41c7)

    4) 신의 섭리에 대한 신뢰 : 훌륭한 사람은 살아 있든 죽은 후든 신이 돌보므로 걱정할 것이 없다. 유죄 투표자들의 의도와 달리 소크라테스에게는 뭔가 좋은 일이 일어나고 있다.(41c8~e1)

    5) 아들들에 대한 부탁 : 소크라테스가 베푼 검토로써 똑같이 아들들을 괴롭히고 꾸짖어 주길 부탁한다.(41e1~42a2)

    6) 각자의 일을 향해 가는 소크라테스와 고발자들의 비교 : 어느 쪽이 좋은 것을 향해 가는지는 신만이 안다.(42a2~5)

일러두기

- 기준 판본

  번역의 기준 판본은 옥스퍼드 고전 텍스트(OCT) 신판의 해당 부분이며, 쪽수 표기도 그곳에 언급되어 있는 '스테파누스 쪽수'를 따른다(예 : 17a 등). 그곳에서 언급되는 주요 사본 계열 β, T, δ는 각각 다음의 사본들을 지칭한다. (OCT 구판에서는 B, T, W가 사용되었다. 이 가운데 B와 W 각각에 같은 계열 사본들이 추가되었다고 보면 된다.)

  1) 사본 가족 I : β 계열

     B = Cod. Bodl. MS. E. D. Clarke 39 (895년)

     D = Cod. Ven. gr. 185 (12세기)

  2) 사본 가족 II : T

     T = Cod. Ven. app. cl. 4, 1 (10세기)

  3) 사본 가족 III : δ 계열

     W = Cod. Vind. suppl. gr. 7 (11세기)

     P = Cod. Vat. Pal. gr. 173 (10~11세기)

     V = Cod. Vat. gr. 225 (12세기?)

     Arm. = Versio Armeniaca (11세기 이전)

     Ven. 511 = Cod. Ven. gr. 511 (17a1~18a5) (14세기)

     B² = vetus corrector codicis B (sed vid. praef. p. xi n. 17) (9세기 말)

     T² = vetus corrector codicis T (sed vid. praef. p. xii) (10세기 말?)

- 주석

  1) 각주와 미주로 나누되 기본적으로 다음 기준을 적용한다.

     ① 기본적인 어구나 논의의 흐름에 대한 보충 설명, 역사적 · 문화적 배경 등 비교적 평이하면서도 본문의 기본적인 이해에 긴요한 사항들은 대개 각주에 다룬다.

     ② 사본의 문제나 비교적 복잡한 원어상의 문제, 번역어 선택에 대한 해명, 심도 있는 내용의 상세한 해설 등 비교적 전문적이며 본문의 심화된 이해에 도움이 되는 사항들은 대개 미주에 다룬다.

     ③ 대안 번역어는 기본적으로 부록의 찾아보기를 참조하도록 한다. 다만 원문 이해

20

에 중요한 영향을 줄 만한 것들에 한해 주석에 제시하되 그 경중에 따라 보다 긴요한 몇몇 경우는 각주에, 그렇지 않은 대부분의 경우는 미주에 제시한다.

2) 각주는 *, **, ***, …으로, 미주는 1, 2, 3, …으로 표시한다.

- 표기법

   고유명사 등 희랍어 단어를 우리말로 표기할 때는 고전 시대 발음에 가깝게 표기한다. 특히 후대 희랍어의 이오타시즘은 따르지 않는다. 다만 우리말에 들어와 이미 굳어진 것들은 관행을 존중하여 표기한다.

- 연대 표시

   이 번역에 언급되는 연대는 기본적으로 기원전 연대다. 혼동의 여지가 있거나 다른 특별한 이유가 있을 때를 제외하고는 '기원전'을 생략할 수 있다.

- 높임법

   희랍어에는 높임법이 없다. 그런 희랍어가 구어체에서 높임법을 적용하는 우리말 맥락에 적절히 들어오기 위해서는 일정한 수준의 높임법을 선택할 수밖에 없다. 이 번역서에서는 소크라테스의 나이, 그리고 공식 재판이라는 형식에 구애받지 않는 그의 당당한 자세와 태도를 감안하여 편한 어투와 약간의 경어투를 적당히 혼용하여 구사하는 것으로 설정했다. '제가 재판관님들께 조용히 해 주시길 부탁드립니다', '조용히 계셔 주십시오' 유의 깍듯한 경어투가 아니라, '내가 재판관 여러분에게 조용히 해 주길 부탁합니다', '조용히 해 주세요' 유의 섞인 어투를 택하면서 굳이 어느 하나로 통일하려 애쓰지 않았다. 기본적으로 번역문에서 높임법상의 차이가 나타난다면, 이는 원문에서의 차이를 반영하는 것이 아니라 소크라테스가 취했을 법한 태도를 반영하면서 '입에서 나오는 대로' 이야기하는 자연스러운 입말을 살리려는 우리말 맥락에서의 사정일 뿐이다. 높임법은 원문에 없는 장치이므로, 예컨대 '제가' 대신 '내가'를 말한다고 해서 소크라테스가 특정의 높임법을 선택적으로 구사하여 배심원들을 자극할 의도를 갖고 있는 것은 아니다. 그의 말이 자주 배심원들을 자극하고 있는 것은 사실이나, 그것이 희랍어에 없는 높임법 때문은 적어도 아니라는 것이다.

소크라테스의 변명

소크라테스의 변명

아테네인[1] 여러분,* 나를 고발한 사람들로 인해 여러분이 무슨   17a

---

* 배심원들 앞에서 처음 말을 걸면서 '재판관 여러분'이라는 통상의 호칭 대신
  이런 포괄적인 호칭을 사용하고 있는 이유가 많은 관심의 대상이 되어 왔다.
  배심원들이 (특히 나중에 유죄 판결과 사형 판결을 내리게 될 배심원들이) 진
  정한 재판관이라 불릴 수 있는가 하는 의문에 기인한 유보적 호칭이라는 것
  이 자주 동원되는 설명이다. 나중(40a)의 호칭 관련 언급을 볼 때 받아들일
  만한 일면이 있는 설명이지만, 이 호칭의 풍부한 함축을 온전히 드러내지는
  못하는 것 같다. 일단 '아테네인 여러분'이라는 호칭이 배심원들의 자부심에
  호소하는 호칭일 가능성도 배제할 수 없다. 나중에 나오는 "지혜와 힘에 있어
  서 가장 위대하고 가장 명성이 높은 국가인 아테네 사람이면서"(29d)와 같은
  언급에서 이런 가능성은 어렵지 않게 확인된다. 폄하를 의도했든 아니면 자
  부심에 호소하는 것이든 간에, 이 호칭은 사실상 이 작품 거의 전부를 포괄하
  는 호칭이다. 나중에 더 정확한 호칭으로 수정된다는 점도 물론 간과하기 어
  렵지만, 거의 끄트머리에 해당하는 그 지점까지 이 호칭이 줄곧 사용된다는
  점에 오히려 더 주목해야 하지 않을까 싶다. 이 변명 전체가 법정에 참석한
  배심원들이나 소송 당사자들, 방청객들만이 아니라 전 아테네인을 향한 것이
  라는 점이 이 호칭에 함축되어 있다고 볼 수 있다. 소크라테스의 변명은 단지
  피고가 자신에게 씌워진 죄를 벗기 위해 행하는 유의 통상적인 법정 연설(즉

일을 겪었는지[2]는 난 알지 못합니다.* 하지만 어쨌든 나는 그들로 인해 나 스스로도 거의 나 자신이 누구인지를 잊어버릴 지경이었습니다. 그 정도로 그들은 설득력 있게 말하고 있었던 거죠. 하지만 진실에 관한 한은 그들이 사실상[3] 아무것도 말한 게 없다 할 수 있습니다.** 그들이 한 많은 거짓말 가운데 유독 하나가 내겐 정말 놀라운 것으로 여겨졌는데요.[4] 뭐냐 하면, 내가 말하는

b 데 능란하니까 여러분은 나한테 기만당하지 않도록 조심해야 한다는 말이었습니다. 곧바로 실제 행동[5]을 통해 나한테서 논박당

피고 변론)에 머무는 것이 아니라, 철학자 소크라테스가 자신의 철학적 삶의 성격과 의미를 아테네인들에게 보여 주려는 목적으로 행해진 유일한 대중 연설(즉 대중과의 대화)이기도 하다.

* 소크라테스 변명의 제1성이(그리고 만일 이 작품이 플라톤의 첫 저작이라면, 저작을 시작한 플라톤의 제1성이) '나는 모른다'는 말이라는 점은 의미심장하다. 그가 자처한 무지는 이후 논의에서 결국 그의 지혜였음이 밝혀진다. 표면적 언표 내용과 다른 깊은 의미가 언표의 이면에 내장되어 있는 것을 가리켜 '아이러니'라고 부르는데, 소크라테스 변명의 (혹은 아마도 플라톤 저작의) 첫 발언이 아이러니를 담고 있다는 것은 주목할 만한 일이다. 마지막 문장(42a) 역시 무지 주장으로 끝난다.

** 이 서두에서 설득과 진실, 연설가와 철학자, 혹은 수사학과 철학의 대비가 계속 강조되고 있다. 여기서 거론되는 설득과 수사학은 진실과 대비되는 것으로 설정되어 있지만, 플라톤의 이후 저작들에서 진실에 봉사하는 설득 혹은 수사학이 거론되기도 한다. 후자는 이 작품에서 소크라테스가 행하는 설득과 사실상 궤를 같이 하는 것이라 할 수 있을 것이다. 이 작품은 당대 수사가 혹은 연설가들의 실제 행태를 고발하면서 그것과 대비되는 소크라테스의 변명을 재현하려는 일종의 패러디 성격을 강하게 띠고 있어서 후자 측면이 부각되어 있지 않은 것이라 할 수 있겠다.

26

하리라는 걸. 그러니까 내가 말하는 데 어떤 식으로도 능란하지
않다는 것이 밝혀지게 되면 단박에 논박당하리라는 걸 수치스러
워하지 않는다는 것, 바로 그것이 내겐 그들이 가진 가장 몰염치
한 점이라는 생각이 들었거든요. 혹시라도 이 사람들이 진실을
말하는 사람을 가리켜, 말하는 데 능란한 사람이라고 부르지 않
는 한은 말입니다. 그들이 이런 의미로 말하는 거라면 나로서도
내가, 이들과 다른 방식으로긴 하지만[6] 연설가라는 데 동의할 수
도 있을 테니까요.

　그러니까 이 사람들은 내가 말했던 대로, 진실을 거의 혹은 아
예 말한 게 없었던 겁니다. 반면에 나한테서는 여러분이 온전한
진실을 듣게 될 겁니다. 하지만 아테네인 여러분, 제우스에 맹
세코 말하건대, 여러분은 이 사람들의 말처럼 미사여구로 멋들
어지게 꾸미거나 질서 있게 배열한 말이 아니라, 그저 단어가 떠
오르는 대로 두서없이 하는 말을 나한테서 듣게 될 겁니다. 내가
말하는 것들이 정의롭다[*]고 믿으니까 그렇게 하는 겁니다. 그러
니 여러분 가운데 아무도 다른 기대는 하지 마세요. 여러분, 이

c

---

[*]　'정의'/'불의(부정의)' 관련어들은 '정당'/'부당', '올바름'/'올바르지 않음' 등으
　로 옮기는 것이 우리말 맥락에 더 알맞은 경우가 많다(관련 어휘들의 찾아보
　기와 아래 19b '불의를 행하다'의 주석(이 책 35쪽 첫 번째 각주) 등을 참고할
　것). 기본적으로 '정의'/'불의'가 개인에게 적용되는 것이 어색하기 때문이다.
　이런 어색함에도 불구하고 '정의'/'불의(부정의)'의 일관된 사용에 주목하는
　것이 원문의 정신에 접근하는 데 유용하다고 생각한다.

나이에 내가 젊은 애처럼* 말을 지어내면서 여러분 앞에 나선다는 건 분명 적절하지도 않은 일일 테니까요.

그러니 정말이지 아테네인 여러분, 여러분에게 나는 이렇게 요구하고 청합니다. 여러분 가운데 다수가 시장의 환전상 근처에서 내가 하는 말을 듣기도 했고 또 다른 어딘가에서 그랬을 수도 있는데, 아무튼 내가 입버릇처럼 쓰던 말들이 있지요. 내가 바로 그런 말을 쓰면서 항변(抗辯)하는[7] 걸 여러분이 듣게 되더라

d 도 그것 때문에 놀라워하거나 소란을 벌이지는 마세요.** 형편이 이렇거든요. 지금 난 일흔 살이 되어서 처음으로 재판정에 올라왔죠.*** 그래서 이곳 말투에는 그야말로[8] 생소한 외국인의 처지예요. 그러니까 만일 내가 실제로 외국인이라면, 내가 양육받을 때

---

* 고발자들의 형식적 대표자인 멜레토스는 당시에 아주 젊었던 것으로 알려져 있다. 예컨대 『에우튀프론』 2b에 나오는 소크라테스의 말에 따르면 그렇다. 아리스토파네스의 『개구리』 1302에서 풍자의 대상이 되는 시인 멜레토스는 아마 여기 고발자 멜레토스의 아버지였을 것이다. 멜레토스에 관해서는 아래 23e의 주석(이 책 50쪽)도 참고할 것.

** 다수(지금 이 재판의 경우 500명. 혹은 홀수 배심원 501명이었을 가능성에 관해서는 아래 36a의 유무죄 투표수의 차이에 관한 주석(이 책 94쪽 첫 번째 각주)을 참고할 것)로 구성된 배심원들은 흔히 박수, 고함, 야유 등으로 연사에 대한 찬동이나 반대를 표현하였다.

*** 재판정이나 군중 앞에 소송 당사자나 연사로 서는 일을 '오른다(anabainein)'고 표현하는 것은 '연단에 오른다'는 말에서 나온 것이다. 이 재판정의 위치에 관해서는 아래 39e의 감옥("내가 가서 죽어야 할 곳")에 관한 주석(이 책 106쪽)을 참고할 것.

28

쓰던 바로 그 방언과 방식으로 말을 하게 되더라도 여러분은 아마 나를 용서해 줄 게 틀림없을 텐데요. 그런 것처럼 지금도 나는 여러분에게 다음과 같이 해 주길 요청합니다. 적어도 내가 보기엔 정의로운 요청이죠. 말투가 어떤 방식인지는 문제 삼지 말고 (혹시 더 형편없을 수도 있고 더 괜찮을 수도 있을 테니까요) 그저 내가 정의로운 말을 하는지 그렇지 않은지만 살펴보고 그것에만 주의를 기울여 달라고 말입니다. 바로 이것이 재판관*의 덕(德)**이고, 연설가의 덕은 진실을 말하는 것이기 때문입니다. 〔18a〕

   그러니 아테네인 여러분, 우선은 내가 나에 대한 처음의 거짓 고발 내용과 처음 고발자들에 대해 항변을 하고, 그 다음에 나중 고발 내용과 나중 고발자들에 대해 항변을 하는 것이 정의에 부

---

*   이 번역서에서 '재판관'으로 옮긴 '디카스테스(dikastēs)'는 배심 재판이라는 당시 재판의 성격으로 미루어 볼 때 실제로는 배심원을 가리킨다.

** '아레테(aretē)'는 '덕' 대신 '훌륭함'으로 옮길 수도 있다. 우리가 흔히 생각하는 도덕성을 포함하는 방식으로 쓰일 때가 많지만, 늘 그런 것은 아니라는 데 유의할 필요가 있다. 예컨대 아래 20b에서는 망아지나 송아지의 아레테를 이야기하는데, 그럴 때는 망아지나 송아지의 훌륭함으로 새기는 것이 좀 더 자연스러워 보인다. 그러니까 인간에게 쓰이는 중요한 맥락들을 고려하여 '덕'으로 옮기지만, 본래 '아레테'란 어떤 사물에 '알맞은(prosēkousa, 20b)' 훌륭함이라는 점, 따라서 인간에게 적용될 때는 자연히 도덕적인 것이 인간의 훌륭함에 포함되지만, 다른 사물에 적용될 때는 그렇지 않을 수 있다는 점을 감안하는 것이 좋겠다.

b   합합니다. 오래전부터 이미 여러 해 동안 여러분을 향해 나를 고
발한 사람들이 많거든요. 진실이라곤 아무것도 말하지 않으면서
말입니다. 나는 아뉘토스*와 그 주변 사람들보다 그 사람들을 더
두려워합니다. 물론 이 사람들 역시 무섭긴 하지요. 하지만 여러
분, 저 사람들이 더 무섭습니다. 여러분 가운데 다수를 어린 시
절부터 곁에 붙들어 놓고 설득을 하려 했을 뿐만 아니라 나에 대
해 조금이라도 더 진실된 게 없는[9] 고발을 했던 저 사람들이 말
입니다. 고발 내용인즉슨 소크라테스라는 어떤 지혜로운** 사람[10]

---

*   고발 실행은 멜레토스가 주도한 것으로 되어 있지만(『에우튀프론』 2b), 아뉘
토스가 세 고발자 가운데 가장 중요한 유력 인사다. 무두장이로 일해 부자
가 되었고, 결국 민주정에서 주도적인 정치적 지위를 얻게 된다. 아래 23e에
는 세 고발자 중에서 장인과 정치인을 대변하는 인물로 이야기된다. 『메논』
89e~95a에 등장하기도 하는데, 거기서 소피스트들을 칭찬하고 젊은이의 교
육자 노릇을 하는 정치인들을 공격하는 소크라테스에게 화를 내고 위협하는
것으로 묘사된다. 그 장면이 소크라테스의 이 재판을 암시한다고 보는 이들
이 많다. 한편, 크세노폰은 같은 이름의 작품 『소크라테스의 변명』(이하 『변
명』) 29~31에서 아뉘토스가 훌륭한 영혼을 가진 아들에게 비천한 직업을 제
공함으로 해서 아들을 망쳐 놓았다고 소크라테스에게서 비난을 받는 장면을
보고하는데, 그 일에 대한 반감이 소크라테스 재판의 실제 원인이라는 암시
를 하는 것으로 볼 수 있다.
** '소포스(sophos)'를 옮긴 '지혜롭다'는 말 혹은 그 명사형 '소피아(sophia, 지
혜)'는 이 작품의 핵심어 가운데 하나다. 훗날 스토아학파 사람들이 강조하듯
지성의 최고 수준에 도달한 상태를 가리키기도 하지만 그것보다 약하고 특수
한 의미로도 자주 사용된다. '실천적 지혜', '사려 분별' 등으로 흔히 옮겨지는
'프로네시스(phronēsis)'가 유사 개념이라 할 수 있는데, 플라톤 작품에서 두
개념은 아리스토텔레스에서만큼 선명하게 구분되어 사용되지 않는다(이 번

이 있는데, 천상의 것들에 관해 사색하는 사람인 데다가 지하의
온갖 것들을 탐색하기도 했으며, 더 약한 논변을 더 강한 논변으
로 만드는 사람이라는 것이었습니다.*

　아테네인 여러분, 이런 소문을 퍼뜨린 이 사람들이야말로 나
에 대한 무서운 고발자들입니다. 듣는 사람들은 이런 것들을 탐
구하는 사람들이 신들도 안 믿는다**고 생각하거든요. 게다가 이

역서에서 '현명함'으로 옮기는 '프로네시스'에 관해서는 아래 22a의 관련 주석
(이 책 45쪽 첫 번째 각주)을 참고할 것). 다만, '프로네시스'와 달리 '소피아'
는 특정 분야의 전문 기술을 가리키는 데 자주 사용된다. 예컨대 아래 신탁을
검토하는 여정을 이야기하는 대목(22d~e)에서도 장인이나 예술가가 가진 기
술을 가리키는 데 '소피아'가 자주 사용된다. 그리고 '소피아'의 용례에는 종종
아이러니가 묻어 들어갈 수 있다. '지혜로움'보다는 '영리함'이나 '재주 있음',
'솜씨 좋음', '배운 바 있음', '노련함' 등으로 새기는 것이 더 적절한 '소피아',
'소포스'의 용례들이 있다.

* 이 처음 고발 내용은 크게 세 항목으로 나누어 볼 수 있다. 1) 지혜로운(혹은
지혜를 자처하는) 사람, 2) 천상의 것들과 지하의 것들을 탐색한다. 3) 더 약
한 논변을 더 강한 논변으로 만든다. 이 가운데 2)는 소크라테스를 기존의 자
연 철학자들과, 그리고 3)은 소피스트(수사가)들과, 1)은 양자 모두와 동일시
하는 내용이라 할 수 있겠다. 2) 자연 철학자들의 탐색은 천체 운행과 하부
세계에 대한 자연적 설명과 탐구를 통해 신들에 대한 기존 믿음을 위협하며,
3) 소피스트(수사가)들의 시도는 수사학을 통해 부정의가 정의를 이기는 데
도움을 줌으로써 신적인 질서를 교란한다는 것이 이 오래된 고발의 실질적인
내용이다. 이 내용을 한 마디로 집약한 말이 1) '지혜로운 사람'이며, 이 말은
그 고발을 실제 공식 고발이나 (아래에서 거론될) 아리스토파네스의『구름』과
연결시키는 캐치프레이즈가 된다.
** 앞으로 이 작품에 계속 나올 '신을 믿는다'는 말은 내면적 확신을 가리킬 수도
있고 외적 예배의 수행을 가리킬 수도 있는 말이다. 상세한 내용은 아래 26b

고발자들은 다수이고 이미 오랜 시간 동안 고발을 해 왔으며, 더욱이 아주 잘 믿어 버리는 그런 나이의 여러분을 상대로 말하면서 (여러분 가운데 어떤 이들은 아이거나 청년이었을 때 말입니다.)[11] 항변하는 사람 하나 없이 순전히 결석 재판으로 고발했으니까요. 그런데 무엇보다도 가장 말이 안 되는 건 그들의 이름조차

d 알 수도 말할 수도 없다는 겁니다. 그들 가운데 희극 작가가 하나* 있다는 것 빼고는 말입니다. 시기와 비방을 이용하여 여러분을 설득하려 한 사람들, 그리고 개중에는 스스로도 설득된[12] 상태에서 남들을 설득하려 한 사람들도 있었는데, 이 사람들 모두가 가장 상대하기 어려운 사람들입니다. 그들 가운데 아무도 이리로 올라오게[13] 하거나 논박할[14] 수 없고, 순전히 그림자와 싸우듯 항변해야 하며 대답하는 사람 하나 없는 상태에서 논박해야 하니까요.** 그러니 여러분도 내가 말하는 것처럼 나에 대한 고발

의 관련 주석(이 책 60쪽)과 전후 맥락(즉 소크라테스가 신에 대한 믿음을 놓고 멜레토스와 대화를 벌이는 대목)을 참고할 것.

* 아래 19c에서 거명되는 아리스토파네스를 가리키는 것으로 보인다. 소크라테스의 지혜를 패러디한 그의 희극 『구름』은 재판이 있기 24년 전인 기원전 423년에 나왔다.

** 상대방의 참여가 소크라테스적 대화의 기본 요건이다. 물론 상대가 있어야 대화가 성립한다는 상식적인 이유도 있지만, 그보다 더 중요한 이유는 소크라테스적 대화의 목표와 관련된다. 논박하는 것 자체, 즉 상대방을 무너뜨리는 것만이 목표라면 굳이 상대방이 옆에 없어도 가능하다. 그러나 소크라테스적 대화의 근본 목표는 상대방이 무지를 깨닫는 것, 상대방이 일관된 믿음

자들이 두 부류라는 것, 즉 최근에 고발한 사람들이 하나요, 오
래전에 고발한 사람들이라고 내가 말한 사람들이 다른 하나라고   e
생각해 주세요. 그리고 내가 저 오래전 고발자들에 대해 먼저 항
변하는 것이 마땅하다고 생각해 주세요. 여러분은 저들이 고발
하는 걸 먼저 들었을 뿐만 아니라 여기 이 나중 고발자들이 고발
하는 것보다 훨씬 더 많이 들었으니까요.

　좋습니다. 그러니 이제 아테네인 여러분, 항변을 하면서 나는
여러분이 오랜 시간 동안 들은 이 비방을 이렇게 짧은 시간 동안*   19a

들을 가지게 됨으로써 영혼의 조화로운 상태에 이르는 것이다. 따라서 상대
방이 곁에 있으면서 자신의 믿음들을 적극적으로 펼칠 때 소크라테스적 대화
술은 비로소 온전히 작동할 수 있게 된다.

* 그토록 오랜 시간에 걸쳐 굳어진 대단한 비방과 고발을 '이렇게 짧은 시간 안
에' 제거하며 항변하기란 불가능하다는 취지의 말이 유사한 표현으로 여러
번 반복되어 나온다(24a, 37a, 37b 등). 아테네 법정에서의 연설은 물시계
의 제약을 받으며 이루어졌다. 연설가와 철학자의 대비를 말하는 『테아이테
토스』 여담 부분(172d~e)에 이것에 관한 플라톤의 비판적 통찰이 잘 담겨 있
다. 아래 37a~b에서 소크라테스는 자신의 신념을 배심원들에게 설득하기에
충분한 시간이 주어지지 않았다는 불만을 제기한다. 적어도 사형이 형량으로
걸린 사건만큼은 여러 날에 걸쳐 신중하게 심리가 진행되어야 하지 않겠냐고
아테네 법에 대해 비판적 촌평을 가하고 있다. 아울러 이런 언급들은 소크라
테스가 항변에 아주 소극적이었다는 크세노폰의 보고와 상치된다. 크세노폰
의 『변명』 3~9, 『소크라테스 회상』(이하 『회상』) 4.8.4~10 등에 따르면, 소크
라테스는 노령의 약점들이 닥치기 전에 죽는 것이 그에게 더 낫다는 이유로
재판에서 항변할 내용을 미리 준비하지 말라는 신의 권고를 받았기 때문에
항변 준비를 하지 않았고 재판에서도 혐의를 벗으려는 적극적이고 진지한 노
력을 하지 않고 유죄 평결을 자초하는 자세를 취했다고 한다.

여러분한테서 제거하도록 해 봐야겠습니다. 이 일이 여러분에게도 나에게도 뭔가 더 좋은 일이라면 그렇게 되기를, 그리고 항변하면서 내가 뭔가 이루는 바가 있기를 바라 마지않습니다.* 그런데 그것이 어려운 일이라고 난 생각하며, 또 그것이 어떤 성격의 일이라는 걸 내가 전혀 알아채지 못하고 있는 것도 아닙니다.** 하지만 이 일은 신의 마음에 드는 방향으로 가게 두고, 나는 법에 복종하여 항변을 해야겠습니다.

b   그러니 이제 처음으로 돌아가서 그 고발이 무엇인지, 즉 나에 대한 비방을 생겨나게 한 출처였으며 결국 그 비방[15]을 믿고서 멜레토스가 나에게 이 소송을 제기하게 된 바로 그 고발이 무엇인지를 거론해 봅시다. 좋습니다. 비방하는 사람들은 도대체 무슨 말을 하면서 비방을 했습니까? 이제 그들이 마치 정식 고발자들인 것처럼 생각하고 그들의 고발장을 읽어 보아야겠습니다.

c   "소크라테스는 땅 아래의 일들과 하늘의 일들을 탐구하고 더 약한

---

*   소크라테스가 항변에 소극적이었다는 크세노폰의 보고와 직접 충돌하는 대목이다. 크세노폰의 보고와 어울릴 만한 언급이라고 해석할 수도 있는 41d '골칫거리들'에 관한 주석(이 책 114쪽)도 참고할 것.
** 다소 약하기는 하지만 이것도 넓은 의미에서 소크라테스의 앎 주장에 포함시킬 수 있을 것이다. 보다 분명하고 적극적인 앎 주장은 아래 29b에 나온다.

논변을 더 강하게 만들며, 다른 사람들에게 바로 이것들을 가르침으
로써 불의를 행하고 있고* 주제넘은 일을 하고 있다."**

　고발장은 이런 어떤 내용을 가진 것입니다. 이것들을 여러분
스스로도 아리스토파네스의 희극에서 보았으니까요. 즉 거기서
소크라테스라는 사람이 공중을 걷는다고 공언하기도 하고 다른
많은 허튼소리를 (그 내용에 대해서 나로서는 크든 작든 아무것도 아
는 바가 없는데요) 해 대면서 해먹에 실려 이리저리 흔들거리고
있는[16] 걸 여러분도 보았지요.*** 그렇다고 이런 앎을 무시해서 하
는 말은 아닙니다. 누군가가 이런 것들에 대해 지혜롭다면 말입
니다. 나 자신이 혹시라도[17] 멜레토스가 원고로 나서는 이런 대
단한 내용의 송사에 피고로 휘말리게 되지 않길 바랍니다. 다만
정말이지 아테네인 여러분, 나는 이런 것들과 전혀 무관합니다.　　d

---

* 　고발장에서 '불의를 행하고 있다(adikei)'는 말은 '죄를 범하고 있다'는 뜻이
　다. 앞으로 고발 내용과 관련된 문맥에서는 대개 이 뜻으로 사용된다고 보면
　된다. 다른 문맥에서는 '해를 끼친다'는 뜻으로 쓰이기도 한다.
** 　18b~c에 언급된 내용에서 '지혜로운 사람' 부분은 빠지고, '가르친다'는 내용
　이 추가되었다. 아래 23d에서 다시 언급될 때는 '가르친다'는 생략되고, '신들
　을 믿지 않는다'는 내용이 부가된다.
*** 여기서 소크라테스가 언급하고 있는 것은 『구름』 218~225의 내용이다. 소
　크라테스가 처음 등장하는 대목인 그곳에서 소크라테스는 공중의 바구니에
　실려 흔들거리면서 자기가 공중을 걷고 있고 해에 관해 생각하고 있다고 말
　한다.

나는 여러분 자신들[18] 가운데 다수를 증인으로 내세우는 바입니다. 그리고 여러분이 서로서로 가르치고 알려 주는 것이 온당하다고 생각합니다. 적어도 내가 대화를 나누는 걸 들은 적이 있는 분들이라면 말입니다. 그런데 이런 분들이 여러분 가운데 많이 있습니다. 그러니 여러분 가운데 누구든 내가 이런 것들에 관해 대화를 나누는 걸 짧게든 길게든 조금이라도 들은 적이 있는지 서로에게 알려 주세요. 그러면 그렇게 함으로써 여러분은 많은 사람들이 나에 관해서 말하는 다른 것들 역시 이렇다는 걸 알게 될 겁니다.

하지만 실로 이것들 가운데 어떤 것도 진실이 아니며, 내가 사람들을 교육하는 일에 손을 대어 돈을 받는다는 말을 여러분이 누군가에게서 들었다면 그것 역시 진실이 아닙니다. 물론 나는 누군가가 레온티니 출신 고르기아스나 케오스 출신 프로디코스, 엘리스 출신 히피아스*처럼 사람들을 교육할 수 있다면, 이거야말로 멋진 일이라고 생각합니다. 이들 각자는, 여러분, 각 도시들로 가서 젊은이들을 설득할 수 있거든요.[19] 그 젊은이들은 자

---

* 가장 유명한 소피스트라 할 수 있는 프로타고라스는 재판 당시 이미 고인이었으므로, 그를 빼면 여기 나열된 세 사람이 당대에 가장 잘 알려진 소피스트들이라 할 수 있다. 소크라테스가 그 출신 지역을 강조하여 밝히고 있는 대로, 이 소피스트들은 모두 외지인이다. 소피스트들은 구시대적 귀족 계층 사람들에게나 민주파 정치인들에게는 그리 존경의 대상이 아니었다.

기 시민들 가운데 누구와 교제를 나누길 바라든 그 사람과 거저로 교제를 나눌 수 있는데, 그런 젊은이들에게 이들은 저들과의 20a 교제를 그만두고 자기들과 교제하면서 돈을 지불하라고 또 감사까지 하라고 설득합니다.

하긴 또 다른, 파로스 출신의 지혜로운 사람이 이곳에 있지요. 이 지역을 방문 중이라는 말을 내가 직접 들었어요. 소피스트들에게 다른 사람들 모두가 지불한 것보다 더 많은 돈을 지불한 사람을 마침 만났거든요. 히포니코스의 아들 칼리아스* 말입니다. 그래서 이 사람에게 물었지요. 그에게 두 아들이 있어서 한 질문이죠.

내가 말하기를 "칼리아스, 당신의 두 아들이 망아지나 송아지였다면, 우리는 그들에게 알맞은 덕에 있어서 그들을 아름답고 훌륭하게[20] 만들어 줄 감독자를 구해 보수를 줄 수 있을 겁니다. b 그럴 때 그 사람은 말 조련사나 농부겠죠. 그런데 이제 그 둘이 인간이니, 당신은 그들에게 어떤 감독자를 구해 줄 작정입니까? 누가 이런 덕을, 즉 인간적이고 시민적인 덕을 아는 사람입니까? 당신이 아들들을 갖고 있기 때문에 숙고해 본 적이 있으리라

---

* 무절제한 삶으로 이름난 아테네의 부자 칼리아스는 소피스트들의 후원자였다. 『프로타고라스』에 보면, 위에 언급된 세 소피스트 중 뒤의 두 사람(프로디코스와 히피아스)과 프로타고라스가 그의 집에 묵고 있는 손님으로 등장한다. 크세노폰 『향연』의 무대도 그의 집이다.

생각해서 하는 말입니다만. 누구 있습니까, 아니면 없습니까?"
하고 내가 말했지요.

"물론 있지요." 그가 말했습니다.

그러자 내가 "누구고 어디 출신이며 얼마를 받고 가르치나
요?" 하고 말했습니다.

"에우에노스*입니다, 소크라테스. 파로스 출신이고 5므나를 받
지요." 그가 말했습니다.

c   그래서 나는 그 에우에노스가 정말로 이 기술을 가지고 있고
그렇게 적당한 값을 받으며** 가르치고 있다면 축복받은 사람이

---

*   파로스 출신의 에우에노스는 애가(哀歌) 시인으로 가장 잘 알려져 있으며 약
간의 단편이 남아 있다. 『파이돈』 60d에서는 소크라테스가 사형 판결 후 감옥
에 대기하던 기간에 시를 쓰기로 결심한 데 대해 호기심을 품는 인물(파로스
출신이라는 언급은 없다)로 나오며, 『파이드로스』 267a에서는 몇몇 수사학 용
어들을 만들고 수사학 모범 사례들을 암기하기 쉽게 운문화한 수사가로 등장
한다. 꽤 긍정적으로 묘사되는 『파이돈』의 에우에노스가 지금 이 사람과 동일
인물인지를 의심하는 견해도 있다.

** 직역하면 '그렇게 적당하게(houtōs emmelōs)'인데, 맥락의 의미를 따라 새겼
다. 이 말의 요점은 유명 인사들에 비해 '상대적으로' 적당하다는 데 있지 않
을까 싶다. 프로타고라스가 수업료로 100므나를 받았다는 이야기(디오게네
스 라에르티오스 『유명한 철학자들의 생애와 사상』 IX.52)나 칼리아스가 제
논에게 냈다는 수업료도 100므나라는 이야기(플라톤 『알키비아데스』 119a)
가 있고 보면, 수업료로 5므나는 확실히 '적당한', 즉 요즘 말로 '착한' 가격이
었을 것이다. 그러나 1므나는 100드라크마인데 당시의 통상 하루 일당(예컨
대 건장한 젊은이가 군대 장교가 되는 훈련을 받을 때의 하루 일당)이 1드라
크마였다고 하니, 5므나는 500일치 임금인 셈이다. 유명 인사들의 수업료에
비해 적을지는 모르지만, 그렇다고 해서 무시할 만한 액수도 아닌 것만큼은

라고 생각했습니다. 어쨌거나 나 스스로도 이것들을 만약 알고 있다면 자부심과 자긍심을 가질 겁니다. 하지만 아테네인 여러분, 나는 정말로 알고 있지 않습니다.

여러분 가운데 누군가가 아마 이렇게 대꾸할 수도 있겠습니다. "하지만 소크라테스, 당신이 하는 일[21]이 무엇입니까? 당신에 대한 이 비방들이 어디서 생겨난 겁니까? 당신이 조금이라도 다른 사람들보다 더 티 나는 일을 일삼지[22] 않았는데도, 즉 많은 사람들이 하는 것과 다른 유의 어떤 일을 하지[23] 않았는데도 이런 많은 소문과 이야기가 생기지는 않았을 게 분명하니 말입니다. 그러니 우리에게 그게 무엇인지 말해 주세요. 그래야 우리가 당신에 관해 함부로 추측하지 않게 될 테니까요." 하고 말입니다.

바로 이런 말을 하는 사람은 정의로운 말을 하고 있다고 나는 생각하며, 나 또한 나에게 이 이름[24]과 비방을 만들어 낸 그것이 도대체 무엇인지 여러분에게 보여 주려 노력하고자 합니다. 그

분명해 보인다. 크세노폰이 『가정 경영(*oikonomikos*)』 2.3에서 소크라테스의 전 재산의 평가액으로 제시한 액수가 바로 5므나였는데, 대단한 액수도 아니지만 무시할 만한 액수도 아니다. 한편, 이름에 관한 프로디코스 강좌의 수업료가 50드라크마였다고 하니(『크라튈로스』 384b), 5므나 수업료는 프로디코스의 그 강좌보다 10배 비싼 수업료다. 기준을 어디에 두느냐에 따라 '적정성'에 대한 판단은 얼마든지 달라질 수 있다. 게다가 지불 단위와 방식이 어떠냐(예컨대 월사금인지 건당 수업료인지 등)가 명시되지 않은 정보들이므로 평면적으로 비교하며 평가하는 것 자체가 무리가 아닐까 싶다.

러니 들으세요. 그리고 혹시 여러분 가운데 어떤 이들에게는 내가 농담을 하고 있는 걸로 보일지도 모르겠네요. 하지만 내가 여러분에게 말하려는 게 온전한 진실이라는 걸 잘 알아 두세요.

나는, 아테네인 여러분, 다름 아니라 어떤 지혜 때문에 이 이름을 얻게 된 거거든요. 이 지혜가 어떤 유의 지혜냐고요? 아마도 인간적인 지혜라 할 만한 바로 그런 지혜지요. 나는 이런 지혜에 있어서 정말로 지혜로운 것 같은데, 방금 내가 말한 이 사람들*은 아마도 인간에게 속하는 것보다 더 큰 어떤 지혜에 있어서 지혜로운 것 같거든요. 혹 그게 아니라면 뭐라고 말해야 할지 모르겠네요. 나로서는 정말 그 지혜를 알고 있지 않으며, 내가 안다고 말하는 사람이 있다면 그 사람은 거짓말을 하는 거고 나를 비방하기 위해 말하고 있는 거니까요.

아테네인 여러분, 여러분에게 내가 뭔가 떠벌려 말하고 있다는 생각이 들더라도 부디 소란을 벌이지 말아 주세요. 내가 하게 될 "이야기는 내 것이 아니라",** 그 이야기를 한 분이라고 내가 거명

---

* 19e에서 언급한 소피스트들.

** 이 구절이 에우리피데스의 『멜라니페』(소실된 작품) 인용이라는 것은 플라톤의 나중 작품 『향연』 177a를 보면 알 수 있다. 향연 주제를 정하는 서두에 속하는 그 대목에서 에뤽시마코스는 "내가 하게 될 '이야기는 내 것이 아니라' 여기 이 파이드로스의 것이네."라고 운을 떼면서 에로스 찬양을 이야기 주제로 삼자는 제안을 파이드로스의 아이디어에 기대어 내놓고 있다. 『향연』에서도 여기서도 플라톤은 에우리피데스의 '뮈토스(mythos)'를 '로고스(logos)'로

할 분은 여러분이 믿을 만한 분이거든요. 즉 나는 내 지혜에 대

해, 그것이 정말 일종의 지혜인 건지 또 어떤 종류의 지혜인지에

대한 증인으로[25] 델피에 있는 신*을 여러분에게 내세울 겁니다.

여러분은 카이레폰**을 아마 알 겁니다. 이 사람은 젊어서부터

내 동료였을 뿐만 아니라 여러분들 무리의 동료였고,[26] 여러분과   21a

이번 망명을 함께 떠났다가 여러분과 함께 귀환하기도 했지요.***

바꾸었다. 에우리피데스의 원래 구절은 멜라니페의 다음과 같은 발언이다.
"이야기(mythos)는 내 것이 아니라 내 어머니에게서 온 것입니다."

* 코린토스만 북쪽, 파르나소스산 남쪽 경사면에 위치한 델피(델포이)는 희랍에
서 가장 오래되고 신성한 성소가 있는 곳으로서, 거기 신전에는 땅의 정중앙,
즉 '배꼽'을 표시하는 둥근 돌이 있다. 희랍에서 가장 존경받고 영향력 있는 아
폴론의 신탁이 있는 이 델피로, 희랍 전역과 그 바깥에서부터 사람들이 신탁
을 물으러 왔다. 아폴론 신은 이 작품 어디에서도 이름이 직접 거명되지는 않
지만 소크라테스 이야기의 핵심에 놓인 신이다. 소크라테스는 아폴론의 종을
자처하였다(『파이돈』 85b). 이제부터 소크라테스가 계속 거론하는 "신"(혹은
"그 신")(ho theos)이 아폴론을 가리키는지, 아니면 희랍 전통 종교의 어느 신
과도 구분되는 어떤 인격적인 신을 가리키는지가 애매한 경우가 많다.

** 소크라테스의 친한 친구이자 대단한 숭배자로 잘 알려진 인물이다. 이는 『구
름』 104(기원전 423년)와 『새』 1553~1564(414년) 등에서 확인된다. 아래에서
언급되는 것처럼, 404년 30인 참주 정권이 아테네에 들어서자 그는 민주파와
함께 망명을 택했고 이듬해 민주정이 회복될 때 귀환했다. 그렇기에 배심원
들이 카이레폰을 자기들 무리의 일원으로, 따라서 신뢰할 만한 사람으로 간
주할 것이라고 소크라테스는 추정하고 있다. 크세노폰도 『변명』 14에서 카이
레폰이 신탁을 물으러 간 일에 대해 언급하지만, 아폴론의 대답이 다소 다른
내용이었다고 보고한다.

*** '여러분들 무리'는 민주파를 지칭한다. 30인 참주정이 들어섰을 때 민주파
정치인들은 망명을 떠나야 했으며, 30인 정권이 전복된 403년에 사면을 받

또 여러분은 카이레폰이 어떤 사람이었는지 알 겁니다. 일단 하려고 마음먹은 일에 얼마나 열정적이었는지를 말입니다. 그런 그가 언젠가 델피에 가서는 감히 신탁에 이것을 물었지요. 부디 앞에서도 말했듯이, 소란을 벌이지 마세요, 여러분. 그는 나보다 더 지혜로운 사람이 있는지를 물었던 겁니다. 그랬더니 퓌티아*가 더 지혜로운 사람은 아무도 없다고 대답했습니다. 이것들에 관해서는 그 사람의 형제인 여기 이 사람이 여러분에게 증인이 되어 줄 겁니다.** 그 사람은 이미 고인이 되었으니까요.

b   이제 무엇 때문에 내가 이런 말을 하는지 숙고해 보세요. 나에 대한 비방이 어디서 생겨났는지 막 여러분에게 가르쳐 줄 참이니까요.[27] 이 말들을 듣고 나는 마음속으로 다음과 같이 생각했습니다. "신은 도대체 무슨 말을 하고 있는 것이며, 그의 이 수수께끼는 도대체 무슨 뜻일까?*** 난 나 자신이 크든 작든 어떤 점

고 귀환했다. 보다 상세한 이야기는 아래 32c의 30인 참주정 관련 주석(이 책 82쪽 첫 번째 각주)을 참고할 것.

* 델피에서 아폴론의 신탁을 전달하는 여사제를 일컫는다.

** 카이레폰의 형제인 이 사람의 이름은 카이레크라테스다. 그가 여기 청중 가운데 있다고 이야기되고 있는데, 만일 이 대목이 실제 재판을 반영하는 것이라면 그의 진술서가 이 대목에서 소크라테스의 진술을 확인해 주기 위해 읽혀졌을지도 모른다.

*** 델피 신탁이 수수께끼의 성격을 갖는다는 것은 헤라클레이토스 철학에서 매우 중요하게 강조된 점이다. "주재자, 델피 신탁이 그분 것인 그 주재자는 언명하지도(legei) 감추지도(kryptei) 않으며, 다만 신호를 보여 줄(sēmainei)

에서도 지혜롭지 않다는 걸 알고 있으니 말이다.[28] 그렇다면 내가 가장 지혜롭다고 주장할 때 그는 도대체 무슨 말을 하고 있는 걸까? 그는 절대 거짓을 말하지는[29] 않으니까 말이다. 그건 법도상 그에게 어울리지 않는 일이거든." 그리고 오랜 시간 동안 그가 무슨 말을 하고 있는지를 놓고 고심했습니다. 그러다가 다음과 같이 그것을 탐색해 보기로 어렵사리 방향을 잡았지요.

나는 지혜롭다고 여겨지는[30] 사람들 가운데 누군가에게 갔습니다. 어디에선가 할 수 있다면 거기서 그 예언(預言)을 논박하고 신탁에게 다음과 같은 것을 분명히 보여 주기 위해서였죠. "여기 이 사람이 나보다 지혜로운데, 당신은 내가 그렇다고 말했지요." 라고 말입니다. 그래서 이 사람을 꼼꼼히 살펴보았어요. 내가 굳이 이름을 말할 필요는 없겠지요. 그저 정치인들 가운데 한 사람이었어요. 이 사람을 살펴보면서, 또 그와 대화를 나누면서 나는 다음과 같은 일을 겪었습니다, 아테네인 여러분.[31] 이 사람은 다른 많은 사람들에게도 그렇거니와 특히 그 자신에게 지혜롭다고 여겨지긴 하지만 실은 아니라는 생각이 내게 들었습니다.[32] 그 후 나는 그가 스스로 지혜롭다고 생각하긴 하지만 실은 아니라는 걸 그에게 보여 주려 시도했습니다. 그래서 그 일로 인해 난

뿐이다."(DK 22B93) 신의 '수수께끼'를 탐색하고 논박(즉 테스트를 통해 확인)하기로 한 소크라테스의 결정은 헤라클레이토스의 이 전통과 긴밀히 연결되어 있다. 수수께끼 이야기는 아래 27a에서 다시 거론된다.

이 사람에게도 다른 많은 참석자들에게도 미움을 사게 되었습니다. 하지만 어쨌든 난 떠나오면서 나 자신에 관해[33] 추론을 했습니다. "이 사람보다는 내가 더 지혜롭다. 왜냐하면 우리 둘 다 아름답고 훌륭한 것을 전혀 알지 못하는 것 같은데, 이 사람은 어떤 것을 알지 못하면서도 안다고 생각하는 반면에 나는 내가 실제로 알지 못하니까 바로 그렇게 알지 못한다고 생각도 하기 때문이다. 어쨌든[34] 나는 적어도 이 사람보다는 바로 이 점에서 조금은[35] 더 지혜로운 것 같다. 나는 내가 알지 못하는 것들을[36] 알지 못한다고 생각도 한다는 점에서 말이다."라고요.

거기서 떠나서[37] 나는 다른 사람에게, 즉 저 사람보다 더 지혜롭다고 여겨지는 사람들 가운데 누군가에게 갔는데, 역시 사정이 마찬가지라는 생각이 내게 들었고,[38] 그런 점에서[39] 나는 그 사람에게도 다른 많은 사람들에게도 미움을 사게 되었습니다.

그래서 그 이후에도 계속 차례차례 찾아다녔습니다. 내가 미움을 사고 있다는 걸 깨닫고 고통스럽고 무서웠지만, 그래도 어쩔 수 없이 신의 일을 가장 소중히 여겨야만 한다는 생각이 들었습니다. 그러니까 신탁이 무슨 말을 하려는 것인지를 따져 보고 있던 나로서는[40] 뭔가 안다고 여겨지는 사람들 모두에게로 가 봐야 했던 겁니다. 그리고 개에 맹세코* 아테네인 여러분, 여러분

---

* 소크라테스가 가끔 쓰는 맹세 표현인데(예컨대 『뤼시스』 211e, 『파이돈』 99a

44

에게 진실을 말해야 하니까 하는 말인데요. 정말로 나는 다음과 같은 일을 겪었습니다. 신의 뜻에 따라 탐색을 하는 나에게는 가장 명망이 높은 사람들은 사실상 최대로 모자란 사람들인 반면, 그들보다 더 형편없다고 여겨지는 다른 사람들이 오히려, 현명함*과 관련하여 더 제대로 된 사람들이라고 여겨졌습니다.

자, 그럼 여러분에게 나의 편력을, 예언이 논박될 수 없는 것이 되게 하려고 마치 어떤 노역(勞役)들을 수행하듯** 펼친 나의 편력을 보여 주어야겠습니다. 정치인들 다음으로 나는 시인들한테, 즉 비극 시인들과 디튀람보스*** 시인들, 그리고 기타 다른 시   b

등), 예컨대 『고르기아스』 482b에는 '이집트인들의 신인 개에 맹세코'라는 말이 나온다. 개의 머리를 한 이집트의 신 아누비스(Anubis)를 가리킨다. 아누비스는 지상 세계와 하부 세계 사이의 중재자인데, 희랍의 헤르메스쯤에 해당한다.

* 이 번역서에 두 번(여기와 36c) 등장하는 형용사 '프로니모스(phronimos)'와 단 한 번(29e) 등장하는 명사형 '프로네시스(phronēsis)'는 '현명한'/'현명함'으로 옮긴다. '지혜'/'지혜로운', '사려 분별', '사려 깊은', '분별 있는' 등으로 새길 수도 있다. 단순히 지각 내지 분별력을 가지는 상태를 가리키는 데서부터 지성의 최고 발전 상태로서의 지혜를 가리키는 데까지 의미 폭이 넓은 말이다. 비슷한 개념이면서 비슷하게 의미 폭도 넓은 '소피아(지혜)'에 관해서는 위 18b의 관련 주석(이 책 30쪽 두 번째 각주)을 참고할 것. 아리스토텔레스에 나오는 '프로네시스'를 '실천적 지혜'로 옮김으로써 이론적 측면이 강한 '소피아'와의 대비를 편의상 강조하는 번역자들도 있다.

** 소크라테스는 자신을 희랍의 전통적 영웅 헤라클레스에게 빗대고 있다. 그런데 12개의 엄청나게 어려운 일로 이루어진, 헤라클레스의 노역은 지성보다는 힘을 이용하는 것이었다.

*** 디오니소스 신을 기리는 서정적인 합창 노래였다. 『비극의 탄생』에서 니체는

인들한테 갔습니다. 거기서 나 자신이 그들보다 더 무지하다는
걸, 그게 드러나고 있는 현장에서 바로 포착하겠다는 생각으로
말입니다. 그래서 그들이 가장 공을 들여 지은 걸로 내게 보이는
그들의 시들을 택해서 그들이 무슨 말을 하려는 것인지를 꼼꼼
히 따져 물었습니다. 그러면서 동시에 그들에게서 뭔가 배우는
것도 있겠거니 기대하고 말입니다.

그런데 여러분, 여러분에게 진실을 말하기가 수치스럽군요.
하지만 말해야겠지요. 그들 자신이 지은 것들에 관해서, 사실
상[41] 거의 모든 참석자들이 그들보다 더 잘 설명할 수 있었을 거
라 해도 과언이 아닐 겁니다. 그래서 이번엔 시인들에 관해서도
잠깐 사이에 다음과 같은 걸 알게 되었습니다. 그들은 자기들이
지는 것들을 지혜로 짓는 게 아니라 예언자들과 신탁 전달자들
이 그렇듯 모종의 본성에 따라서, 신 지펴서 짓는다는 걸 말입니
다.[42] 예언자들과 신탁 전달자들도 많은 멋진 것들을 말하긴 하
지만 자기들이 말하는 것들 가운데 아무것도 알지 못하거든요.
시인들도 바로 그런 상태에 처해 있는 게 내겐 분명해 보였습니
다. 또 동시에 나는 그들이 자기들의 시 짓는 기술[43] 때문에, 자
기들이 실은 지혜롭지 않은 다른 것들에 있어서도[44] 자기들이 인

이 디튀람보스가 비극을 탄생시킨 모태라고 주장하는데, 이는 아리스토텔레
스의 견해를 토대로 한 것이다.

46

간들 가운데 가장 지혜롭다고 생각하고 있다는 걸 알아차렸습니다. 그래서 거기서도 나는 떠나오며 생각했지요. 내가 그들보다도 뛰어난 거라고, 정치인들보다 뛰어났던 바로 그 점에서 그들보다도 뛰어난 거라고 말입니다.

그래서 끝으로 나는 수공 기술자들한테 갔습니다. 나 자신이, 말하자면 아무것도 아는[45] 게 없다는 걸 난 알고 있었지만, 적어도 이 사람들은 많은 멋진 것들을 안다는[46] 걸 내가 발견하게 되리라는 걸 알고 있었거든요. 그리고 이 점에서는 나의 기대가 틀린 건 아니었습니다. 과연 그들은 내가 알지 못하는 것들을 알고[47] 있었고, 그런 면에서[48] 나보다 더 지혜로웠습니다. 그러나 아테네인 여러분, 내가 보기에 그 훌륭한 장인(匠人)들도 시인들과 똑같은 잘못을 갖고 있었습니다. 각 사람은 자기 기술을 멋지게 실행해 내니까 다른 가장 중요한 것들에서도 자기가 가장 지혜롭다고 생각하고 있었지요. 또한 내가 보기에는 그들의 이 실수가 저 지혜를 무색하게 했습니다. 어느 정도냐 하면 내가 나자신에게 신탁 대신에 이렇게 물을 정도였죠. 지금 내 상태 그대로, 즉 저들의 지혜에 있어서 조금도 지혜롭지 않고 저들의 무지에 있어서 무지하지도 않은 채로 있게 되기를 택할 것인가, 아니면 저들이 가진 것 둘 다*를 가지기를 택할 것인가 하고 말입니

---

* 즉 저들의 지혜(에 있어서 지혜로움)와 저들의 무지(에 있어서 무지함).

다. 그리고 그 물음에 대해 나는 나 자신과 신탁에게 지금 내 상태 그대로 있는 게 내게 유익하다고 대답했습니다.

23a   아테네인 여러분, 바로 이런 검토로부터 나에 대한 많은 미움이 생겨났는데, 그 미움은 어찌나 가혹하고 지독한[49] 것이었던지 많은 비방이 그것으로부터 생겨났고 또 내가 이 이름으로, 즉 '지혜로운 사람'이라고[50] 이야기될 정도였습니다. 내가 어떤 주제에 관해 다른 누군가를 논박해 낼 때마다 곁에 있는 사람들은 매번 나 자신이 그 주제에 관해 지혜롭다고 생각하거든요.

그런데 실은, 여러분, 신이야말로 진짜 지혜로우며 이 신탁을 통해서 인간적인 지혜는 거의 혹은 아예 가치가 없다는 말을 하려는 것 같아요. 그리고 신은 소크라테스가 이런 사람이라고 말

b   하면서[51] 내 이름은 그냥 덧붙여 사용하는 것으로 보입니다. 나를 본으로 삼으면서 말이죠. 마치 "인간들이여, 그대들 가운데 누구든 소크라테스처럼 자기가 지혜와 관련해서 참으로 아무런 가치가 없다는 것을 아는 사람이 가장 지혜롭다."라고 말하는 것처럼 말입니다.

그래서 나는 지금도 여전히 돌아다니면서 신의 뜻에 따라 이런 것들을 찾고 탐문합니다. 내지인 중에서든 외지인 중에서든 지혜롭다고 내가 생각하는 사람을 상대로 말입니다.[52] 그리고 그가 지혜롭지 않다고 여겨질 때는 신을 도와 그가 지혜롭지 않다는 걸 보여 줍니다. 이런 분주함으로 인해 국가의 일들이든 집안

48

일들이든 뭔가 언급할 만한 가치가 있는 일을 할 여유가 내게는
없었고, 오히려 나는 신에 대한 봉사 때문에 극도로 가난한 상태   c
에 처해 있습니다.

　게다가 가장 여유가 많은 젊은이들, 가장 부유한 사람들의 아
들들이 누가 시키지 않았는데도 스스로 날 따라다니면서 사람들
이 검토받는[53] 걸 들으며 즐거워합니다. 또 그들은 자주 나를 직
접 흉내 내다가, 결국 다른 사람들을 검토하려고 시도합니다.*
그러다가 그들은, 내가 생각하기에는, 뭔가를 안다고 생각하지
만 실은 거의 혹은 아예 알지 못하는 사람들이 인간들 가운데 쌔
고 쌨다는 걸 발견하게 됩니다. 그래서 이런 것 때문에 그들에게
서 검토받는 사람들은 자신들에게[54]가 아니라 나에게 화를 내면   d
서, 소크라테스라고 하는 지극히 부정(不淨)한 사람이 있는데[55]
그가 젊은이들을 망치고 있다고 말합니다.

　그리고 그가 무슨 일을 하면서, 무엇을 가르치면서 그러는 거
냐고 누군가가 그들에게 물으면, 그들은 아무 할 말 없고 그저
모르지만, 당황하는 것으로 보이지 않으려고 지혜를 사랑하는
모든 사람들을 깎아내리는 데 손쉽게 이용할 수 있는 이런 말들
을 합니다. 즉 "천상의 것들과 지하의 것들", "신들을 믿지 않는

---

* 『구름』에서 소크라테스한테 가르침을 받은 페이디피데스는 철학을 하나의 권
　위로 믿고 지혜에 복종할 것을 요구하며, 어머니와 아버지를 벌줄 권리를 주
　장하려 한다.

다", "더 약한 논변을 더 강한 논변으로 만든다" 같은 말들 말입니다. 내 생각에 그들은 진실을, 즉 그들이 아는 척하지만 실은 아무것도 알지 못한다는 게 확연해지고 있다는 것을 말하기 싫

e 어할 테니까요. 그러니까 내가 생각하기에 그들은 명예를 사랑하고 열정적이며 다수여서, 그리고 나에 관해 짜임새 있고[56] 설득력 있게 말하고 있어서, 오래전부터 열렬히 펼친 그들의 비방이[57] 여러분의 귀를 가득 채워 놓았습니다.

바로 이것들을 기반으로 하여 멜레토스와 아뉘토스와 뤼콘이 나를 공격했는데, 멜레토스는 시인들을 대변하여, 그리고 아뉘

24a 토스는 장인들과 정치인들을 대변하여, 또 뤼콘은 연설가들을 대변하여* 성을 내면서 그렇게 한 겁니다. 그러니까 서두에서 말

---

* '연설가들'은 '정치인들'과 지시 대상이 많이 다르지 않은 것으로 보아도 좋을 것이다. 아뉘토스는 18b의 주석(이 책 30쪽 첫 번째 각주)에서 언급한 것처럼 무두장이이면서 정치인으로 성공한 사람으로서 이 고발의 실질적 주도자다. 요즘 식으로 보면 '국회의원이 된 신발 공장 사장'쯤인 아뉘토스처럼 다른 두 사람도 각기 자신의 직능 집단을 대표하는 것으로 추정하기 쉽지만, 사실 '대변하여(hyper)'라는 말이 반드시 자신이 소속된 직능 집단을 대표한다는 뜻으로만 이해될 필요는 없다. 멜레토스는 여러 정황과 기록들로 미루어 볼 때 시인인 멜레토스의 동명의 아들이었을 개연성이 크고(앞 17c '젊은 애처럼'의 주석(이 책 28쪽 첫 번째 각주) 참고), 뤼콘은 연설가로서 명성을 딱히 떨치지 못한 무명 정치인이었거나, 아니면 자신이 정치인은 아니고 그저 어떤 정치인과 연관된 인물이었을 수 있다. 아뉘토스가 두 계층을 대변함으로써 생기는 비대칭성은 텍스트 수정 시도를 유발하기도 했지만 플라톤 자신의 손에서 나왔을 것이다. 대칭성을 고려하여 '멜레토스는 시인들을, 아뉘토스는 장인들을, 뤼콘은 연설가들을 대변하여'라고만 말할 경우 아뉘토스의 심기가 매

했던 대로 내가 그토록 대단하게 돼 버린 이 비방을 이렇게 짧은 시간 안에 여러분에게서 제거해 낼 수 있다고 한다면 나는 놀랍게 여길 겁니다.

아테네인 여러분, 이것들이 여러분을 위한 진실이며, 나는 여러분에게 크든 작든 조금도 숨기거나 얼버무리면서 말하고 있지 않습니다. 하지만 바로 이런 것들로 해서 내가 미움을 사고 있다는 걸 나는 꽤 잘 알고 있습니다.[58] 그게 또 내가 진실을 말하고 있다는 걸 보여 주는 증거이기도 합니다. 즉[59] 이런 게 나에 대한 비방이며 또 그 까닭들이 이런 것들이라는 걸 보여 주는 증거입니다. 지금이든 나중에든 여러분이 이런 것들을 탐색해 보면, 실 b 제로 그렇다는 걸 발견하게 될 겁니다.

그럼 처음에 나를 고발한 사람들이 고발했던 것들에 관해서는 이것으로 여러분을 향한 항변이 충분하게 되었다고 해 둡시다. 이제부터는 자기 말로는 훌륭하고 애국자라는* 멜레토스와 나중

우 불편할 것이므로, 텍스트의 언급은 당시 정황과 고발자들의 위상에 어울리게 이루어진 것이라 할 만하다.
* 훌륭한 사람(agathos)이라는 것은 아래 고발장의 첫째 항목과, 애국자(philopolis)라는 것은 둘째 항목과 긴밀히 연결되어 있다고 생각해 볼 수 있다. 전자는 젊은이들을 망치는 소크라테스와 달리 자신은 그들을 훌륭하게 만들 수 있는 사람임을 (그리고 젊은이들이 훌륭하게 되는 문제에 신경 쓰는 사람임을) 자처하는 것이고, 후자는 국가가 믿는 신을 존중하지 않는 소크라

고발자들에 대해 항변해 보도록 하겠습니다. 자, 이제 다시 이 사람들이 또 다른 고발자들인 것처럼 생각하고 이번엔 이들의 고발장을 거론해 봅시다. 그건 대체로 다음과 같은 내용으로 되어 있습니다.

c   "소크라테스는 젊은이들을 망치고, 국가가 믿는 신들을 믿지 않고 다른 새로운 신령스러운 것들을 믿음으로써 불의를 행하고 있다."*

고 말하고 있습니다.

자, 고발 내용은 이 비슷한데요. 이 고발 내용의 각 항목을 하

테스와 달리 자신은 국가의 일에 마음을 쓰는 사람임을 자처하는 것이라 할 만하다. 멜레토스가 자처하는 이 두 사항이 전혀 사실과 다르다는 점을 소크라테스는 곧 보여 주게 되는데, 흥미롭게도 멜레토스 자신의 이름을 가지고 논박을 시작한다.

* 소크라테스가 고발 내용을 인용하기 전에 '대체로(pōs)'라 말하고, 인용 후에도 '이 비슷하다(toiouton)'고 말하는 것은 축자적 인용은 아님을 은연중에 드러내는 것이라 할 수 있다. 아마도 원래 내용은 크세노폰(『회상』 1.1.1)과 디오게네스 라에르티오스(II.40)에 더 잘 보존되어 있는 것 같다. 이 두 버전에 따르면 고발 내용은 이렇다. "소크라테스는 국가가 믿는 신들을 믿지 않고 다른 새로운 신령스러운 것들을 끌어들임으로 해서 불의를 행하고 있으며, 그는 또한 젊은이들을 망침으로써 불의를 행하고 있다." 두 버전은 '끌어들인다'는 말만 서로 다른 단어를 사용하고 있고 나머지 내용은 같다. 이들 버전이 원래 내용이라면, 여기서 플라톤은 두 가지 점을 수정하고 있는 것이다. 첫째, 불경죄, 젊은이를 망치는 죄의 순서로 되어 있는 죄목을 바꾸어 나열했다. 둘째, 신령스러운 것들을 '끌어들인다'는 말 대신 '믿는다'는 말로 바꾸었다.

나씩 검토해 봅시다.

그러니까 멜레토스는[60] 내가 젊은이들을 망침으로써 불의를 행하고 있다고 말하고 있습니다. 그런데 아테네인 여러분, 나는 오히려 멜레토스가 불의를 행하고 있다고 주장합니다. 도대체 조금도 관심을 가져 본 적 없는* 일들에 관해 진지한 척, 마음을 쓰는 척하면서 사람들을 경솔하게 법정에 세움으로써, 진지한 일을 장난으로 대한다는 점에서 말입니다. 이게 실제로 그렇다는 걸 여러분에게도 보여 주도록 해 보겠습니다.[61]

자, 멜레토스, 어서[62] 나에게 말해 보세요. 당신은 젊은이들이 d
가능한 한 가장 훌륭하게 되는 일을 가장 중요하게 여기지 않나요?

— 나는 물론 그렇습니다.

자, 그럼 이제 이분들에게 말해 보세요. 누가 그들을 더 훌륭하게 만듭니까? 당신이 관심을 갖고 있는 한은 알고 있을 게 분

---

* 멜레토스의 이름을 가지고 언어유희(paronomasia)를 하고 있다. 이름을 보면 관심을 가져야(melei) 할 사람인데, 실제로는 전혀 관심을 갖지 않는다(amelein)고 말이다. 이런 '멜레토스(Melētos, 관심자)의 무관심(ameleia)'이 고발장 첫째 항목에 대한 소크라테스의 첫째 비판의 요체다. 아래에서 얼마간 계속 이어지는 이 말장난은 일종의 모순 어법(oxymoron)의 성격을 갖고 있어 수사적 효과를 높이고 있다. 우리 식으로 말한다면 '전혀 성실하지 않은 김성실 씨' 정도가 비슷한 예라 하겠다.

명하니까 하는 말입니다.* 당신 주장대로라면 당신은 그들을 망치는 사람을 발견했는데 바로 내가 그 사람이라고 하며 나를 이분들 앞에 세워 고발하고 있으니 말입니다. 그런데 더 훌륭하게 만드는 사람은 그럼 누구인지 어서 말해 보세요. 그래서 이분들에게 그런 사람이 누구인지 알려 주세요.

알고 있나요, 멜레토스? 당신이 잠자코 있고 아무 말도 할 수 없다는 걸. 그런데도[63] 당신에겐 이게 수치스러운 일로 여겨지지 않나요? 이게 또 내가 말하고 있는 바로 그것, 즉 당신이 조금도 관심을 가진 적이 없다는 걸 보여 주는 충분한 증거라고 여겨지지 않나요? 자, 훌륭한 양반,[64] 말해 보세요. 누가 그들을 더 훌륭하게 만듭니까?

— 법률들입니다.

e 하지만 내가 묻고 있는 건 그게 아니에요, 가장 훌륭한 양반.[65] 그게 아니라 어떤 인간이냐 하는 겁니다. 일차적으로 바로 이것, 즉 법률들을 아는 게 누구냐 말입니다.

— 여기 이분들, 재판관들입니다, 소크라테스.

무슨 말인가요, 멜레토스? 이분들이 젊은이들을 교육해서 그들을 더 훌륭하게 만들 수 있나요?

---

* '관심을 갖고 있는(melon)'이라는 말을 통해 이름을 빗댄 말장난이 계속되고 있다.

— 물론입니다.

이분들 전부가 그런가요, 아니면 이분들 가운데 어떤 이들은 그렇지만 다른 이들은 안 그런가요?

— 전부가 그렇지요.

헤라 여신을 걸고 말하건대,* 참 반가운 말을 해 주었네요. 이득을 주는 사람들이 그렇게 쌔고 쌨다니 말이에요. 그건 그렇고, 그럼 이건 어떤가요? 여기 이 방청객들은 그들을 더 훌륭하게 만듭니까, 아닙니까?

25a

— 이분들도 그렇게 합니다.

그럼 평의회 의원들**은 어떤가요?

---

* 결혼과 여성의 삶을 관장하는 헤라 여신을 걸고 하는 맹세는 대개 여인들이 사용했다. 아이들의 출생과 양육이 이 여신과 연관되므로 여기 문맥에 잘 어울리는 맹세 표현이라 할 수 있다.

** 평의회(boulē)는 도시국가의 일상 업무를 수행하기 위해 임명된 시민들인 평의회 의원들(bouleutai)의 협의체다. 클레이스테네스의 개혁(기원전 508/7년) 이후 아테네 평의회는 대략 다음과 같은 모습이었다. 평의회는 500명의 의원으로 이루어진다. 10개로 된 각 부족(phylē)당 50명씩 매년 임명되는데, 30세 이상 시민 중에서 추첨으로 선출된다. 의원은 1년간 업무에 종사하며 평생 두 번(그리고 10년에 한 번)을 초과하여 임명될 수 없다. 평의회는 축제일과 불길한 날을 빼고 매일 모이는데, 나중에 보수가 지급되기 시작했지만 상대적으로 경제적 여유가 적은 사람들일수록 부담을 더 느낄 만큼 요구되는 업무의 양이 상당했다. 부족(phylē)별로 돌아가며 1년의 10분의 1씩 평의회 운영(prytania)을 분담하게 되는데, 그 집행부인 평의회 운영위원단의 구성과 업무에 관한 보다 상세한 내용은 아래 32b '평의회 운영' 관련 주석(이 책 81쪽 첫 번째 각주)을 참고할 것.

— 평의회 의원들도 마찬가집니다.

아니, 멜레토스, 그렇다면 민회에 속한 사람들, 즉 민회 구성원들*이 젊은이들을 망치는 걸까요? 아니면 저 사람들도 전부 그들을 더 훌륭하게 만드나요?

— 저 사람들도 마찬가집니다.

그렇다면 나를 빼놓고 아테네인들 전부가 그들을 아름답고 훌륭하게 만드는데, 나만 그들을 망치고 있는 것 같군요. 그런 뜻으로 말하는 건가요?

— 바로 그걸 내가 힘주어 말하고 있는 겁니다.

---

* 민회(ekklēsia)는 입법, 전쟁과 평화의 결정, 군사 작전, 장군을 비롯한 공직자의 선출 등 국가 중대사에 대한 최종 결정권을 가진, 아테네 민주주의를 대변하는 최고 의결 기구다. 모든 계급의 성인(18세 이상) 남자 시민들이 참여할 수 있었다. 이들 민회 구성원들(ekklēsiastai)은 기원전 5세기에 4만 3천 명에 달했지만, 그것은 어디까지나 명목상의 숫자였을 뿐, 실제로는 민회 참석에 대한 경제적 보상이 이루어지기 전에는(배심원, 평의회 의원, 아르콘들에게 일당을 지급하기 시작한 것은 5세기 중반 페리클레스 시대지만, 민회 참석자에게 일당을 지급하게 된 것은 내전 후 민주정이 회복된 403년 이후) 생산 활동을 접고 민회장에 나와 있어도 괜찮을 만큼 경제적 여유가 있는 사람들에게 참여가 한정되는 단점이 있었다. 아크로폴리스 남서쪽의 작은 바위 언덕인 프닉스(Pnyx)에서 모였는데 처음에는 매월 한 차례 모였지만 나중에는 매월 서너 차례 모였다. 두 번의 연례 회의는 프닉스 대신 디오니소스 극장에서 열렸으며, 기원전 300년경 모든 모임이 이 극장으로 옮겨졌다. 극장 관객 수가 민회 참석자 수보다 훨씬 더 많았다. 아이나 외국인, 심지어 일부 노예도 극장 공연을 관람했으니 이는 어쩌면 당연한 일이라 할 수도 있겠다. 예컨대 5세기 아테네의 한 민회 모임에 6천 명가량의 시민이 참석했다고 하는데, 디오니소스 극장의 수용 인원은 적어도 1만 4천 명 이상이었다.

당신이 간파한 대로라면 난 정말 큰 불운에 처한 거군요. 그런데 나에게 대답해 주세요. 말(馬)들의 경우도 그렇다고 당신은 정말로 생각하나요? 인간들 전부가 그것들을 더 훌륭하게 만드는 반면, 망치는 사람은 단 한 사람인가요? 아니면 그것과 정반대로, 더 훌륭하게 만들 수 있는 사람은 단 한 사람이거나 아주 소수, 즉 말 조련사들인 반면, 많은 사람들은 말들과 함께 있으면서 그것들을 다룰 경우 그것들을 망치는 건가요? 후자가 아닌가요, 멜레토스? 말들의 경우든 다른 모든 동물들의 경우든 말입니다.

분명히 그럴 겁니다. 당신과 아뉘토스가 아니라고 하든 그렇다고 하든 말입니다. 하기야 단 한 사람만이 젊은이들을 망치고 다른 사람들은 이득을 준다면 젊은이들에게는 무척이나 다행스러운 일이겠죠. 하지만 멜레토스, 당신은 젊은이들에게 신경 써 본 적이 한 번도 없다는 걸 충분히 보여 주고 있고, 또 당신 자신의 무관심을, 즉 당신은 나를 법정에 세운 사안들에 전혀 관심을 가져 본 적이 없다는 걸 분명히 드러내 주고 있어요.*

자, 멜레토스, 제우스 신이 보는 앞에서 우리에게 계속 말해 보세요. 쓸 만한 시민들 사이에서 사는 게 더 좋은가요, 아니면

* '멜레토스의 아멜레이아', 즉 '관심자의 무관심'은 이름을 빗댄 말장난의 완결판이라 하겠다.

사악한* 시민들 사이에서 사는 게 더 좋은가요? 이봐요, 대답해 봐요. 알다시피 전혀 어렵지 않은 걸 묻고 있으니까요. 사악한 사람들은 늘 자기들과 가장 가까이 있는 사람들에게 뭔가 나쁜 일을 하고, 훌륭한 사람들은 뭔가 훌륭한 일을 하는 것 아닌가요?[66]

— 물론 그렇습니다.

d 그렇다면 함께 있는 사람들에게서 이득을 얻기보다는 오히려 해를 입기를 바라는 사람이 있나요? 대답하세요, 훌륭한 양반. 법도 대답하기를 명하니 말입니다. 해를 입기를 바라는 사람이 있나요?

— 물론 없습니다.

자, 그럼 젊은이들을 망치고 더 사악하게 만든다는 이유로 나를 여기 법정에 세울 때 당신은 내가 의도적으로 그런다고 본 건가요, 아니면 그럴 의도 없이 그런다고 본 건가요?

— 물론 의도적으로 그런다고 본 거죠.

뭐라고요, 멜레토스? 그 나이의 당신이 이 나이의 나보다 그토록 더 지혜로워서, 당신은 나쁜 사람들은 늘 자기들과 가장 이웃

e 해 있는 사람들에게 나쁜 일을 하고 훌륭한 사람들은 훌륭한 일

---

* 이 문맥에 세 번 등장하는 '사악한(ponēros)'이라는 말은 '나쁜', '쓸모없는', '형편없는', '비천한' 등으로 새길 수도 있는 말이다.

을 한다는 걸 알고 있는 반면, 나는 내가 함께 있는 사람들 중 누군가를 몹쓸 사람으로 만들면 그 사람에게서 뭔가 나쁜 일을 당할 위험에 처하게 되리라는 것조차도 모를 만큼 심각한 무지 상태에 있다는 건가요? 그래서 이런 대단히 나쁜 일을 의도적으로 하고 있다고 주장하는 건가요?

멜레토스, 이것들과 관련해서 나로서는 당신을 믿지 않아요. 또 인간들 가운데 다른 어느 누구도 당신을 믿지 않으리라 생각해요. 오히려 내가 망치고* 있지 않거나, 아니면 망치고 있다 해 26a도 그럴 의도 없이 그런 것이어서,** 어쨌든 당신은 둘 중 어느 쪽으로 보든 틀린[67] 거예요. 그런데 내가 그럴 의도 없이 망치고 있다면 그런 잘못들, 즉 의도하지 않은 잘못들을 타내어 여기 법정에 세우는 게 법이 아니라 개인적으로 잡아 놓고 가르치고 훈계하는 게 법이지요. 내가 알게 된다면, 적어도 그럴 의도 없이 내가 하는 일만큼은 멈출 게 분명하니까요. 그런데 당신은 나와 함

---

* 이제부터 몇 번 목적어 없이 나오는 '망친다'는 말 앞에는 모두 '젊은이들을'이라는 말이 생략되어 있다고 보면 된다.

** 젊은이를 고의로 망치고 있지는 않다는 소크라테스의 확신은 이후 대안 형량을 제안하는 둘째 연설에서도 분명히 천명된다. "인간들 중 어느 누구에게도 고의로 불의를 행하고 있지는 않다고 확신"(37a)한다는 점을 그는 재차 분명히 한다. 소크라테스의 역설들 가운데 하나로 잘 알려진 '인간은 결코 고의로 불의를 행하지(해를 끼치지) 않는다'는 생각이 바탕에 깔려 있다. 그 생각은 다시 '모든 불의(해를 끼치는 행위)는 행위자 자신에게 해를 준다'는 생각에서 따라 나오는 것이다.

께하면서 가르치는 건 회피하고 거부한 채 그저 여기 법정에 세웠지요. 배움이 아니라 처벌이 필요한 사람들을 여기에 세우는 게 법인데 말이에요.

b　　하지만 실로, 아테네인 여러분, 이건 이미 분명해졌습니다. 내가 말한 대로 멜레토스는 이 일들에 크게든 작게든 도대체 관심을 가져 본 적이 없다는 것 말입니다. 그럼에도 불구하고 자, 멜레토스, 우리에게 말해 보세요. 내가 젊은이들을 어떻게 망치고 있다고 당신은 주장하는 건가요? 혹은, 당신이 썼던 고발장의 내용마따나 국가가 믿는 신들을 믿지 말고 다른 새로운 신령스러운 것들을 믿으라고 가르침으로써 망치고 있다는 게 아주 분명한 건가요?* 내가 이걸 가르침으로써 망치고 있다고 당신은

---

* 멜레토스의 두 고발 내용이 서로 연관되어 있음을 드러내는 대목이다. 무신론(혹은 이단신론)을 가르침으로써 젊은이들을 망친다는 것이다. 그러니까 사실상 소크라테스로서는 무신론을 갖고 있지 않다는 점만 분명히 하면 고발 전체를 무력화할 수 있는 셈이다. 여기서 '믿는다'로 옮긴 원어 '노미제인(nomizein)'은 '인정한다' 내지 '숭배한다'를 뜻하는 말이기도 하다. '관습'이나 '법', '규범' 등을 뜻하는 '노모스(nomos)'와 동근어다. 그러니까 신들을 믿는다(nomizein)는 것은 내면적으로 신의 존재를 확신하고 있다는 것으로 이해될 수도 있지만, 다른 한편으로는 제대로 된 제사나 기도 등의 수행을 통해 신을 숭상하고 있다는 점을 외적으로 드러낸다는 것으로 이해될 수도 있다. 우리는 부지불식간에 기독교 등 유력 종교의 영향을 강하게 받고 있기 때문에 자칫 종교를 주로 전자의 문제(즉 좁은 의미의 믿음의 문제)에 국한하여 이해하려 들기 쉽다. 그러나 다양한 민족과 문화에 연루된 종교 전통들을 온전히 이해하려면 후자의 측면에도 (아니, 오히려 후자의 측면에 더) 주목할 필요가 있고, 우리가 읽어 가고 있는 텍스트가 속한 희랍 전통 또한 예외은

말하는 것 아닌가요?

— 물론 바로 그걸 내가 힘주어 말하고 있는 겁니다.

그렇다면, 멜레토스, 지금 우리 논의의 대상인 바로 이 신들이 보는 앞에서 나와 여기 이 분들에게 좀 더 분명하게 말해 주세요. 나로서는 이해할 능력이 안 되거든요. 내가 어떤 신들이 있 　c 다는 걸 믿으라고 가르치긴 하지만 (그렇다면 나 자신도 신들이 있다고 믿는 것이며 전적으로 무신론자는 아니고. 이런 측면에서 불의를 행하고 있지도 않은 거지요) 그때 그 신들이 국가가 믿는 바로 그 신들이 아니라 다른 신들이라고 당신이 말하고 있는 건지, 그래서 바로 이것, 즉 다른 신들이라는 게[68] 당신이 나를 고발하는 혐의점인지, 아니면 내가 나 자신도 신들을 아예 믿지 않을 뿐만 아니라 다른 사람들에게도 그렇게 가르치고 있다고 당신이 주장하는 건지 말입니다.

— 후자를, 즉 당신이 전적으로 신들을 믿지 않는다는 걸 말하고 있는 겁니다.

놀라운[69] 사람 멜레토스, 무엇 때문에[70] 이런 말을 하나요? 그 　d

아니다. 바로 뒤에 이어질. 멜레토스에 대한 소크라테스의 논박에서도 믿음/인정의 애매성이 일정 정도 작용한다. 물론 고발장의 '믿는다'는 말이 뜻하는 외적 숭배의 측면에 상당히 주목하는 크세노폰의 『변명』에 비하면, 여기 플라톤의 『변명』은 주관적인 믿음의 측면에 상당히 주목하는 경향이 있다고 해야 할 것이다.

래, 내가 다른 사람들이 신이라고 믿는 해나 달이 신이라고 믿지 않는다는 건가요?*

— 제우스에 맹세코, 이분은 안 믿습니다, 재판관 여러분. 해는 돌이고 달은 흙이라고 주장하니까요.

친애하는 멜레토스, 당신은 아낙사고라스를 고발하고 있다고 생각하는 건가요?** 또 여기 이분들을 그토록 무시해서 클라조메나이 출신 아낙사고라스의 책들이 이런 이야기들로 가득 차 있다는 걸 알지 못할 정도로 이분들이 문맹이라고 생각하는 건가요? 게다가 젊은이들이 이런 것들을 나한테서 배운다는 건가요?

e 기회가 닿을 때 오르케스트라에서 많아 봐야 1드라크마***만 주면

---

* 해와 달은 아테네의 공식 제례 대상이 아니었지만 많이들 신이라고 믿었다. 『향연』 말미(220d)에 소크라테스가 뜨는 해를 향해 기도하는 장면이 나오고, 『국가』 508a에서는 해와 다른 천체들을 명시적으로 신이라고 부른다.

** 소크라테스보다 한 세대가량 앞선 연배의 자연 철학자인 아낙사고라스는 페리클레스의 선생이기도 했다. 『파이돈』(97b~99d)에 따르면, 젊은 시절 소크라테스는 자연 세계에 대한 탐구에 전념했다가 포기하게 되는데, 그 중요한 계기가 아낙사고라스의 기계론적 설명 방식에 대한 실망 때문이었다. 플루타르코스에 따르면 그는 불경죄로 재판받고 추방당했는데, 그 재판이 실제로 있었다면 아마도 그의 철학보다는 페리클레스와의 친분에서 연유한 것일 수있다. 하지만 그 재판의 역사성 여부와 연대는 논란의 대상이며, 우리의 이텍스트가 그것의 역사성을 담보하는 증거가 되기는 어렵다.

*** '드라크마(drachmē)'는 어원상 '움큼'을 뜻하는 은화 이름이다. 1드라크마는 6오볼로스의 가치에 해당하는데, '오볼로스(obolos)'는 본래 '쇠막대기'나 '쇠꼬챙이'를 가리키니까 초창기 화폐 개념으로는 쇠막대기 여섯을 한 움큼 쥐면 1드라크마가 되는 셈이다. 100드라크마가 1므나가 되는데, '므나'에 관해서는

얼마든지 그것들을 살 수 있고,* 그러다가 소크라테스가 자기 이
야기라고 주장할 때면 비웃어 줄 수 있는데, 특히나 이렇게 엉뚱

20c의 관련 주석(이 책 38쪽 두 번째 각주)을 참고할 것.

* 합창단이 가무하는 공간으로 쓰이는 극장 안 무대와 객석 사이의 원형 혹은
반원형 공간을 보통 '오르케스트라(orchēstra)'라 부른다. 디오니소스 극장에
있는 오르케스트라를 가리킨다고 보는 사람들이 있는데 불가능하지는 않다.
그 경우에 거기서 '살 수 있다'는 것은 (1) 아낙사고라스에게서 영향받은 비
극 작가들의 작품(그 가운데서도 합창 부분)을 관람하면서 얻을 수 있는 내
용이라고 보거나(하루 관람료가 2오볼로스이므로 1드라크마로는 3일간 관람
할 수 있다), (2) 공연이 없을 때 오르케스트라가 책 따위를 파는 장소로 쓰였
다고 보거나(이 견해는 성스러운 건물의 용도로 부적당하다는 반론에 노출되
어 있다) 해야 할 것이다. 그러나 다른 설명이 가능하다. 아고라 발굴단장 캠
프(J. M. Camp 1986, p.46)에 따르면, 기원전 6세기에 길가를 포함한 전 아
고라가 노래, 춤, 연극 등 다양한 극적 이벤트와 전시를 위한 공간으로 사용
되었는데, 광장 일부가 '오르케스트라'로 지칭되었고 관객을 위해 이크리아
(ikria, 나무로 된 계단식 관람석)까지 갖추고 있었다고 한다. 그러던 것이 5
세기 초(498년경)에 이 이크리아가 공연 중에 무너져 많은 사람들이 다치는
사고가 일어난 후 대부분의 극 이벤트들이 아크로폴리스 남쪽 비탈에 새로
생긴 디오니소스 극장으로 옮겨졌다고 한다. 고전 시대에 이런 이동이 일어
났음에도 불구하고, 이 지역은 계속 기념물(예컨대 참주정을 몰아내는 데 기
여한 하르모디오스와 아리스토게이톤의 동상 같은 것)을 세우기 적당한 장소
로 간주되었다고 한다. 아고라에 있던 이 '옛 오르케스트라'는 나중에 경주로
아래로 사라지게 되는데, 지금 이 구절의 '오르케스트라'는 아마 이곳을 가리
키는 것으로 보는 것이 더 적당할 듯하다(부록의 아고라 관련 그림들을 참고
할 것). 물론 이 경우에도 이곳에서 판매되는 책을 살 수 있었다고 보는 대신
위 (1)의 정신을 따라, 소크라테스가 아낙사고라스 책이 낭독되는 것을 들은
적이 있다고 말한 것(『파이돈』 97b)과 비슷한 일을 젊은이들이 1드라크마 정
도의 가격으로 얼마든지 경험할 수 있었다는 이야기로 보는 것도 불가능하지
는 않겠다.

한 이야기들인데 말이에요. 아니, 제우스 신이 보는 앞에서 묻는데, 당신한텐 정말 내가 이렇게 보이나요? 내가 어떤 신도 있지 않다고 믿는다는 건가요?

— 그래요, 제우스에 맹세코, 어떤 식으로도 없다고 믿죠.

당신은 정말 믿을 수 없네요, 멜레토스. 내가 보기에 당신 자신도 물론 당신을 믿을 수 없을 거고요. 내가 보기에 여기 이 사람은, 아테네인 여러분, 아주 방자하고 방종하며, 순전히 모종의 방자함과 방종과 젊은 혈기로 이런 고발을 한 거거든요. 그는 마치 수수께끼를 만들어 나를 시험하려 하는 사람과도 같으니까요. "소위 지혜로운 사람이라는 소크라테스가 과연 내가 장난삼아 자기모순적인 말을 할 때 알아차리게 될까, 아니면 그 사람과 나머지 듣는 사람들이 나한테 감쪽같이 속아 넘어가게 될까?" 하고 말입니다.* 내가 보기에 이 사람은 자기 고발장에서 스스로 자기모순적인 말을 하는 것 같거든요. 마치 "소크라테스는 신

27a

---

* 희랍의 수수께끼는 흔히 외견상 모순으로 보이는 역설적 언명(즉 어떤 것이 x이면서 x가 아니다)의 형태를 띠었다. 『국가』 479b~c에 그 정교한 형태가 예시되어 있다. 이런 모순적 언명이 담긴 수수께끼를 자연이 품고 있다는 것, 그런 수수께끼 세상이 우리에게 진지하지만 신에게는 어린애 장난일 수 있다는 것이 헤라클레이토스 자연 철학의 중요한 통찰이었다(앞 21b의 '수수께끼' 관련 주석(이 책 42쪽 세 번째 각주)을 참고할 것). 여기 소크라테스의 문제 제기는 그런 진지하면서도 장난스러운 헤라클레이토스적 이야기 전통이 제시하는 심오한 수수께끼─모순─장난이 그야말로 방자한 농담에 불과한 수준으로 오용되는 사례를 보여 주고 있다.

들을 믿지 않지 않으면서 신들을 믿음으로써 불의를 행하고 있다."[71]라고 말하는 것처럼 보입니다. 하지만 이건 농담하는 사람이나 할 법한 말입니다.

그러니 여러분, 그가 이런 말을 하고 있는 것 같다는 생각을 내가 어째서 하게 됐는지 나와 함께 살펴봐 주세요. 그리고 당신은 우리에게 대답해 보세요, 멜레토스. 그리고 여러분은 내가 처음에 여러분에게 부탁했던 걸 기억해 주세요. 내가 나한테 익숙한 방식으로 논의를 하더라도 소란을 벌이지 말아 달라는 부탁 말입니다.

멜레토스, 인간에 관련된 활동[72]들은 있다고 믿으면서 인간들은 믿지 않는 사람이 인간들 가운데 있나요?

대답하게 해 주세요, 여러분. 이런저런 말들로 자꾸 소란을 벌이지 못하게 해 주시고요.

말(馬)들은 믿지 않으면서 말에 관련된 활동들은 믿는 사람이 있나요? 혹은 피리 연주자들은 있다고 믿지 않으면서 피리 연주에 관련된 활동들은 믿는 사람이 있나요? 없지요, 가장 훌륭한 양반. 당신이 대답하고 싶지 않다면 내가 직접 당신과 여기 이다른 분들을 위해 말할게요. 하지만 적어도 그 다음 질문에 대해서만큼은 대답해 주세요. 신령스러운* 활동들은 있다고 믿으면

b

c

---

* 다른 문맥들과 맞추기 위해 '신령스러운'이라 옮겼지만, 지금 이 문맥에 보다

서 신령들은 믿지 않는 사람이 있나요?

— 없습니다.

여기 이분들의 강요로 어렵사리 대답을 해 주니 얼마나 도움이 되는지 모르겠네요! 그렇다면 당신은 내가 신령스러운 것들은 믿기도 하고 가르치기도 한다고 주장하는 것 아닌가요? 그것들이 새로운 것들인지 오래된 것들인지는 상관없고요. 어쨌거나 당신 말에 따르면 나는 적어도 신령스러운 것들은 믿고 있는 것이고, 게다가 당신은 고발장에서 이것들에 대해 서약까지 했지요. 그런데 내가 신령스러운 것들을 믿고 있다면, 분명 내가 신령들 또한 믿고 있다는 것이 아주 필연적이지요. 그렇지 않나요? 물론 그렇지요. 대답을 안 하니 당신도 동의하는 걸로 치겠습니다. 그런데 신령들은 신들이거나 신들의 자식들이라고 우리는 믿고[73] 있지 않나요? 그런가요, 아닌가요?

— 물론 그렇지요.

그렇다면 당신 주장대로 내가 신령들을 믿고 있는 거라고 할 때, 신령들이 일종의 신들이라면, 그건 당신이 수수께끼를 내며 장난치는 거라고 내가 말한[74] 바로 그것이 될 겁니다. 즉 내가 신들을 믿지 않는다고 말하면서, 또 내가 신령들을 믿고 있는 한은 다시 내가 신들을 믿고 있다고 말하는 것 말입니다.

긴밀하게 맞추면 '신령에 관련된'이라 새길 수 있겠다.

그런가 하면 이번에는 신령들이 신들의 자식들이라면, 즉 님
프들에게서 태어났거나, 아니면 그들을 낳았다는 이야기가 전해
지는 다른 누군가에게서 태어난 모종의 서출 자식들이라면,* 인
간들 가운데 누가 신들의 자식들은 있다고 믿으면서 신들은 안
믿을[75] 수 있을까요? 이는 누군가가 말들과 나귀들의 새끼들,[76]
즉 노새**들은 믿으면서[77] 말들과 나귀들이 있다는 건 믿지 않을
때와 꼭 마찬가지로 엉뚱한 일일 테니까 말입니다.

아니, 멜레토스, 당신이 이런 것들을 가지고 우릴 시험해 볼
양이거나 혹은 무슨 진실된 죄목으로 나를 고발해야 할지 막막
해서가 아니라면 이런 고발을 했을 리가 없어요. 그런데 어떻게
하면 당신이 인간들 가운데 조금이라도 지성을 가진 그 어느 누
구든 설득해 낼 수 있을지? 즉 신령스러운 것들을 믿는 사람이
신적인 것들 역시 믿는 건 아니라고, 또 더 나아가 바로 그 동일
한 사람이 신령들과 신들과 영웅들 역시 믿는 건 아니라고 설득
해 낼 수 있을지?[78] 그런 설득을 해낼 재간이 도무지 없습니다.

그건 그렇고 사실, 아테네인 여러분, 내가 멜레토스의 고발장

e

28a

---

* 예컨대 아폴론 신과 님프 코로니스 사이에 태어난 아스클레피오스가 전자에
해당한다면, 제우스 신과 인간 알크메네 사이에 태어난 헤라클레스가 후자에
해당한다.

** 희랍어에서 '노새(hēmionos)'는 문자 그대로 '반(半, hēmi)−나귀(onos)'라는
뜻이다. 앞 문장에서 언급된, 신령이 '반신(半神, hēmitheos)'이라는 것과 유
비하기 위해 사용된 표현이다.

내용처럼 불의를 행한 것이 아니라는 이야기를 하기 위해서는 내 생각에 많은 항변이 필요하지 않으며, 이것들로도 충분합니다. 다만 앞에서도 말했다시피 나에 대해 많은 미움이 많은 사람들 사이에 생겨나 있다는 게 진실이라는 건 잘 알아 두세요. 또 나를 잡을[79] 게 바로 이겁니다(진짜 나를 잡게 된다면 말입니다). 멜레토스도 아뉘토스도 아니고, 많은 사람들의 비방과 시기입니다. 그것들이 분명[80] 다른 많은 훌륭한 사람들도 잡았고, 또 내 생각에 앞으로도 계속 잡게 될 겁니다. 그 일이 내게서 멈추게 되지 않을까 무서울 일은 전혀 없습니다.

b

그런데 아마 누군가가 말할지도 모르겠습니다. "아니, 소크라테스, 당신은 지금 당신을 죽을 위험에 처하게 만든 그런 유의 일을 추구했던 게 수치스럽지도 않습니까?"라고 말입니다.

그럼 나는 이 사람에게 다음과 같은 정의로운 말로 대답을 해 줄 수 있을 겁니다.

"이보시오.[81] 아름답지 않은 말을 하고 있는 겁니다. 뭔가 조금이라도 쓸 만한 가치가 있는 사람이 어떤 일을 하면서 자기가 정의로운 일을 하고 있는지 부정의한 일을 하고 있는지, 훌륭한 사람의 행동을 하고 있는지 나쁜* 사람의 행동을 하고 있는지만[82]

---

* 이 맥락에 나오는 '나쁜(kakos)'이라는 말은 '비겁한', '형편없는' 등으로 새길

68

따져 봐야 한다고 생각하는 게 아니라 사느냐 죽느냐의 위험을 계산에 넣어야 한다고 당신이 생각한다면 말입니다. 당신의 바 $\quad$ c 로 그 논변[83]대로라면 반신(半神) 영웅[84]들 가운데 트로이에서 삶을 마친 사람들이 형편없는 사람들이 될 테니까요. 다른 사람들도 그렇지만 특히나 테티스의 아들*이 그렇지요. 그는 수치스러운 어떤 일을 참고 견디는 것에 견주어 그 위험[85]을 아주 가벼이 여겼지요. 그래서 여신인 어머니가 헥토르를 죽일 작정을 하고 있는 그에게, 내가 기억하기로 대략 다음과 같이 말했을 때,** 즉

'애야, 네가 동료 파트로클로스가 당한 죽음에 대해 복수를 해서 헥토르를 죽이게 되면, 너 자신이 죽게 된다. 헥토르 다음엔 죽을 운명이 곧바로 너에게 예비되어 있단다.'

수도 있는 말이다.

* 트로이 전쟁의 희랍 쪽 전사 영웅인 아킬레우스다. 여신인 어머니와 인간인 아버지 사이에서 태어났기에 '반신 영웅'이라 불리지만, 아버지 쪽이 신인 통상의 반신 영웅과 차이가 있다. 『일리아스』에서 보통 '펠레우스의 아들'이라 불리는 그가 여기서 '테티스의 아들'이라 불리고 있어 흥미롭다. 신이지만 여성인 어머니와, 남성이지만 인간인 아버지 사이에서 작가의 선택은 작지 않은 의미를 가질 것이다. 플라톤이 아킬레우스의 정체성 부여자로 선택한 테티스는 바다 여신으로 인간 펠레우스와 결혼하여 아킬레우스를 낳았다. 『일리아스』에서 아들에게 조언과 위안을 제공하는 역할로 자주 등장한다.
** 인용되는 테티스와 아킬레우스의 대화는 『일리아스』 18권 94~104행의 대목인데, '대략'이라는 말에서 짐작할 수 있는 것처럼 정확하게 문자 그대로 인용되어 있지는 않다.

라고 말했을 때, 그는 이 말을 듣고도 죽음과 위험[86]은 사소하게 여긴 반면, 비겁한* 사람으로 살게 되는 일과 친구들을 위해 복

d 수하지 못하는 일을 훨씬 더 무서워해서 이렇게 말했지요.

'곧바로 죽어도 좋습니다. 불의를 행한 사람에게 대가를 받아 낸다면 말입니다. 그래야 여기 구부러진 배 곁에서 비웃음의 대상으로, 대지의 짐으로 남아 있지 않게 되겠지요.'

라고 말입니다. 설마 그가 죽음과 위험에 신경을 썼다고 당신은 생각합니까?"

실상은 이렇습니다, 아테네인 여러분. 누군가가 최선이라고 생각해서 어떤 자리에 자기 자신을 배치했거나, 혹은 지휘관이 배치해 주었다면, 그게 어디든 그 자리에 남아서 위험을 무릅써야 한다고 난 생각합니다. 죽음이든 다른 어떤 것이든 수치스러운 것보다 먼저 계산에 넣는 일은 아예 하지 않으면서 말입니다.

e 그렇다면, 아테네인 여러분, 내가 포테이다이아에서든 암피폴리스에서든 델리온에서든 나를 지휘하라고 여러분이 직접 뽑아 준 지휘관들이 나에게 명령을 내렸을 때는** 다른 누구라도 그

---

* 바로 위에서 '나쁜'으로 옮긴 말과 원어가 같다('kakos').

** 여기 세 번(번역문에서는 네 번) 나오는 '명령한다'는 말은 바로 앞에 두 번 '배치한다'로 옮긴 말과 원어가 같다('tattein'). 그러니까 '지휘관들이 나에게

랬듯이 저 사람들이 명령한 그 자리에 남아서 죽을 위험을 무릅썼으면서,* 이제 신이 명령하고 있는 상황에서는, 즉 내가 생각하고 또 이해한 바에 따르면, 내가 지혜를 사랑하면서 그리고 나 자신과 다른 사람들을 검토하면서 살아야 한다고 신이 나에게 명령하고 있는 상황에서는 죽음이든 다른 어떤 일이든 두려워해서 배치된 자리를 떠난다고 한다면, 난 무서운 일을 저질러 버린 게 될 거예요. 그건 그야말로 무서운 일일 겁니다. 그리고 정말이지, 그럴 때는, 내가 예언에 불복하고 죽음을 무서워하며[87] 지혜롭지 않은데도 지혜롭다고 생각한다는 점에서 신들이 있다고 믿지 않는[88] 거라 여기며 누군가가 나를 재판정에 세운다 해도 정의로운 일이 될 겁니다.

명령을 내렸을 때는', '저 사람들이 명령한 자리에 남아서', '신이 명령하고 있는 상황에서는', '검토하면서 살아야 한다고 신이 나에게 명령하고 있는 상황에서는' 대신 각각 '지휘관들이 나를 배치했을 때는', '저 사람들이 배치한 자리에 남아서', '신이 배치하고 있는 상황에서는', '검토하면서 살아야 한다는 임무를 주며 신이 나를 배치하고 있는 상황에서는'으로 새겨도 좋은 말들이다.

* 세 전투 모두 아테네와 스파르타 간의 전쟁에서 벌어졌다. 432년 트라키아의 포테이다이아에서 벌어진 전투는 투키디데스 1.56~65에서 이야기되고 있으며, 그곳의 극한적 어려움에 대한 소크라테스의 인내가 플라톤 『향연』 219e~220e에 묘사되어 있다. 424년의 델리온 전투에 관해서는 투키디데스 4.90을 참고할 수 있고, 거기서 보여 준 소크라테스의 용기에 관한 자세한 서술은 『향연』의 알키비아데스 연설(220d~221c)에 나오고, 『라케스』 181a~b에도 간략히 언급되어 있다. 암피폴리스에서의 전투는 아마도 투키디데스 5.2에 묘사된 422년의 전투를 가리키는 듯하다.

알다시피, 여러분, 죽음을 무서워한다는 것은 지혜롭지 않은데도 지혜롭다고 생각하는 것에 다름 아니거든요. 그건 알지 못하는 것들을 안다고 생각하는 거니까요. 아무도 죽음을 알지 못하는데, 그것이 심지어 인간에게 생길 수 있는 모든 좋은 것들 가운데 최대로 좋은 것인지조차 알지 못하는데, 그들은 그것이 나쁜 것들 가운데 최대로 나쁜 것임을 마치 잘 알고 있기라도 한

b 것처럼 그것을 무서워하니까 하는 말입니다. 그런데 어떻게 이 것이 알지 못하는 것을 안다고 생각하는, 그 비난받을 만한 무지가 아닐 수 있겠습니까?[89]

하지만, 여러분, 아마도 나는 이만큼 그리고 이 점에서 많은 사람들과 다르며, 내가 실로 누군가보다 어떤 점에서 더 지혜롭다고 주장한다면, 바로 이 점에서일 겁니다. 즉 하데스의 일들에 관해서는 충분히 알지 못하니까 생각도 또한 그렇게, 알지 못한다고 생각한다는 점 말입니다. 그런데 불의를 행하는 일과 그게 신이건 인간이건 자기보다 더 훌륭한 이에게 불복하는 일이 나쁘고 추하다는 건 내가 압니다.* 그러니 나쁘다는 걸 내가 알고 있는 나쁜 것들보다 우선하여, 좋은 것인지조차 내가 알지 못하

c 는 것들을 나는 결코 두려워하지도 피하지도 않을 겁니다.

그러니까 지금 여러분이 아뉘토스의 말을 따르기를 거부하고[90]

---

* 소크라테스의 몇 안 되는 앎 주장 가운데 가장 잘 알려진 대목이다.

나를 방면한다고 해 봅시다. 그는 애초에 내가 여기 법정에 서지 말았어야 했는데 그러지 못했고, 일단 내가 법정에 선 이상은 나를 죽이지 않을 수 없다*고[91] 주장했지요. 내가 방면되면 그땐 여러분의 아들들이 소크라테스가 가르치는 것들을 업으로 삼아 추구함으로 해서 모두 완전히 망쳐지게 될 거라고 여러분에게 말하면서 말입니다. 이런 말에 대응하여 여러분이 나한테 이렇게 말한다고 해 봅시다.

"소크라테스, 이번엔 우리가 아뉘토스의 말을 따르지 않을 것이며 당신을 방면합니다. 다만 더 이상 이런 탐색을 하면서 시간을 보내지 않고, 지혜 사랑하는 일을 하지도 않는다는 조건하에 방면합니다. 그런데도 계속 이 일을 하다 잡히면 당신은 죽게 될 겁니다." d

자, 내가 말했던 대로 이런 조건을 달고 여러분이 나를 방면한다면, 나는 여러분에게 말할 겁니다.

"아테네인 여러분, 나는 여러분을 좋아하고[92] 사랑하지만, 여러분보다는 오히려 신에게 복종할[93] 겁니다. 그래서 내가 숨 쉬고 있고 할 수 있는 한은 지혜 사랑하는 일, 여러분에게 권고하고 또 매번 내가 여러분 중 누구와 만나게 되든 그에게 명료하게

---

* '죽인다'는 말은 법적인 문맥에서는 '사형을 당하게 한다' 혹은 '사형 선고를 내린다'는 뜻을 가질 수 있다.

보여 주는 일을 멈추지 않을 겁니다. 내가 입버릇처럼 말해 오던 대로 이렇게 말하면서 말입니다.

'가장 훌륭한 양반, 당신은 지혜와 힘에 있어서 가장 위대하고 가장 명성이 높은 국가인 아테네 사람이면서, 돈이 당신에게 최대한 많아지게 하는 일은, 그리고 명성과 명예는 돌보면서도 현명함과 진실은, 그리고 영혼이 최대한 훌륭해지게 하는 일은 돌보지도 신경 쓰지도 않는다는 게 수치스럽지 않습니까?'[94]

라고 말입니다.

그리고 여러분 가운데 누군가가 이의를 제기하면서 자기는 돌보고 있다고 주장한다면, 나는 곧바로 그를 놓아주거나 내가 가 버리거나 하지 않고 오히려 그에게 묻고 검토하고 논박할 겁니다. 그런데 그가 덕을 갖고 있지 않은데도 그렇다고 주장하고 있다는 생각이 내게 들면, 나는 그가 가장 많은 가치를 지닌 일은 가장 하찮게 여기며 더 보잘것없는 일은 더 중시하고 있다고 비난할 겁니다. 나는 내가 만나게 되는 그 누구에게든 이런 일들을 할 겁니다. 젊은이든 나이 든 이든, 외지인이든 내지인이든 말입니다. 그런데 내지인인 여러분에게는 더 그렇게 할 겁니다. 나와 가문이 더 가까운 만큼 말입니다.[95]

이것들을 신이 명령하고 있거니와 (이 점 잘 알아 두세요), 내 생각에 여러분에게 신에 대한 나의 봉사[96]보다 더 큰 좋음이 도대체 이 나라에 생겨난 적이 전혀 없으니까요. 내가 돌아다니면서 하는 일은 다름이 아니라 바로 여러분 가운데 젊은이에게나 나이 든 이에게나 영혼을 돌보는 것(즉 영혼이 최대한 훌륭한 상태가 되도록 돌보는 것)보다 우선해서, 혹은 그것과 비슷한 정도의 열심을 가지고, 육체나 돈을 돌보지 말라고 설득하는 일이거든요.   b

'돈으로부터 덕이 생기는 게 아니라, 덕으로부터 돈과 인간들에게 좋은 다른 모든 것들이 사적인 영역에서든 공적인 영역에서든 생깁니다.'*

---

* 학자들 사이에 해석이 매우 갈리는 구절이다. 여기서는 역설적으로 보이지만 자연스러운 원문의 정신을 따라 옮겼다. 덕에는 일반적으로('반드시'나 '언제나'는 아닐지라도) 부나 외적 선들이(즉 만사형통이) 뒤따른다고 읽는 방식이다. 그런가 하면, 원문을 덜 자연스럽게 읽는 버넷(J. Burnet 1924) 식 독법을 따르면 '돈으로부터 덕이 생기는 게 아니라, 덕으로부터 (나와야만) 돈과 다른 모든 것들이 사적인 영역에서든 공적인 영역에서든 인간들에게 좋은 것이 됩니다'로 번역할 수 있다. 버넷 식 독법은 덕을 좋은 투자라고 이해하는 껄끄러움을 읽어 내지 않으려고 원문을 꽤 꼬아 읽어야 하는 부담이 있다. 반면에 내가 택한 비-버넷 식의 통상 독법은 원문을 물 흐르듯 자연스럽게 읽어 내는 장점이 있지만, 덕을 좋은 투자로 추천하는 것이 다른 곳에서 나타나는 소크라테스의 생각들과 잘 어울리는지 세밀하게 설명해 내야 하는 부담이 있다. 어느 쪽 부담을 기꺼이 질 것인지(즉 통상의 언명과 달라 보이는 역설적인 언급을 소크라테스의 것으로 적극적으로 껴안고 갈지, 아니면 플라톤이 그냥 어려운 문장 하나를 남긴 것이라고 이해하고 갈지)는 읽는 이들 각자의 결정에 맡긴다. 학자들이 찾아낸 바로는, 『메논』 87e~89a, 『에우튀데모스』

라고 말하면서 말입니다.

그런데 이런 말들을 하면서 내가 젊은이들을 망치고 있는 거라면, 이 말들은 해로운 게 되겠지요. 하지만 내가 이런 말들과는 다른 말들을 한다고 누군가가 주장한다면, 그는 터무니없는 말을 하고 있는 겁니다. 아테네인 여러분, 이것들을 염두에 두고[97] 아뉘토스의 말을 따르든 안 따르든, 그리고 나를 방면하든 안 하든 하세요. 어쨌든 나는 비록 여러 번 죽게 될 거라 해도 다른 일들을 하지는 않을 테니까요."라고 난 말할 겁니다.[98]

아테네인 여러분, 소란 벌이지 말고 내가 여러분에게 부탁했던 걸 계속 지켜 주세요. 내가 무슨 말을 하든 소란을 벌이지 말고 듣고 있어 달라 했던 것 말입니다. 내 생각에, 듣고 있으면 여러분에게 이득이 되기도 할 테니까요. 어쨌든 여러분이 아마도

279a~281e, 『법률』 661a~d, 위작 『에뤽시아스』 등이 버넷 식 이해와 어울리는 구절들이고, 통상 독법과 어울리는 구절은 『국가』 612b~613e, 아리스토텔레스 『정치학』 1323a38~b7 등이 있다. 그런데 통상 독법을 따르더라도 반드시 덕을 좋은 투자로 추천한다고, 즉 부나 외적 선들을 획득하기 위해서 덕을 추구해야 함을 역설한다고 읽어야만 하는 것은 아니다. 그저 덕을 가지게 되면 보통 다른 일들도 다 잘 될 것이다 정도의 이야기로 읽을 수도 있다. 이 계열 해석의 지지자들은 성서에서도 비슷한 생각을 발견했다. "너희는 먼저 하느님의 나라와 그의 의를 구하라. 그리하면 이 모든 것을 너희에게 더하여 주실 것이다."(마태복음 6:33) 아무튼 덕에서 돈이 나올 것이라는 유의 함축을 가진 가르침이 대중들에게 필요하다고 생각한 소크라테스는 정작 가난했다(그는 이것을 신에 대한 봉사 탓이라고 돌렸다)는 데서 이 가르침의 역설이 극명해진다.

고함을 지를 만한 다른 말들을 내가 또 할 작정이어서 하는 말인데, 어떤 상황에서도 그렇게는 하지 마세요.

이 점 잘 알아 두면 좋겠는데, 이제까지 내가 말한 것과 같은 유의 사람인 나를 여러분이 죽인다면, 여러분 자신한테보다 나한테 더 큰 해를 주지는 못하게 될 거니까요. 멜레토스도 아뉘토스도 나에게 아무런 해도 끼치지 못할 겁니다. 그들은 그럴 능력조차 없을 테니까요. 더 훌륭한 사람이 더 형편없는 사람에게서 해를 입는다는 건 법도에 맞지 않다고 생각하기에 하는 말입니다. 물론 그*가 아마도 나를 죽이든 추방하든 명예를 빼앗든** 할수는 있겠지요. 그러나 어쩌면 이 사람은, 그리고 아마 다른 누군가도, 이것들이 크게 나쁘다고 생각할지 모르지만, 나는 그렇게 생각하지 않고, 오히려 이 사람이 지금 하고 있는 일들을 하는 것, 즉 사람을 부정의하게 죽이려 시도하는 것이 훨씬 더 나쁘다고 생각합니다.

그러니까 아테네인 여러분, 지금 나는 나 자신을 위해서 항변을 하고 있는 게 전혀 아닙니다. 어떤 이는 그렇게 생각할지도 모르지만 말입니다. 오히려 나는 여러분을 위해서, 즉 여러분이

---

* 앞 문장에 나오는 '더 형편없는 사람'을 가리키며, 맥락상 결국 멜레토스나 아뉘토스를 염두에 둔 것이라 할 수 있겠다.
** '명예를 빼앗는다(atimōseien)'는 말은 법률 용어로 사용될 때 '공민권을 박탈한다'는 뜻이다.

나에게 유죄 표를 던짐으로 해서 신이 여러분에게 준 선물에 대해 뭔가 잘못을 범하지 않도록 하려고 항변을 하고 있는 겁니다.

e 여러분이 날 죽인다면, 이런 유의 다른 사람을 쉽게 발견하지 못할 테니까요. 좀 우습게 들릴 수도 있는 말을 하자면, 그야말로, 마치 크고 혈통 좋지만 큰 덩치 때문에 꽤 굼뜨고,[99] 어떤 등에가 있어서 일깨워 줄 필요가 있는 말(馬)과도 같은 국가에 신이 붙여 놓은 그런 사람 말입니다. 신은 나를 바로 그런 사람으로 국가에

31a 붙여 놓은 거라고 난 생각합니다. 하루 종일 여기저기 빠짐없이 찾아가 붙어 앉아 여러분 각자를 일깨워 주고 설득하고 꾸짖는 일을 결코 멈추지 않는 그런 사람으로 말입니다. 여러분, 이런 유의 다른 사람이 여러분에게 쉽게 생겨나지 않을 거고, 여러분이 내 말을 따르면 나를 아껴 두는 게 될 겁니다. 아마 여러분은 마치 꾸벅꾸벅 졸다가 깨어난 사람들처럼 짜증을 내면서 아뉘토스의 말을 따라 나를 탁 때려서 쉽게 죽이고는 나머지 삶을 쿨쿨 자면서 보내게 될지도 모릅니다. 신이 여러분을 걱정하여 다른 누군가를 여러분에게 보내 주지 않는 한은 말입니다.

내가 바로 신이 이 나라에 선물로 주었다고 할 만한 사람이라는 걸 여러분은 다음과 같은 것으로부터 알아볼 수 있을 겁니

b 다. 내가 이 숱한 세월 동안 나 자신의 일들은 일절 돌보지 않았고 집안일들을 돌보지 않은 채 방치하고도 견딘 반면, 여러분의 일은 줄곧 해 왔다는 것 (꼭 아버지나 형처럼 여러분 각자에게 개인

78

적으로 찾아가 덕을 돌보라고 설득하면서 말이죠), 이것은 인간에게
속한 일 같지 않다는 겁니다. 물론 내가 이런 일들에서 뭔가 이
득을 얻고 있다든지, 보수를 받으며 이런 권고를 하고 있다면,
그런 행동을 할 만한 어떤 이유를 갖고 있다고 할 수도 있겠지
요. 하지만 지금 여러분은 직접 보고 있습니다. 고발자들이 다른
모든 것들에 대해서는 그토록 뻔뻔스럽게 고발을 하면서도, 적
어도 이것, 즉 내가 누군가에게서 보수를 받아 내거나 요구한 적   c
이 있다는 것에 대해서만큼은 증인을 내세우는 뻔뻔스러움을 보
여 줄 수 없다는 걸 말입니다. 나로서는 내가 진실을 말하고 있
다는 걸 보여 주는 데 충분하다고 내가 생각하는 증인을 내세울
수 있거든요. 나의 가난 말입니다.

　그런데 내가 개인적으로는 이런 조언을 하면서 돌아다니고 여
기저기 참견도 하면서, 공적으로는 여러분의 무리 앞에 올라와[100]
국가를 위해[101] 조언하는 일에 엄두를 내지 않는다는 것이 어쩌면
이상스러운 일이라 여겨질지도 모르겠습니다. 그러는 까닭은,
내가 여러 번 여러 곳에서 그 말을 하는 걸 여러분이 직접 들은
적이 있는 것처럼, 나에게 어떤 신적인 혹은 신령스러운 것이[102]   d
생겨나기 때문입니다. 멜레토스가 고발장에 써서 희화화한 것도
바로 이것이고요.[103] 내겐 이것이 어린 시절부터 시작되었어요.
어떤 목소리가 생겨나는데, 생길 때마다 늘 내가 하려는 일을 못

하게 말리긴 해도 하라고 부추기는 적은 한 번도 없지요. 내가 정치적인 활동들을 하는 것에 반대한 게 바로 이것인데, 내가 보기에 그 반대는 정말 훌륭한 것이기도 합니다.

왜냐하면, 아테네인 여러분, 이 점을 여러분이 잘 알아 두었으면 하는데, 내가 오래전에[104] 정치적인 활동들을 하려고 시도했더라면 오래전에 이미 죽었을 것이고, 여러분에게도 나 자신에게도 아무런 이득을 주지 못했을 테니까 말입니다. 부디 진실을 말하고 있는 나에게 화를 내지 말아 주세요. 여러분에게든 다른 어떤 다수 대중에게든 진정성 있게 반대하여 많은 불의와 불법이 국가에 생겨나는 것을 막으면서도 목숨을 보전할 사람은 인간들 가운데 아무도 없거든요. 오히려 참으로 정의를 위해 싸우려는 사람은, 잠깐 동안이라도 목숨을 보전하겠다고 한다면, 공적인 삶이 아니라 사적인 삶을 살 수밖에 없습니다.

나는 이것들에 대한 커다란 증거를 여러분에게 제시하겠습니다. 말들이 아니라 여러분이 존중해 마지않는 실제 행동[105]들을 증거로 제시하겠습니다. 자, 나에게 일어났던 일들을 말할 테니 들어 보세요. 내가 죽음이 무서워서 어느 누구에게든 정의에 반하여 굴복하지 않으리라는 것, 굴복하지 않아서 곧장 죽게 되더라도 그러지 않으리라는 것을 여러분이 알게 되도록 말입니다. 그런데 내가 여러분에게 말하게 될 건 재판정에서 흔히 듣는 조야한 말들이긴 하지만 진실된 말들입니다.

　나는, 아테네인 여러분, 국가의 다른 관직은 한 번도 맡아 본　　b
적이 없지만 평의회 의원이 된 적은 있습니다. 그런데 마침 우리
안티오키스 부족이 평의회 운영을 맡고 있던 때였어요.* 여러분
이 해전을 하던 사람들을 건져 주지[106] 못한 열 명의 장군을 병합
하여 심리하자고 의결했을 때가 말입니다.** 그건 나중에 여러분

---

* 평의회를 구성하는 각 50명으로 된 부족 대표단 10개가 추첨으로 정해진 순
　서에 따라 돌아가면서 그 해의 10분의 1 기간(즉 35일 혹은 36일)씩 평의회
　운영(prytania)을 책임진다(평의회의 구성과 평의회 의원에 관한 상세한 내용
　은 앞 25a의 관련 주석(이 책 55쪽 두 번째 각주) 참고). 평의회를 대표하는
　집행부 노릇을 하는 이 평의회 운영위원단(prytaneis)은 평의회와 민회를 공
　식 소집하는 일 외에 외국에서 오는 대사들을 접대하거나 국가의 일반적인 일
　상 업무를 수행하며, 공적 비용으로 식사를 한다. 50명 가운데 매일 그날의 운
　영위원장, 즉 의장(epistatēs)을 추첨으로 뽑는데, 개인이 평생 단 한 번만 이
　직책을 수행할 수 있다. 그러니까 상당수의 시민(아마 절반쯤)이 이 직책을 맡
　을 기회를 가진 셈이다. 의장은 운영위원단의 3분의 1과 더불어 24시간 동안
　그들을 위해 마련된 원형 청사(tholos, 아래 32c의 관련 주석(이 책 83쪽 첫
　번째 각주) 참고)에서 근무하는데, 국가 인장, 보물 창고, 문서 보관소 열쇠를
　관리하며 그날 열리는 평의회나 민회의 모든 회합의 의장 역할을 수행한다.
** 펠로폰네소스 전쟁 막바지인 기원전 406년 이오니아 연안 레스보스 섬 근처
　아르기누사이에서 치른 해전에서 아테네는 스파르타 함대와 싸워 승리를 거
　둔다. 지휘관(장군)들은 난파된 배(25척)의 생존자들을 구출하고 시신을 수습
　하라 명했지만, 폭풍우 때문에 성공적으로 완수하지 못하게 된다. 호메로스
　시에 잘 반영된 희랍인들의 관념에 따르면, 이렇게 버려진 사람들은 안식을
　취할 기회를 얻지 못하는 잃어버린 영혼이 된다. 이런 전투 뒤처리 실패 때문
　에 공분을 산 장군들은 아테네 귀환 후 유죄 판결을 받고 처형되는데, 그 절
　차가 민회에서 한 번의 투표로 신속하게 일괄 처리된다. 뜨거운 논쟁이 벌어
　졌지만, 대중 선동가 테라메네스가 그 장군들에 대한 민주정 특유의 경계심
　내지 질투와 종교적인 두려움 내지 분노를 자극하여 재판, 유죄 판결, 처형이

모두가 인정한 바 있듯이 불법적인 것이었지요. 그때 평의회 운영위원 가운데 나만 여러분이 법에 반하는 그 어떤 일도 해서는 안 된다고 반대했고 또 반대표를 던졌습니다. 그러자 연설가들은 나를 고발하고 체포할 태세였고, 여러분은 그러라고 촉구하며 목청을 돋우고 있었는데요. 그런데도 나는 내가 옥살이나 죽음이 두려워서, 정의롭지 않은 결정을 내리는 여러분 편에 서기보다는, 오히려 법과 정의의 편에서 위험을 무릅써야 한다고 생각했습니다.

c

이건 우리 나라가 아직 민주정 치하일 때의 일이었지요. 그런데 과두정이 들어서자, 이번에는 30인 통치자들*이 사람을 시켜

일사천리로 진행되었다고 한다(크세노폰 『헬레니카』 1.7). 지금 소크라테스는 개별 심리를 진행하면서 충분한 해명의 기회를 주어야 하는데 일괄 심리로 처리되었다는 절차상 하자를 지적하고 있다. "열 명의 장군"이라는 말은 매년 열 개 부족에서 각각 한 명씩 열 명의 장군이 선출되기 때문에 으레 입에 붙어 나온 것일 뿐, 실제로는 그중 여덟 명이 전투에 참여했고, 그 가운데서도 둘이 도망갔기 때문에 실제 사형을 당한 장군은 여섯이었다고 한다. 그 여섯 가운데 유명한 사람으로는 페리클레스 2세(유명한 페리클레스가 아스파시아에게서 얻은 아들)가 있다.

* 404년에 아테네가 긴 펠로폰네소스 전쟁에서 결국 스파르타에 패한 후 민주파 정권 대신 이른바 30인 참주들이 득세한 과두파 정권이 들어서게 된다. 겨우 여덟 달밖에 존속하지 못했지만, 그 집권 기간 동안 1,500명가량의 사람들이 처형당했고, 그보다 많은 사람들이 망명을 떠났다. 30인 참주정에 긴밀히 연루된 두 사람, 크리티아스와 카르미데스가 플라톤의 어머니 쪽 친척이고 플라톤 대화편에 심심치 않게 등장한다는 것은 잘 알려진 사실이다. 그들과의 교제가 (알키비아데스와의 교제와 더불어) 결국 소크라테스 재판과 사

나를 비롯해 다섯 사람을 원형 청사*로 불러서는 살라미스에 가

서 살라미스 사람 레온**을 잡아 오라고 명령했습니다. 죽일 작정

으로 말입니다. 저들은 다른 많은 사람들에게도 그런 일들을 숱

하게 명령하곤 했지요. 가능한 한 많은 사람들을 자기들의 죄악

에 물들이고 싶어서 그랬던 거죠. 하지만 그때 나는 말로가 아니   d

라 행동으로 또 한 번 보여 주었습니다. 난 죽음에 대해서는 (이

런 말을 하는 게 너무 직설적인 게 아니었으면 좋겠는데요) 눈곱만큼

형을 유발한 요인들 가운데 하나라고 흔히들 생각한다. 크세노폰이 보고하
는 바로는 고발자들 중 가장 복수심이 깊은 아뉘토스는 30인 참주가 집권하
던 기간에 망명을 떠났다가 민주파 지도자 가운데 하나로 귀환하게 된다. 크
세노폰은 소크라테스가 알키비아데스, 크리티아스와 교제했던 것이 젊은이
를 망쳤다는 고발의 이유였으리라 시사하는 보고를 내놓은 바 있다(『회상』
1.2.12~48).
* '톨로스(tholos)'는 민주정하에서 평의회 운영위원단(prytaneis)이 만나고 제
사 지내고 식사하던 원형 건물이다. 아고라 서쪽 평의회장(bouleutērion)의
남쪽 아주 가까이에 있었다(부록의 아고라 관련 그림들을 참고할 것). 여기
언급으로 미루어 볼 때, 30인 통치자들도 이 건물을 통치 행위가 이루어지는
주요 거점 가운데 하나로 삼았던 것으로 보인다. 그랬다면 아마도 이 건물의
상징적 가치를 자기들 통치의 정당화에 활용하려는 의도가 있었을 것이다.
** 좁은 해협을 사이에 두고 아티카 해안에서 떨어져 있는 섬 살라미스는 기원
전 6세기 이래 아테네 영토였으며, 480년 페르시아를 상대로 아테네 해군이
승리를 거둔 살라미스 해전으로 유명하다. 그 섬 출신인 레온의 체포와 처형
은 여러 저자가 언급한 바 있다(안도키데스 『비의(秘儀)들에 관하여』 1.94, 뤼
시아스 13.44, 크세노폰 『헬레니카』 2.3.39 등). 장군이며 민주정 옹호자였던
그는 올곧은 성격의 정의로운 사람이었다고들 하는데, 지금 이 이야기에서도
그의 무고함이 전제되어 있다. 플라톤은 소크라테스 재판과 처형에 시사하는
바가 적지 않다고 생각하여 레온의 사례를 여기 끌어들였을 것이다.

도 관심이 없지만, 부정의한 어떤 일도 불경건한[107] 어떤 일도 저지르지 않는 것, 이것에 대해서는 온통 관심을 쏟고 있다는 걸 말입니다. 저 정권이 아주 강고하긴 했지만, 어떤 부정의한 일을 저지르게 될 정도의 공포로 나를 몰아넣지는 못했거든요. 우리가 원형 청사에서 나왔을 때, 네 사람은 살라미스로 가서 레온을 잡아 왔지만 나는 헤어져 집으로 갔지요. 만일 그 정권이 빠르게 무너져 버리지 않았더라면, 아마도 이 일 때문에 난 죽었을 겁니다.

e 이것들에 대해 여러분에게 증언해 줄 사람들은 많이 있습니다.

그렇다면 여러분은, 내가 공적인 활동들을 했다면, 그리고 훌륭한 사람에게 걸맞은 활동을 하면서 정의의 편에 보탬을 주고, 또 마땅히 그래야 하듯 이걸 가장 귀중히 여겼다면, 이 많은 세월 동안 살아남을 수 있었을 거라고 생각하나요? 어림도 없는 소

33a 리죠, 아테네인 여러분. 인간들 가운데 다른 어느 누구라도 그러지는 못할 테니까요. 나는 일생 동안 공적 영역에서도 (어디선가 공적인 어떤 활동을 했다면 말입니다) 줄곧 그런 유의 사람이었고, 사적 영역에서도 똑같다는 게 분명히 드러날 겁니다. 도대체 어느 누구에게도, 즉 다른 사람에게도 그렇거니와, 나를 비방하는 사람들이 주장하기로 내 제자들이라고 하는 바로 그 사람들* 가

---

* 그의 제자였고 나중에 아테네 민주정의 적대자로 악명을 떨치게 된 두 유명 인사, 알키비아데스와 크리티아스를 특히 염두에 둔 언급이라는 것이 버넷 이래 많은 사람들의 생각이다. 그 둘을 딱히 염두에 둔 발언이 설사 아니라

운데 누구에게도, 정의에 반해 동조해 본 적이 전혀 없었으니까요.[108]

실은 난 도대체 어느 누구의 선생도 되어 본 적이 없습니다. 다만 젊은이든 나이 든 이든 간에 누군가가, 내가 말을 하면서 나 자신의 일들을 하는 걸 듣고 싶은 욕망을 가지고 있을 경우에 도대체 어느 누구에게도 인색하게 굴어 본 적이 없고, 돈을 받으면 대화를 나누지만 안 받으면 안 하는 것도 아니며, 오히려 부자에게든 가난한 사람에게든 똑같이 나에게 질문하라고 나 자신을 내어놓고, 누군가가 대답하면서 내가 무슨 말들을 하는지 듣기를 원할 때도[109] 그렇게 합니다. 그리고 내가 이들 가운데 어느 누구에게 한 번이라도 그 어떤 배울거리를 약속한 적이나 가르친 적이 없었는데, 이들 가운데 누군가가 쓸 만한 사람이 되는지 안 되는지 내가 그 책임을 떠맡는다는 건 정의로운 일이 될 수 없습니다. 그런데 누군가가 언젠가 나한테서 뭔가를 개인적으로 배우거나 들은 적이 있다고 주장한다면 (다른 사람들은 다 그런 적이 없는 그런 뭔가를 말이에요), 그는 진실되지 않은 말을 하고 있

b

해도 듣는 사람들은 그 둘을 쉽게 떠올릴 법하다. 아래 33d~34a의 제자 목록에 두 사람이 들어 있지 않은 것은 본인이나 가까운 누군가가 재판에 참석하지 않았기 때문만일까? 지금 이곳의 언급이 두 사람을 특히 염두에 둔 것이든 아니든 간에 플라톤이 그 두 사람과 스승 사이에 충분한 거리를 확보하려 노력하고 있는 것만은 분명해 보인다.

다는 걸 잘 알아 두세요.

하지만 그럼 도대체 무엇 때문에, 몇몇 사람들은 나와 더불어
c 많은 시간을 보내면서 즐거워하는 걸까요? 여러분은 이미 들었
습니다, 아테네인 여러분. 여러분에게 온전한 진실을 난 말해 주
었습니다. 그들은, 지혜롭다고 생각은 하지만 실은 그렇지 않은
사람들이 검토받는 것을 들으면서 즐거워하는 거라고 말입니다.
그건 여간 즐거운 일이 아니거든요. 그런데 이것이 바로 신이 나
에게 하라 명한 거라고, 예언을 통해서든 꿈을 통해서든, 혹은 또
다른 어떤 신적인 섭리가 인간에게 무슨 일이 됐든 어떤 일을 하
라고 명할 때 쓰는 온갖 방식으로 명한 거라고 나는 주장합니다.

이것들은, 아테네인 여러분, 진실이기도 하고 또 쉽게 검증이
d 되는 것들이기도 합니다. 내가 과연 젊은이들 가운데 일부는 망
치는 중이고 일부는 이미 망쳤다면, 또 그들 가운데 누구라도 나
이가 든 후에, 그들이 젊었을 때 내가 그들에게 뭔가 나쁜 조언
을 한 적이 있다는 걸 알게 되었다면, 분명 그들은 지금 이 자리
에 직접 올라와서[110] 나를 고발하고 앙갚음을 했어야 하니까요.
혹 자신들이 직접 그렇게 할 의향이 없더라도, 저들의 집안사람
들 가운데 아무라도, 아버지든 형제든 아니면 다른 친척이든 간
에, 지금 기억하고 앙갚음을 했어야 합니다. 자기들의 집안사람
들이 나한테서 뭔가 나쁜 일을 겪었다고 한다면 말입니다.

어찌 되었건 그들 가운데 많은 이가 여기 와 있고 내 눈에도

보이네요. 우선 크리톤이 여기 있네요. 나와 동년배요 같은 마을 사람이죠. 여기 이 크리토불로스의 아버지고요.* 다음으로는 스페토스 출신의 뤼사니아스가 있네요. 여기 이 아이스키네스의 아버지죠.** 또 케피시아 출신의 안티폰이 여기 있네요. 에피게네스의 아버지고요.*** 거기다 또 다른 사람들이 여기 있네요. 자기 형제들이 나와 이렇게 시간을 보내며 지냈던 사람들이죠. 테오조티데스의 아들 니코스트라토스는 테오도토스의 형제고요.**** 그런데 테오도토스는 이미 고인이 되었으니 딴 사람은 몰라도 적

---

* 아테네의 같은 마을(dēmos) 알로페케에서 죽마고우로 자란 크리톤은 소크라테스의 여러 철학적 메시지들을 온전하고 완벽하게 이해하지는 못한 순진한 사람이지만, 늘 그의 곁을 가장 가까이서 지키며 물심양면의 도움을 아끼지 않은 넉넉하고 따뜻한 사람이다. 그의 이름을 딴 플라톤의 대화편이 있다. 아들 크리토불로스 역시 소크라테스 동아리에 속한 인물로 임종 자리에 있었다 (『파이돈』 59b).
** 아이스키네스는 소크라테스 임종 자리에 있던 충실한 추종자다(『파이돈』 59b). 플라톤처럼 소크라테스적 대화들에 관해 글을 썼다고 하는데, 그 가운데 『알키비아데스』, 『아스파시아』 등의 일부 단편만 적게 남아 있다. 아버지 뤼사니아스에 관해서는 달리 알려진 바 없으며, 스페토스는 아티카의 마을 중 하나다.
*** 에피게네스도 소크라테스의 임종 자리에 있던 소크라테스 동아리의 일원이다(『파이돈』 59b, 크세노폰 『회상』 3.12). 케피시아는 아테네 북서쪽에 있는 마을이다. 그 외에 알려진 바 없으며, 연설가로 유명한 안티폰과 다른 인물인 아버지 안티폰도 마찬가지다.
**** 테오조티데스는 30인 참주 정권의 몰락 후 두 중요한 민주주의적 개혁을 도입한 사람이다. 특히 전쟁 고아들에게까지 연금 혜택을 확장하자는 법령을 발의했다. 여기 언급된 아들들에 관해서는 별달리 알려진 바 없다.

어도 그 사람만큼은 자기 형제에게 간청할 수가 없겠지요.[111] 또

34a 데모도코스의 아들 파랄리오스[112]가 여기 있네요. 테아게스가 그

의 형제였죠.* 그리고 여기 아리스톤의 아들 아데이만토스가 있

네요. 여기 이 플라톤이 그의 형제고요.** 아이안토도로스도 있네

요. 여기 이 아폴로도로스가 그의 형제죠.***

그 밖에도 많은 사람들을 나는 여러분에게 거명할 수 있는데,

멜레토스는, 가장 알맞기로는, 자기 연설 도중에 그들 가운데 누

군가를 증인으로 내세웠어야 합니다. 그런데 그때 그가 잊었다

면 지금 증인을 내세우게 하고 (내가 자리를 내어 주겠습니다) 그

비슷한 어떤 할 말을 갖고 있다면 말하게 하세요. 하지만 여러

---

* 이들에 관해서 별달리 알려진 것이 없다. 데모도코스는 투키디데스가 언급한
장군(4.75)과 동일 인물일 수도 있다. 데모도코스와 테아게스의 이름을 딴 작
품들이 플라톤 저작집 안에 포함되어 있는데, 통상 위작으로 간주된다.

** 저자 플라톤이 자기 이름을 직접 언급하는 세 자리 가운데 처음 것이다. 이
작품에 한 번 더 나오고(38b), 나머지 하나는 『파이돈』 59b에 나온다. 『파이
돈』의 그 구절에서는 소크라테스가 사형당하던 날 플라톤은 아파서 임종을
지키지 못했다는 이야기가 언급되고 있다. 아데이만토스는 플라톤의 또 다른
형 글라우콘과 더불어 『국가』에 소크라테스의 주 대화 상대자로 나오며, 『파
르메니데스』 서두에도 잠깐 등장한다.

*** 소크라테스의 열렬한 추종자라고 크세노폰도 언급한 바 있는(『회상』 3.11.17)
아폴로도로스는 『파이돈』 임종 장면에서 심한 슬픔을 주체 못 하는 여린 인물
로 묘사되면서 부재중인 플라톤의 회한을 웅변하는 듯하며, 『향연』에서는 이
야기 전체를 들려주는 화자로 나와서 마치 저자 플라톤의 대변인인 것 같은
인상을 주기도 한다. 그의 형제 아이안토도로스에 관해서는 달리 알려진 바
없다.

분, 이와는 정반대로 여러분은 그들 모두가, 멜레토스와 아뉘토스의 말대로라면 그들의 집안사람들을 망치는 사람, 즉 그들에게 나쁜 일을 하는 사람인 나를 도와 줄 자세가 되어 있다는 걸 발견하게 될 겁니다. 망쳐진 당사자들이야 어쩌면 나를 도울 이유를 갖고 있을 수도 있겠지만, 망침을 당하지 않은, 이미 나이들 대로 든 사람인, 이들의 친척들이 나를 도울 무슨 다른 이유를 갖고 있을까요? 멜레토스는 거짓을 말하고 있지만 나는 진실을 말하고 있다는 걸 그들이 알고 있다는 그런 옳으면서도 정의로운 이유 말고 무슨 다른 이유가 있을까 말입니다.

자, 좋습니다, 여러분. 내가 항변할 수 있겠다 싶은 건 대략 이런 것들이고, 다른 것들이 있다 해도 아마 이 비슷할 겁니다. 그런데 어쩌면 여러분 가운데 누군가는 자신의 경우를 떠올리며 언짢아할 수도 있겠습니다. 자기는 지금의 이 송사보다 작은 송사를 치르면서도 가능한 한 많은 동정을 사기 위해 자기 애들과 다른 많은 집안사람들과 친구들을 올라오게 해서는 눈물을 펑펑 쏟으면서 재판관들에게 간청하고 탄원했더랬는데, 나는 이런 일들 가운데 아무것도 하지 않으려 하니 말입니다. 그것도 (내가 그에게 어떤 모습으로 비칠지를 이야기하자면) 극단적인 위험을 무릅쓰면서 말이에요. 그러니 어쩌면 누군가는 이런 것들을 마음에 두고 나에 대해 더 완고해질[113] 수도 있고 바로 이런 것들로 인해

d 화가 나서 홧김에 투표를 하게 될 수도 있을 겁니다. 자, 여러분 중 누군가가 이런 상태라면 (물론 나로서는 그렇지 않으리라고 기대는 하지만 혹시라도 그렇다면 말입니다) 이 사람에게는 다음과 같은 말을 해 주면 합당한 말을 해 주는 게 될 거라고 생각합니다.

"가장 훌륭한 양반, 물론 나에게 집안사람이 몇 있긴 합니다. 호메로스의 말을 그대로 인용하자면 나도 '나무에서나 바위에서' 태어난 게 아니라 인간들에게서 태어났으니까,* 나에게 집안사

---

* 『오뒤세이아』 19.163에서 인용되었다. 페넬로페가 남편 오뒤세우스에게, 아직 남편을 알아보지 못한 상태에서 정체를 묻는 대목이다. 전설에서처럼 '나무에서나 바위에서' 나오지는 않았을 것이니 어서 당신의 가문과 고향을 말해 달라고 재촉하고 있다. 『일리아스』 22.126에도 같은 구절이 나온다. 헥토르가 아킬레우스와의 결전에 앞서 혼자 이런저런 고민을 하다가 떨치고 행동에 나설 결심을 세우는 마지막 대목이다. 아킬레우스와의 평화 조약을 위한 시도를 한다 해도 결국에는 무산되고 '여자처럼' 죽임을 당할 것이므로, 이제는 '나무에서나 바위에서부터' 시작해서 밀어를 나누는 처녀 총각처럼 아킬레우스와 밀어를 속삭일 때가 아니라 빨리 어우러져 싸우는 편이 낫겠다는 결의를 다지고 있다. 플라톤은 여기서 두 서사시 인용을 통해 각각 오뒤세우스의 정체성(즉 가족 없는 외톨이가 아니라는 점, 특히 자식이 있다는 점)과 헥토르의 감상(感傷, sentimentality. 즉 죽음을 앞둔 심리적 갈등과 그것을 떨치고 얻어낸 비장함/결연함)을 부각하여 배경으로 이용하면서, 평범한 사람들과 크게 다를 것이 없는 그런 처지와 심리적 상황에 놓여 있음에도 불구하고 친척과 자식을 동원하여 연민에 호소하는 일을 하지 않겠다는 소크라테스의 도덕적 단호함을 강조하고 있는 것으로·볼 수도 있겠다. 이런 단호함과 비범함은 이 작품 말미(41e~42a)의 자식에 관한 부탁(즉 자식들이 자라면 소크라테스 자신이 아테네인들에게 행한 검토와 논박을 아테네인들도 그대로 베풀어 갚아 달라는 부탁)에서 다시 한번 극명하게 부각된다.

람들이 있을 뿐만 아니라 아들들도 있지요. 아테네인 여러분.[114] 셋인데, 하나는 벌써 청년이고 둘은 어린애지요.* 그렇긴 하지만 나는 그들 가운데 누구도 이리 올라오게 해 놓고서 여러분에게 방면 쪽에 투표해 달라고 간청하진 않을 겁니다."라고 말이죠.

그럼 도대체 왜 내가 이런 일들 가운데 아무것도 하지 않으려 할까요? 제멋에 겨워서[115]가 아니에요, 아테네인 여러분, 여러분 을 무시해서도 아니고요. 그게 아니라 내가 죽음에 대해 대담한 상태인지 아닌지 하는 건 그것과 상관없는 또 다른 이야기지만, 어쨌든 이 나이를 먹고 또 이런 이름[116]으로 불리고 있는 내가 (그 것이 진실이든 거짓이든 간에 어쨌든 소크라테스가 어떤 점에서 많은 사람들과 다르다는 생각은 이미 확고해진 상태입니다) 이런 일들 가 운데 어떤 것이든 한다는 건 나만이 아니라 여러분에게도 그렇 고 국가 전체에도 명성과 관련해서 아름답지 못한 일이라고 난 생각합니다. 그러니 여러분 가운데 지혜에 있어서든 용기에 있 어서든, 아니면 다른 어떤 덕에 있어서든 남다르다[117]고 여겨지 는 사람들이 그런 유의 사람들이 된다면, 그건 수치스러운 일일 겁니다.

바로 그런 유의 어떤 사람들을 나는 자주 보았는데, 재판을 받

* 『파이돈』 116b에도 세 아들에 대한 비슷한 언급이 있다. 아직 어린(『파이돈』 의 용어로는 작은) 아들 둘의 이름은 소프로니스코스와 메넥세노스이고, 청 년인(『파이돈』의 용어로는 큰) 아들의 이름은 람프로클레스다.

을 때면 그들은 한인물 한다고 여겨지는 사람이면서도 놀라운 행동들을 벌입니다. 죽으면 뭔가 무서운 일을 겪게 되리라는 생각에서죠. 마치 여러분 손에 죽지 않으면 불사자가 되기라도 할 것처럼 말입니다. 내가 보기에 이들은 국가에 수치를 안겨 주고

b 있습니다. 아테네인들 가운데 덕에 있어서 남다른 사람들, 즉 아테네인들이 자신들보다 낫다고 여겨 직접 관직이나 다른 명예로운 자리에 선출해 준 사람들이 여자들과 조금도 다르지 않다는 생각을 할 사람이 외지인들 가운데서도 나올 정도로 말입니다. 아테네인 여러분, 어떤 식으로든 한인물 한다고 여겨지는 여러분 자신이 이런 일들을 해도 안 되고, 우리*가 이런 일들을 할 때 여러분이 우릴 그냥 내버려 두어도 안 됩니다. 오히려 바로 이걸 보여 주어야 합니다. 조용히 있는 사람보다 이런 불쌍한 행위들을 연출하면서[118] 국가를 웃음거리로 만드는 사람에게 여러분이 유죄 표를 던지게 될 공산이 훨씬 더 크다는 걸 말입니다.

c   그런데 여러분, 명성의 문제는 차치하고, 재판관에게 간청하는 것도 간청을 해서 죄를 벗는 것도 정의롭지 않으며, 오히려 가르치며 설득하는 것이 정의롭다고 나는 생각합니다. 재판관은 정의를 사적 이해관계로 재단(裁斷)하기 위해서가 아니라 정의를 판가름하기 위해서 앉아 있는 거니까요. 또 그는 자기가 원하

---

* 소송 당사자들, 즉 소크라테스와 아뉘토스 일파를 함께 지칭한다.

는 사람들에게 호의를 베풀겠다고 서약한 게 아니라 법에 따라 판결하겠다고 서약한 겁니다. 그러니까 우리가 여러분에게 서약 깨는 버릇을 들여도 안 되고 여러분이 그런 버릇이 들어도 안 됩니다.

그렇게 된다면 우리 양쪽 모두 신을 잘 섬기지[119] 못하는 게 될 테니까요. 그러니 아테네인 여러분, 내가 아름답지도 정의롭지 d 도 경건하지도 않다고 생각하는 일들을 여러분에게 해야 한다고 생각하지 말아 주세요. 특히나, 제우스에 맹세코, 무엇보다도 내가 여기 이 멜레토스에 의해 불경죄로 피소된 터이니 말입니다. 내가 이미 서약한 바 있는 여러분을 설득하며 간청을 통해 강요하려 한다면, 분명 나는 여러분에게 신들이 있다는 걸 믿지 말라고 가르치는 게 될 거고, 그야말로 항변하면서 나 자신을 고발하는 게 될 테니까요. 내가 신들을 믿지 않는다고 말입니다. 하지만 전혀 그렇지 않습니다. 아테네인 여러분, 나는 믿고 있거든요. 나를 고발한 사람들 중 아무도 그러지 못하는 방식으로[120] 말입니다. 또한 나에 관해서 판가름하는 일은, 나 자신에게도 여러분에게도 최선이 될 방향으로 판가름하는 일은 여러분과 신에게 맡기겠습니다.*

---

* 이 다음에 유무죄를 결정하는 투표가 있게 되고, 거기서 소크라테스는 유죄 평결을 받게 된다. 다시 법적 절차에 따라 원고 측의 형량 제안(timēsis)이 있게 되는데, 거기서 사형이 제안된다. 이 두 절차가 끝나면 피고 측의 대안 형량 제안

e   아테네인 여러분, 이런 결과가, 즉 여러분이 나에게 유죄 표를
36a 던지는 일이 벌어진 데 대해 내가 언짢아하지 않는 건 다른 이유
들도 많이 있지만 특히나 이 일이 벌어진 게 예상 못 한 일이 아
니었다는 겁니다.[121] 오히려 내가 훨씬 더 놀라워하고 있는 건 유
무죄 양편에 집계된 표수입니다. 나는 이렇게 근소한 표차가 아
니라 큰 표차가 날 거라고 생각했거든요. 그런데 지금 보니까,
30표만 바뀌었다 해도 내가 죄를 벗을 수 있었을 것 같네요.* 그
런데 멜레토스한테서는 지금 상황만으로도 난 죄를 벗은 걸로
보입니다. 아니, 죄를 벗은 정도가 아니라 오히려 이것만큼은 그
누구에게든 분명합니다. 아뉘토스와 뤼콘이 나를 고발하러 올라
b 오지 않았던들 그는 총투표수의 5분의 1을 얻지 못해서 천 드라
크마를 물 처지가 되었으리라는 것 말입니다.**

(antitimēsis)으로 넘어가게 되는데, 아래 이어지는 내용이 바로 그것에 해당
한다.
*   배심원을 500명이라고 가정하면, 투표수는 280 대 220이었으리라 추정할 수
있다. 이와 달리, 디오게네스 라에르티오스(Ⅱ.41)는 유죄 투표수를 281표라
고 보고하는데, 이는 홀수 배심원(이 경우 501명)을 가정하는 것이다. 399년
당시에 홀수 배심원 제도(201, 501, 1001명 배심원)가 도입되었는지가 판단
의 관건이다. 이것을 아직 열린 질문으로 볼 경우는 디오게네스 내지 그가 의
지한 사료가 틀렸다고만 단정하기 어렵겠지만, 홀수 배심원 제도가 4세기 초
이전에 도입된 증거가 없다는 견해가 옳다면 디오게네스 보고의 신빙성이 매
우 약해진다.
** 소크라테스는 고발인이 셋이므로 멜레토스가 얻어 낸 표는 280표가 아니라
나머지 두 사람의 몫을 제하고 난 나머지 3분의 1(즉 93 + 1/3)에 해당하는

그런데 어쨌든 이 사람은 사형[122]을 내 형량으로 제안하고 있습니다. 뭐, 좋습니다. 그런데, 아테네인 여러분, 나는 그것에 대한 대안 형량으로 무엇을 여러분에게 제안해야 할까요?* 아니, 분명 내가 받아 마땅한 것이어야 하겠죠? 그럼 그게 뭔가요? 내가 마땅히 겪거나 치러야 할 게 뭔가요? 살아오는 동안 나는 조용히 지내지 않았고, 오히려 많은 사람들이 돌보는 것들(즉 돈벌이, 집안 살림, 군대 지휘, 대중 연설, 그리고 국가에 생겨나는 다른 관직이나 결사(結社)나 파당)을 돌보지 않고,[123] 또 나 자신이 정말, 이런 것들에 몸담고서 목숨을 보전하기에는 너무 반듯한 사람이라고 생각하고서, 그리로 가 봤자 내가 여러분에게나 나 자신에게나 아무 이득이 못 될 그런 쪽으로는 가지 않고, 대신 각자에게 개인적으로 가서, 내가 주장하는 바대로라면, 가능한 최상의 혜택을 베풀어 주는 쪽으로 갔기 때문에 하는 말입니다. 자신을 돌

c

표라고 계산하고 있다. 이렇게 보면 멜레토스가 혼자 소송에 참여했다면 소송에 지는 것만이 아니라, 전체 투표수의 5분의 1(즉 100표)을 확보하지 못함으로 해서 오히려 벌금까지 물게 되는 상황에 처했으리라고 꼬집고 있는 것이다. 이런 벌금 제도는 경솔한 고발이나 악의적인 모함을 방지하기 위해 법으로 정해져 있었다.
* 배심원들은 원고와 피고의 두 제안 가운데 어느 하나를 선택할 뿐 수정 권한을 갖고 있지는 않기 때문에, 통상 피고 측은 원고 측이 제안한 형량보다 턱없이 낮게 제안하기는 어려웠을 것이다. 제안 내용이 배심원들이 생각할 만한 형량의 적정선을 지나치게 벗어날 경우 배심원들이 원고 측 제안을 받아들일 가능성이 높아지기 때문이다.

보는 일(즉 가장 훌륭하고 가장 현명한 사람이 되기 위해 자신을 돌보는 일)보다 자신에게 속한 어떤 것을 돌보는 일을 앞세우지 않고,* 또 국가 자체를 돌보는 일보다 국가에 속한 것들을 돌보는 일을 앞세우지 않도록,[124] 그리고 다른 것들도 그런 똑같은 방식으로 돌보도록, 여러분들 각각을 설득하려 시도하면서 말입니다. 그렇다면 이런 내가 마땅히 겪어야 할 게 뭔가요? 뭔가 좋은 것이어야 합니다, 아테네인 여러분. 참으로 받아 마땅한 것에 따라 형량을 제안해야만 한다면 말입니다. 그것도 나에게 어울릴 만한 그런 유의 좋은 것이어야 합니다. 그렇다면 가난한 사람이요 유공자이며 여러분에게 권고하는 일을 하기 위해 여유를 누릴 필요가 있는 사람인 나에게 무엇이 어울릴까요?

d

이런 사람한테는, 아테네인 여러분, 시 중앙 청사에서 식사 대접 받는 일**보다 더 어울리는 일이란 없습니다. 적어도 여러

---

* 『알키비아데스』의 제3부(127d9~135e8)는 자신, 자신의 것들(=자신에게 속한 것들), 자신의 것들에 속한 것들을 구분하면서 '자신을 돌본다', '자신을 안다'는 말의 의미를 차근차근 음미하고 있어서 지금 우리가 읽고 있는 텍스트의 안내 역할을 하기에 충분하다.

** 국가의 공공 화덕이 위치해 있어서 국가의 상징적인 심장부에 해당하는 곳인 시 중앙 청사(prytaneion)는 식당을 갖추고 있어서 전쟁에서 승리한 장군이나 올림픽 승자 같은 국가 유공자들이나 다른 나라에서 온 사절들이 무료로, 즉 국가가 내는 비용으로 식사를 제공받는 곳이기도 했다. 이곳에서 영구적으로 받는 식사 대접(sitēsis)은 고전 시대에 극히 제한된 범위에서만 주어진, 대단히 영광스러운 특권이었고, 이보다 급이 낮은 특권으로 1회 식사 대

분 가운데 누군가가 올림피아 경기에서 두 마리든 네 마리든 말을 이용한 경주에서 승자가 되었을 때보다는 훨씬 더 어울립니다. 왜냐하면 그 사람은 여러분을 행복해 보이게 만들어 주지만 나는 행복하게 만들어 주며, 그 사람은 부양이 전혀 필요 없지만   e

접(deipnon, xenia)이 있었다. 아리스토파네스의 『개구리』764행에도 완전히 동일한 표현으로 이 특권이 언급된 바 있는데, 저승에서는 각 기술 영역에서 최고라는 평가를 얻은 사람이 이런 영예를 차지하는 것으로 묘사되었다. '프뤼타네이온'이라는 이름은 본래 평의회 운영위원단(prytaneis)과 관련되어 있지만, 그들이 실무를 위해 모인 건물은 여기가 아니라 위 32c에도 언급된 원형 청사(tholos)다. 명목과 실제의 이런 이원화와 괴리는 별로 부자연스럽지 않다. 추측컨대, 본래 국가의 최고 집행부 구성원인 이 평의회 운영위원들(프뤼타네이스)이 만나는 자리가 프뤼타네이온이었을 것이고, 그래서 이름도 그렇게 붙었을 것이다. 그러니까 이름만 따지면 '프뤼타네이온'은 '평의회 운영 청사/센터'쯤이 된다. 그런데 국가의 상징적 핵심부라는 속성과 연관된 행사들이 자주 열리다 보니 그런 의전적인 대외용 공간과 별도로, 근무도 서고 식사도 하는 그들 자신의 일상 공간이 필요해졌을 것이다. 이를테면 밥 먹고 이 닦고 나오는데 복도에서 외국 사절 누구와 마주쳐 뻘쭘해지는 장면 같은 걸 피하고 싶었던 것 아닐까? 그렇게 마련된 원형 청사 톨로스가 그 기능상 '프뤼타네이온'이라는 이름을 넘겨받아야 하지만, 아마도 불러 오던 이름을 바꾸는 데서 오는 혼동과 번거로움을 피하려고 예전대로 둔 것이 이렇게 이름 따로 실제 따로인 상황으로 이어졌을 것이다. 프뤼타네이온의 자리와 관련해서는, 여행가이자 지리학자인 파우사니아스가 언급한 적이 있는 프뤼타네이온이 아크로폴리스의 북쪽 절벽 동쪽 어딘가에 있었다는데, 거기가 아마 옛 도시의 원래 중앙이었을 수 있다. 그곳을 프뤼타네이온의 자리라고 흔히들 말하곤 하지만, 시간이 흐르면서 여러 건물들에 이 이름이 붙게 되고 혼동도 자주 일어난 것 같다. 특히 앞 32c에도 언급된 바 있는 원형 청사 톨로스는 그 기능 때문에 자주 프뤼타네이온이라 불리며 혼동을 유발하곤 했다. 그런 사정들 때문에, 엄밀히 말하면 아테네의 프뤼타네이온 자리는 어느 한 군데로 확정하기 어렵다.

37a 나는 필요하기 때문에 그렇습니다.[125] 그러니 정의에 합당하게 내가 받아 마땅한 것을 형량으로 제안해야 한다면, 난 이걸 제안하겠습니다. 시 중앙 청사에서 받는 식사 대접 말입니다.

그런데 여러분에게는 어쩌면 내가 이런 말을 할 때도 동정과 애원에 관해서 말할 때 그랬던 것과 꼭 마찬가지로 제멋에 겨워 말하고 있다[126]고 보일 수도 있겠네요. 하지만 실상은, 아테네인 여러분, 그런 게 아니라 오히려 다음과 같습니다. 나는 인간들 중 어느 누구에게도 고의로 불의를 행하고 있지는 않다고 확신하지만, 이것에 대해 여러분을 설득하지는 못하고 있습니다.[127] 우리는 서로 짧은 시간 동안 대화를 나누었을 뿐이니까요. 내 생각에, 만약에 다른 곳 사람들에게도 그런 것처럼 여러분에게도 사형이 형량으로 걸려 있는 사건은 단 하루만이 아니라 여러 날

b 을 심리해야 한다는 법이 있다면, 여러분도 이것에 대해 확신하게 될 수 있었을[128] 거라서 하는 말입니다.* 그런데 지금 짧은 시간 안에 커다란 비방들을 해소하는 건 쉽지 않습니다.

---

* 사형이 되돌릴 수 없는 처벌이라는 점을 감안하는 이런 법이 아테네의 적국 스파르타에는 있었다. 배심원들은 소크라테스의 이 말에서도 자기들 마음에 들지 않는 친스파르타적 경향을 발견했을 법하다. 『법률』 855c~856a에서 플라톤은 사형이 걸린 사건은 3일 이상 심리해야 한다는 내용의 법적 절차를 제안하게 된다.

그러니 나로서는 어느 누구에게도 불의를 행하고 있지 않다고 확신하니까,[129] 내가 적어도 나 자신에게 불의를 행한다거나 나 자신에 대해 스스로 나는 나쁜 어떤 것을 받아 마땅하다고 말한다거나 이런[130] 어떤 것을 나 자신에 대한 형량으로 제안한다거나 할 일은 당최 없을 겁니다. 뭐가 무서워서 그러겠어요? 멜레토스가 나에게 맞는 형량이라고 제안하고 있는 이것, 즉 좋은 것인지 나쁜 것인지도 내가 알지 못한다고 주장하는 그것을 겪을까봐 그러겠어요? 그럼 이것 대신에 나쁘다는 걸 내가 잘 아는 것들 가운데 하나를 택해서 그걸 형량으로 제안할까요? 옥살이를 제안할까요? 대체 왜 내가 그때그때[131] 임명되는 권력, 즉 11인 관리* 에게 종노릇하면서 감옥에서 살아야 하나요? 그게 아니면 벌금을 제안하되 다 물 때까지 갇혀 있겠다고 할까요? 하지만 나한테 이건 방금 전에 말했던 것과 똑같습니다. 나에게는 벌금을 물 돈이 없거든요.

그게 아니면, 그럼 추방을 제안할까요? 어쩌면 여러분이 나에게 이 형벌을 부과하게 될지도 모르겠기에 하는 말입니다.** 하지

---

* 이 열한 명의 관리는 매년 추첨으로 선발되며 감옥 관리와 형 집행을 관장한다.

** 배심원들을 비롯한 아테네 시민들 대부분이(아마 원고들까지도) 추방형으로 낙착되기를 기대했으리라는 추측은 『크리톤』의 다음 구절에서도 재확인된다. "게다가 당신은 그러고 싶은 마음이 있었다면 재판 당시에도 추방을 형량으로 제안할 수 있었죠. 그러니까 지금 국가가 승인하지 않는 상태에서 당신

만 아테네인 여러분, 정말이지 나는 대단히 목숨에 연연하는 게
될 겁니다.[132] 다음과 같은 것도 추론해 내지 못할 정도로 내가
추론 능력이 없는 사람이라면 말입니다. 여러분은 나의 동료 시
d 민인데도 내 담론과 논변을[133] 견뎌 내지 못하고, 오히려 그것들
이 여러분에게 너무 버겁고 비위에 거슬리게 된 나머지 여러분
은 지금 그것들로부터 벗어날 길을 찾고 있습니다. 그런데 다른
나라 사람들이라고 그것들을 과연 쉽게 견뎌 낼까요? 어림도 없
습니다, 아테네인 여러분. 그럼 이 나이 먹은 인간이 밖으로 쫓
겨나 이 나라에서 저 나라로 계속 추방되어 전전하는 삶을 산다
면, 그런 내 삶이 퍽이나 멋있겠네요. 내가 어딜 가든 젊은이들
은, 여기서 그러는 것과 꼭 마찬가지로, 내 말에 귀를 기울이리
라는 걸 난 잘 알거든요. 내가 이들을 쫓아 버리면 이들이 직접
e 연장자들을 설득해서 나를 추방할 것이고, 쫓아 버리지 않으면
이들의 아버지와 집안사람들이 바로 이들을 위해 나서서 나를
추방할 겁니다.

그럼 누군가는 이렇게 말할지도 모르겠네요. "그런데 소크라
테스, 당신이 침묵을 지키고 조용히 지낸다면, 우리한테서 쫓겨
나 밖으로 나가더라도 얼마든지 살아갈 수 있지 않을까요?"[134]

이 시도하는 바로 그 일을 그땐 국가가 승인하는 상태에서 해낼 수 있었던 거
죠."(52c3~6)

라고요. 이거야말로 여러분 중 일부를 설득해 내기가 무엇보다도 까다로운 대목입니다. 이건 신에게 불복하는 일이고 그렇기 때문에 조용히 지낸다는 게 불가능하다고 내가 말하면, 여러분은 내가 의뭉을 떤다[135]고 생각해서 내 말을 믿지 않을 테니까요. 또, 이번에는 내가, 날마다 덕에 관해서 그리고 다른 것들(즉 내가 그것들에 관해 대화를 나누면서 나 자신과 다른 사람들을 검토하는 걸 여러분이 듣는 그런 것들)에 관해서 이야기를 만들어 가는 것, 이것이 그야말로 인간이 누릴 수 있는 최상의 좋음이며, 검토 없이 사는 삶은 인간에게 살 가치가 없다고 말하면, 여러분은 이런 말을 하는 나를 훨씬 더 못 미더워할 겁니다.[136] 그렇지만, 여러분, 실상은 내가 주장하는 대로예요. 다만 그걸 설득하기가 쉽지 않을 뿐이죠.

38a

게다가 나는 나 자신이 무엇이든 나쁜 걸 받아 마땅하다고 생각하는 데 통 익숙해 있지가 않아요. 물론 나한테 돈이 있다면야 내가 다 물 수 있을 만큼의 벌금을 제안했겠죠. 그래 봤자 나한테 조금도 해가 되지 않았을 거거든요. 하지만 지금 나한테는 돈이 없습니다. 내가 다 물 능력이 될 만큼의 액수를 니에게 벌금으로 부과해 주고 싶은 마음이 여러분한테 있는 게 아닌 한은 말입니다. 어쩌면 은화 1므나 정도는 아마 여러분에게 물 능력이 될 거 같네요. 그러니 그 액수의 벌금을 제안하겠습니다.

b

그런데 아테네인 여러분, 여기 이 플라톤과 크리톤과 크리토불로스와 아폴로도로스가 나더러 30므나를 벌금으로 제안하라고 권하는군요. 자기들이 직접 보증을 서겠다네요. 그러니 그 액수의 벌금을 제안하겠습니다.[*] 그리고 이 사람들이 여러분에게 그 돈의 지불을 보증하는 든든한 보증인이 되어 줄 겁니다.[**]

c   얼마 되지도 않는 시간을 벌기 위해, 아테네인 여러분, 여러분은 국가를 헐뜯고 싶어 하는 사람들에게서 오명과 비난을 받게 될 겁니다. 지혜로운 사람 소크라테스를 죽였다고 말입니다. 여러분을 비난하고 싶어 하는 사람들은 내가 지혜롭다고 말할 거니까, 내가 실제로는 그렇지 않더라도 그렇게 말할 거니까 하는 말입니다. 어쨌든 여러분이 잠깐 동안만 기다렸다면 이 일은 여러분에게 저절로 일어났을 겁니다. 보다시피 내 나이가 벌써 인

---

[*] 30므나쯤이 아마 통상의 벌금 액수였을 것이고, 이는 적지 않은 액수였을 것이다(앞 20c의 관련 주석(이 책 38쪽 두 번째 각주) 참고). 그런데 크세노폰의 보고는 사뭇 다르다. 소크라테스가 벌금을 제안한다는 것은 유죄임을 인정하는 것이라는 이유로 어떤 벌금 제안도 내놓기를 거부했고 친구들에게도 허용하지 않았다고 보고한다(『변명』 23).

[**] 이후 절차에 따라 형량에 대한 판결이 이루어진다. 원고 측의 사형 제안과 피고 측의 벌금 제안 사이에서 원고 측 제안이 받아들여지게 된다. 디오게네스 라에르티오스(II.42)에 따르면 사형 쪽 투표수가 새로 80표가 더 늘었다고 보고한다. 투표수 대비가 360 대 140인 셈이다. 이어지는 내용은 형량 판결 투표가 끝난 후 사형 쪽에 투표한 배심원들과 방면 쪽에 투표한 배심원들 각각에게 소크라테스가 마지막으로 베푸는 연설이다.

생의 먼 길을 지나와 죽음이 가까이 있으니까요. 이 말은 여러분   d
모두에게가 아니라 나를 사형에 처하자는 쪽에 투표한 분들에게
하는 말입니다. 그리고 다음과 같은 말도 바로 이분들에게 하는
말입니다.

어쩌면, 여러분.[137] 여러분은 내가 말들이 궁해서 유죄 판결을
받았다[138]고 생각할지도 모르겠네요. 내가 송사에서 죄를 벗기
위해 무슨 일이든 무슨 말이든 해야겠다고 생각했다면 여러분을
설득해 내기 위해 동원할 수 있었을 그런 말들이 궁해서라고 말
이죠. 천만의 말씀입니다. 그게 아니고 내가 유죄 판결을 받은
건, 물론 궁해서긴 하지만 말들이 궁해서가 아니라 대담함과 몰
염치가 궁해서, 즉 여러분이 들으면 가장 달콤해할 그런 말들을
여러분에게 할 의향이 궁해서죠. 통곡도 하고 비탄도 하면서 그
리고 내가 주장하는 바로는 나답지 않은 다른 많은 일들과 말들   e
을 하면서 말이에요. 그런데 바로 그런 것들이야말로 여러분이
다른 사람들에게서 듣는 데 익숙해져 있기도 한 것들이지요. 하
지만 앞에서도[139] 위험 때문에 자유인답지 않은 일을 해서는 절대
안 된다고 생각했듯, 지금도 이런 식으로 항변한 것에 대해 후회
하지 않습니다. 오히려 저런 식으로 사느니보다[140] 차라리 이런
식으로 항변하고 죽는 쪽을 택하겠습니다.

송사에서든 전쟁에서든, 나든 다른 그 누구든 무슨 짓이고 다   39a
해 가며 죽음을 면해[141] 보겠다고 수를 써서는 안 되기 때문입

니다. 전투 중에도 무기를 버리는 데다가 추격자들에게 탄원까지 하다 보면 죽음만큼은 피할 수 있겠다는 게 분명해지는 경우가 자주 있으니 하는 말입니다. 또 각각의 위험한 상황들에서 온갖 짓을 다 하고 온갖 말을 다 해 보겠다고 엄두를 내다 보면 죽음을 피하게 될 다른 수들이 많이 있지요. 하지만 여러분, 이것이, 즉 죽음을 피하는 것이 어려운 게 아닐 겁니다. 오히려 훨씬

b 더 어려운 일은 사악*을 피하는 것입니다. 그건 죽음보다 더 빨리 달려오니까요.[142] 지금 나는 느리고 나이 든 사람이라서 더 느린 것에게 잡혔지만,[143] 내 고발자들은 능란하고 기민해서 더 빠른 것, 즉 악에게 잡혔지요. 그리고 지금 나는 여러분에 의해 죽음이라는 대가[144]를 선고받고 떠나지만, 이 사람들은 진실에 의해 악덕과 불의를 선고받고 떠납니다.[145] 나도 부과된 벌[146]에 충실할 것이고 이 사람들도 그러겠지요. 어쩌면 이 일들은 아마도 이렇게 되어야 했던 거고, 또 내 생각에는 이 일들이 적절히 이루어진 걸로 보입니다.

c 하지만 이 말을 하고 나니 이제[147] 여러분에게 예언을 해 주고 싶은 욕망이 이네요, 나에게 유죄 표를 던진 여러분. 나는 벌써 인간들이 예언을 가장 잘하기 마련인 때, 즉 막 죽게 될 시점에

---

* 혹은 '악', '나쁜 상태', '비천함' 등으로 새길 수도 있다.

와 있기도 하니까요.* 나를 죽인[148] 여러분, 나는 여러분이 나를
죽일 때의 앙갚음보다, 제우스에 맹세코, 훨씬 더 혹독한 앙갚음
이, 내 죽음 이후에 곧바로 여러분에게 닥칠 거라고 단언하는 바
입니다.** 여러분은 자기 삶에 대한 논박을 견뎌 내는 일에서 벗
어나게 되리라고 생각하면서 이 일을 방금 해냈죠. 그런데 실은
여러분에게 그와 정반대의 일이 일어나리라고 나는 단언합니다.
여러분을 논박하는 사람들이 더 많이 있게 될 겁니다. 그들을 지
금까지 내가 자제시켜 왔는데, 여러분 자신은 눈치 못 채고 있었
죠. 또 그들은 더 젊은 만큼이나 더 혹독할 것이고, 그래서 여러
분 자신이 그만큼 더 짜증이 나게 될 겁니다. 여러분이 사람들을
죽임으로써 누군가가 여러분에게 올바르지 않게 살고 있다고 비

d

* 여기서 소크라테스는 호메로스의 유명한 두 죽음 장면을 인유하고 있는 것
일 수 있다. 파트로클로스가 헥토르에게 살해될 때 했던 마지막 말(『일리아
스』 16.843~857)과 헥토르가 아킬레우스에게 살해될 때 했던 마지막 말(『일
리아스』 22.355~363)이 그것이다. 이 장면들에서 죽기 직전의 두 사람은 각
각 자기를 살해한 사람의 죽음을 예언하고 있다. 호메로스에서 헥토르의 예
언 내용은, 즉 아킬레우스의 죽음은 작가에게도 독자(청자)에게도 너무도 분
명히 이루어질 것이지만 예고만 될 뿐 작품 안에서는 끝내 이루어지지 않는
다. 여기 플라톤의 『변명』에서 아킬레우스에 비견된 소크라테스의 죽음 역시
그러하다. 그리고 죽음이 임박했을 때 예언 능력을 가진다는 것에 관해서는
소크라테스가 자신을 아폴론의 예언하는 백조들과 비교하는 『파이돈』 대목
(85a~b)을 참고할 것.
** 이런 검토와 논박 활동이 소크라테스의 죽음 이후에 강화되었다는 가시적 증
거는 없다. 디오게네스 라에르티오스(II.106과 III.6)에 따르면, 플라톤을 비
롯한 그의 제자들은 곧바로 메가라로 떠났다.

난하는 걸 막을 수 있을 거라고 생각한다면 여러분은 아름답지 못한 생각을 품고 있는 거여서 하는 말입니다. 이렇게 벗어나는 일은 그리 가능하지도 아름답지도 않으며, 오히려 저렇게 벗어나는 일, 즉 남들을 억누르는 게 아니라 자신을 가능한 한 훌륭하게 되도록 다잡는 것이 가장 아름답고 쉽게 벗어나는 일이니까요. 그러니까 나는 유죄 표를 던진 여러분에게는 이런 예언들을 해 주고 여러분에게서 벗어나렵니다.

e   반면에 방면 쪽에 투표한 분들과는 바로 이런 일이 일어난 데 대해 기꺼이 대화를 나누고 싶습니다. 관리들이 분주히 움직이고 나는 내가 가서 죽어야 할 곳*에 아직 안 가고 있는 동안 말입니다. 부디, 여러분, 그 동안만큼은 자리를 지켜 주세요. 허용되

---

*   이 재판이 이루어진 장소를 스토아 바실레이오스로 보면 거기서부터 감옥(으로 알려진 곳)은 약 270~280미터쯤 떨어져 있다. 예전 논자들의 견해대로 '헬리아이아(Hēliaia)'라 불린 태양 법정(지금은 '아이아케이온(Aiakeion)', 즉 아이아코스를 기리는 성소로 보는 것이 대세다)으로 보면 그것보다 가까운 거리가 되고, 나중 논자들이 제시하는 또 다른 장소들(즉 스토아 바실레이오스 외에 아탈로스의 스토아 자리에 있던 법정들 가운데 하나거나 아레오파고스거나 등)로 보더라도 거리는 그것보다 약간 더 멀어질 뿐이다. 아고라의 이 장소들에 관해서는 부록의 그림들을 참고할 것. '감옥'이라 하지 않고 이렇게 돌려 말함으로써 플라톤은 임박한 소크라테스의 죽음을 환기하면서 뒤따르는 논의를 예비하고 있다. 그런데 이 죽음, 즉 소크라테스의 처형이 곧바로 이어지지 않고 근 한 달가량 연기된다는 것(『크리톤』 43c~d와 『파이돈』 58a~c 등)을 이 글을 쓸 때의 플라톤은 이미 알고 있었다.

는 시간 동안 우리가 서로 이야기를 나누지* 못할 아무런 이유가 없으니까요. 여러분을 친구로 여기고[149] 방금 나에게 일어난 일 40a 이 도대체 무엇을 의미하는지 보여 줄 의향이 있거든요.

나에게, 재판관 여러분(여러분을 '재판관'이라고 부르는 게 옳게 부르는 일일 것 같아서 이렇게 부릅니다), 뭔가 놀라운 일이 일어났습니다. 나에게 으레 나타나는, 신령스러운 것의 예언[150]이 이전에는 늘 대단히 끈질기게 거듭되었는데, 내가 뭔가 옳지 않은 일을 하려 할 때면 대단히[151] 사소한 일에 대해서도 반대했지요. 그런데 여러분 자신도 보고 있다시피, 바로 그것들이야말로 나쁜 것들의 극치라고 누군가가 생각할 만한, 그리고 통상 그렇게 간주되는 그런 일들이 지금 나에게 일어났습니다. 그런데 신의 신 b 호는 내가 이른 아침에 집을 나설 때도 반대하지 않았고, 여기

---

* '이야기를 나누다'로 옮긴 '디아뮈톨로게인(diamythologein)'에는 흔히 '신화', '설화', '이야기' 등으로 옮기는 '뮈토스(mythos)'나 '뮈톨로기아(mythologia)' 라는 말이 들어 있다. 이제 소크라테스는 방면 쪽에 투표한 배심원들에게 사형 선고 이후 실무적인 일들이 진행되는 잠깐의 틈을 이용하여 죽음 이후의 일에 관해 편안하게, 마치 옛날 이야기를 말하고 듣듯이 이야기를 나눠 보자고 제안하고 있다. 참, 거짓이 말해질 수 있고 논리적인 장치가 개입되는 이제까지의 논변(logos)적인 접근과 다른 분위기로 죽음 이후의 일에 관해 이야기해 보자는 것이다. 실제로 이후 이야기에서는 여러 신화적 인물들이 거론되면서 죽음에 대해 희망을 가질 수 있다는 점이 적극 피력되고 있다. 이 단어가 플라톤의 다른 작품에 두 번 더 나오는데, 모두 이런 비논변적이고 사변적인 맥락에 등장한다.

재판정에 올라올 때든 연설 중에 뭔가 말하려 할 때든 그 어느 대목에서도 나에게 반대하지 않았습니다. 하지만 다른 논의[152]를 할 때는 정말로 여러 대목에서 말하는 중간에 날 제지했었죠. 그런데 이번에 이 일에 관련해서는 내가 무슨 행동을 할 때든 말을 할 때든 그 어느 지점에서도 나에게 반대하지 않았습니다.

그럼 그 까닭은 무엇이라고 내가 상정하고 있을까요? 내가 여러분에게 말해 주겠습니다. 나에게 일어난 이 일이 좋은 것이 아닐까 싶고, 죽음이 나쁜 것이라고 생각한다면 우리는 올바르게 상정하고 있는 것일 수가 없습니다. 이것의 큰 증거가 나에게 생겨났습니다. 내가 하려던 일이 뭔 좋은 것이 아니었다면, 으레 나타나는 신호가 나에게 반대하지 않았을 리 없거든요.

그것이 좋은 것일 가망이 많다는 것을 이제 다음과 같은 방식으로도 숙고해 봅시다.[153] 죽음은 둘 중 하나입니다. 그것은 아무 것도 아닌 것과 같은 것이고[154] 죽은 사람은 그 무엇에 대해서든 그 어떤 감각도 갖고 있지 않거나, 아니면 전해지는 말마따나 어떤 바뀜,* 즉 영혼이 이곳에서 딴 곳으로 옮겨 사는 일이거나 둘

c

---

* '바뀜(metabolē)'이란 어떤 다른 상태로 들어간다는 말이다. 첫째 선택지인 아무것도 아닌 것이라는 말은 죽는 사람이 어떤 다른 상태로 들어가는 것이 아니라 아예 없어지는 것이라면, 여기 둘째 선택지는 그런 무화(無化, annihilation)와 달리 죽음이 어떤 다른 상태를 겪게 되는 것으로 간주되는 방식이다. 이어지는 대목에서 소크라테스는 이 바뀜을 좀 더 풀어서 거주지를 바꾸어(meta) 사는 것(oikēsis)으로 설명하고 있다. '전해지는 말마따나'라는

중 하나입니다.

그런데 아무 감각도 없는 잠과 같은 것이라면, 즉 누군가가 자
면서 꿈조차 전혀 꾸지 않을 때와 같다면, 죽음은 놀랄 만한 이
득일 겁니다. 내 생각에, 누군가가 꿈조차 꾸지 않을 정도로 깊
은 잠에 빠졌던 밤을 골라내어, 자기 삶의 다른 날*과 밤들을 이
밤과 견주어 보고서, 자기 삶에서 이 밤보다 더 훌륭하고 달콤하
게 산 게 몇 날 몇 밤이었는지를 따져 보고 말해야 하는 상황이
되면, 내 생각에, 어느 평범한 개인만이 아니라 대왕**도 다른 날
과 밤들에 비해 이런 밤이 손에 꼽을 정도라는 걸 스스로 발견하

말은 이 선택지가 당대인 일반의 상식이라기보다 특정 부류 사람들의 말로
전해지는 것이라는 의미로 보는 것이 좋겠다. 죽음을 영혼의 이주로 보는 생
각은 흔히 오르페우스적 내지 피타고라스적인 믿음으로 알려져 있다. 죽음에
관한 당대인들의 생각은 굳이 말한다면 첫째 선택지와 더 가깝다고 할 수 있
을 것 같다. 당대인들의 사고를 지배했을 법한 호메로스의 경우에 물론 죽음
이후에 영혼이 하데스로 옮겨 가는 것을 말하고 있기는 하지만, 그 옮김을 여
기 둘째 선택지의 경우와 바로 동일시하기는 어렵다. 『일리아스』 서두의 유
명한 대목에서 하데스로 가는 것이 영웅들의 영혼이지만 그들 '자신(autous,
1.4)'으로 지칭된 몸은 개와 새들의 밥이 된다. 그리고 하데스로 가는 영혼이
일종의 그림자와도 같은 것으로 묘사되고 이승에서의 삶이 본질적으로 중요
하다는 생각들이 곳곳에 표명되어 있다. 이런 생각들은 여기 두 선택지 가운
데 오히려 첫째 것에 더 가깝다고 볼 수 있다. 아마 배심원들 상당수도 이런
첫째 생각을 공유하고 있었으리라 짐작된다.

*   여기 '날(hēmera)'은 당대 희랍인들의 관념에 따르면 '낮'과 같다.
** 페르시아 왕을 가리킨다. 부와 권력, 사치의 대명사 격으로 많이 언급된다.
    대중적인 행복의 이상형 가운데 하나였던 셈이다.

게 될 겁니다. 그러니 죽음이 이런 거라면 이득일 거라고 나로서
는 말합니다. 이렇게 보면 시간 전체조차도 단 하룻밤보다 많은
게 전혀 아니라고 보이니 말입니다.

그럼 이번에는, 죽음이 이곳에서 딴 곳으로 떠나 사는 것과 같
고, 전해지는 말이, 즉 죽은 사람들이 전부 그곳에 있다는 말이
진실이라면, 재판관 여러분, 이보다 더 크게 좋은 일이 뭐가 있
을까요? 누군가가 재판관을 자처하는 여기 이 사람들에게서 벗
어나 하데스에 도착해서 진짜 재판관들, 거기서 재판하고 있다
고 흔히 이야기되는 바로 그 진짜 재판관들, 즉 미노스와 라다만
튀스, 아이아코스, 트립톨레모스,* 그리고 자기 삶을 살아가는

41a

---

* 미노스, 라다만튀스, 아이아코스는 여기 언급되는 것처럼 정의롭게 산 인물
을 꼽을 때 전통적으로 자주 언급되는, 그래서 그 보상으로 하부 세계에서 재
판관 노릇을 하는 상을 받았다고 전해지는 세 인물이다. 『고르기아스』 말미
의 사후 심판 이야기(특히 523e~524a)에도 제우스가 하부 세계의 재판관으
로 삼은 세 아들로 언급된다. 미노스와 라다만튀스 형제는 법률의 신적 기원
을 이야기하는 『법률』 서두(624a~625a)에서도 그 정의로운 재판관으로서의
업적이 아주 인상적인 방식으로 칭송된다. 특히 미노스는 제우스에게 주기적
으로 가르침을 받아 법을 제정한 것으로 묘사된다. 미노스는 『오뒤세이아』의
하부 세계 여행(katabasis) 장면에도 등장한다(11.568~571). 그런데 아테네
인들에게는 이런 미노스와 그가 다스리는 크레타가 (미노타우로스 이야기에
서 잘 알려진 대로) 불의를 일삼는 적의 이미지로 각인되어 있기도 하다. 바
로 이와 관련한 미노스의 위상에 대한 논의가 그의 이름을 딴 플라톤의 위작
으로 알려진 『미노스』에 상세히 다루어져 있다(318d~321b). 트립톨레모스는
엘레우시스 출신의 농사 관련 영웅이며, 데메테르가 자신의 곡물과 농사 기
술을 세상에 전파할 인물로 그를 택했다고 이야기된다. 앞의 정의로운 삼총

동안 정의로웠던 다른 모든 반신반인(半神半人)들을 발견하게 된다면, 그렇게 떠나 산다는 게 보잘것없는 걸까요?

아니면, 이번에는, 오르페우스와 무사이오스, 헤시오도스, 호메로스*와 함께 있게 되는 일을 할 수 있다면, 여러분들 가운데 누구든 얼마를 내고 그 일을 하겠습니까? 나로서는 이것들이 진실이라면 여러 번이라도 죽을 의향이 있거든요. 적어도 나 자신에게는 그곳에서 보내는 삶[155]이 놀랄 만한 게 될 테니까요. 팔라메데스와 텔라몬의 아들 아이아스,** 그리고 옛날 사람들 가운데

b

사 언급 끝에 트립톨레모스가 덧붙여진 것은 아마 아테네에서 악역 이미지를 이유로 미노스를 굳이 목록에서 빼자고 들면 대신 넣어 줄 만한 인물이기 때문일 것이다.

* 전설적인 시인/가수인 오르페우스는 '오르페우스교'라는 신비적 종교 운동의 창시자로 알려져 있다. 무사이오스는 오르페우스와 밀접히 연관되는 가수다. 이 둘은 플라톤의 다른 작품에서도 함께 언급된다(『프로타고라스』 316d, 『국가』 2권 364e 등). 헤시오도스와 호메로스는 희랍 최고의 서사시인들이다. 이들은 또한 상고 시대 희랍인들의 종교적 믿음의 형성에 막대한 영향력을 행사한 시인들이기도 하다.

** 팔라메데스와 아이아스는 방금 언급된 작가 호메로스의 트로이 전쟁 이야기에 나오는 희랍 영웅들이다. 아가멤논이 트로이 전쟁에 나갈 군사를 모집할 때 참전을 피하려고 꾀병을 부리던 오뒤세우스는 팔라메데스의 기지(奇智)로 발각되어 결국 트로이로 갈 수밖에 없었다. 앙심을 품은 오뒤세우스는 나중에 팔라메데스가 트로이와 내통했다는 혐의와 증거들을 조작하여 죽음에 이르게 하는데, 여기서 팔라메데스와 관련하여 언급되는 '부정의한 심판'은 바로 그 상황을 가리킨다. 팔라메데스의 이 신화는 기원전 5세기 작가들(아이스퀼로스, 에우리피데스, 고르기아스 등)을 통해 낭양의 지가를 올리게 되며, 우리가 다루고 있는 이 작품 『변명』의 유사작인 크세노폰 『변명』에 여기 언급

부정의한 심판 때문에 죽은 다른 누군가를 만나게 될 때마다, 나
자신이 겪은 일들과 저분들이 겪은 일들을 견주어 보면서 보내
는 삶[156]이 말입니다. 내 생각에 이건 여간 즐거운 일이 아닐 거
예요. 특히나 최대로 좋은 일[157]은 여기 사람들에게 그러듯 그곳
사람들을 검토하고 탐문하면서 지내는 일입니다. 그들 가운데
누가 지혜로운지, 그리고 누가 지혜롭다고 생각은 하지만 실은
아닌지 하는 것들을 말합니다.

c   재판관 여러분, 트로이와 싸우러 대군을 이끌고 간 사람*이나

된 다른 여러 인물들에 대한 언급은 없지만 유독 팔라메데스만은 언급이 나
온다(26). 또 다른 인물 아이아스는 이른바 큰 아이아스다. 그의 죽음이 직접
적으로 부정의한 심판에 의한 것은 아니지만, 그를 자살로 치닫게 한 것은 아
킬레우스의 무장을 오뒤세우스에게 준 결정이었기 때문에 아주 어긋난 말은
아니라 할 수 있다. 두 사람 모두 아래 언급될 오뒤세우스와 관련하여 억울하
게 죽음을 당한 사람이라는 점 때문에 거론되고 있다.

*   트로이 전쟁의 희랍군 총사령관이었던 아가멤논을 가리킨다. 아가멤논이 꾀
가 많다는 평판을 받은 오뒤세우스나 시쉬포스와 동렬에 언급되어 있다는 것
이 다소 부자연스러운 느낌을 준다. 하지만 앞에서 소크라테스는 자신의 죽
음을 목전에 둔 상태에서 죽음보다도 오히려 수치스러움(즉 소크라테스 입
장에서는 정의로움)을 더 중시한 아킬레우스와 자신을 동일시한 바 있고
(28b~d), 『일리아스』에서 아킬레우스가 명예의 상(賞)을 빼앗긴 것이 (그리
고 이어지는 여러 전황들과 아킬레우스에게 벌어지는 일들의 단초가) 권력을
가진 아가멤논의 부당한 처사였다고 이해할 수 있다면, 부자연스러움이 덜어
질 수 있을 듯하다. 혹은 트로이 원정 출발 당시 아르테미스의 분노로 함대가
출발 못 하는 상황을 타개하려고 딸 이피게네이아를 희생 제물로 삼은 일이
꾀를 부려 누군가를 부당하게 희생시킨 사례로 상정된다고 볼 수도 있겠다.
아무튼 성격상의 흠결이나 도덕적으로 문제 삼을 만한 행동 등으로 유명한

오뒤세우스,* 시쉬포스** 혹은 다른 수없이 많은 사람들(즉 남자
가 됐든 여자가 됐든, 그곳에서 대화를 나누고 함께 지내며 검토하면
무진장 행복할 거라고 언급할 만한 수없이 많은 사람들)을 검토하는

신화상 인물들이 논박적 대화 상대자 후보로 열거되고 있는 것으로 보인다.

* 이타카의 왕으로 호메로스의 『일리아스』에서 주요 영웅 중 하나이며, 『오뒤세
  이아』의 주인공이다. 라에르테스와 안티클레이아의 외아들이라고 하지만, 바
  로 다음에 언급되는 시쉬포스의 아들이라는 설도 있다. 이런 출생 이야기는
  그에게 늘 붙어 다닌 '꾀가 많은'이라는 장식적 형용어를 잘 설명해 주며, 지
  금 이 문맥에도 잘 적용된다. 그런 버전들과는 다르게 대체로 호메로스에서
  는 온갖 기지와 탐구심을 발휘하며 트로이 전쟁 후 10년간의 굴곡 많은 귀향
  여정을 성공리에 마치고, 그가 부재한 20년 동안 아내 페넬로페와 아들 텔레
  마코스를 괴롭히며 이타카의 왕권을 넘본 구혼자들을 물리치는 영웅으로 묘
  사된다. 아무튼 지금 이곳 하데스 묘사가 『오뒤세이아』 11권의 하부 세계 여
  행을 염두에 둔 것이라면, 오뒤세우스나 시쉬포스, 아가멤논, 미노스 등에 대
  한 언급이 나름 적절하게 호응과 대조를 이룬다고 할 수 있겠다. 특히 다른
  상황에서라면 지금 대목에 꼭 나와야 할 법한 아킬레우스가 (『오뒤세이아』에
  서는 아가멤논 등과 함께 인상적인 등장을 했던 그가) 빠져 있다는 것은 주목
  할 만하다.
** 테살리아의 아이올로스 왕과 에나레테의 아들로 에퓌라(지금의 코린토스)의
   창립자요 첫 번째 왕이었다. 『일리아스』에서 '가장 꾀 많은 사람'으로 언급될
   정도로(6.153) 교활함 내지 못된 지혜로 유명하다. 유명한 도둑 아우톨뤼코
   스가 그의 소를 훔쳤다가 발굽에 표시를 해 둔 까닭에 발각되어 돌려준 적이
   있고, 그 보상으로 딸 안티클레이아를 동침하도록 내줄 수밖에 없었다는 이
   야기가 전한다. 호메로스는 오뒤세우스의 아버지를 라에르테스로 보지만 소
   포클레스 등 나중 작가들은 흔히 시쉬포스를 아버지로 간주하는데, 이 이야
   기와 연관되어 있다. 제우스와 신들의 분노를 사 영원한 벌을 받은 이야기도
   유명하다. 그가 받은 벌은 큰 바위를 언덕 위로 옮기는 일인데, 가까스로 언
   덕 꼭대기에 다다를 때면 바위가 다시 아래로 굴러 떨어진다고 한다(『오뒤세
   이아』 11.593~600).

일을 할 수 있다고 할 때, 누구든 얼마를 내고 그 일을 하겠습니까? 어쨌든 그곳 사람들이 적어도 이 일 때문에 누굴 죽이는 일은 확실히 없습니다. 그곳 사람들은 이곳 사람들보다 다른 점에서 볼 때도 더 행복하지만 특히나 그들은 이제 남은 시간 동안 죽지 않을 사람들이니까요. 전해지는 말이 진실이라고 한다면 말입니다.

자, 재판관 여러분, 여러분도 죽음에 대해 좋은 기대를 가져야 하고, 다음과 같은 진실 하나에 유념해야 합니다. 훌륭한 사람에게는 살아 있을 때든 삶을 마치고 나서든 어떤 나쁜 것도 없으며, 이 사람의 일들은 신들이 안 돌보지 않는다는 것 말입니다. 지금 나의 일들도 저절로 일어난 게 아니라, 죽어서 골칫거리들로부터 벗어난다는 게 이미 내게 더 좋은 것이었음이 내겐 분명합니다.* 신호가 어느 대목에서든 나를 말리지 않았던 것도 이것 때문이거니와, 나로선 내게 유죄 표를 던진 사람들과 나를 고발한 사람들에게 악감정이라곤 전혀 없습니다. 물론 그들이 이런

---

* 여기 "골칫거리들(pragmata)"이 만약 노령이 가져다주는 여러 약점들을 가리킨다면, 여기 언명은 그런 노령의 약점들을 안고 사느니 차라리 차제에 죽는 것이 나을 수 있다는 생각을 소크라테스 항변 태도의 주요 동기 가운데 하나로 지적한 크세노폰의 보고와 비슷한 이야기를 하고 있다고 할 수도 있겠다. 그러나 플라톤이 말한 "골칫거리들"이 그런 의미로 한정되어도 좋은지는 더 따져 볼 일이다. 소크라테스의 항변 자세에 관한 19a의 관련 대목과 관련 주석들(이 책 33쪽 첫 번째 각주와 이 책 34쪽 첫 번째 각주)도 참고할 것.

의도로 내게 유죄 표를 던지고 나를 고발했던 게 아니라 내게 해   e
를 줄 생각으로 그랬던 거지만 말입니다. 바로 이것이 그들이 비
난받아 마땅한 점입니다.

　하지만 나는 그들에게 다음과 같은 것만큼은 해 주길 부탁하
는 바입니다. 내 아들들이 꽃다운 나이로 자라면, 여러분, 내
가 여러분을 괴롭혔던 것과 똑같이 그들을 괴롭히는 것으로 갚
아 주세요. 그들이 덕보다도 돈이나 다른 뭔가를 우선하여 돌보
고 있다고 여러분에게 여겨진다면 말입니다. 또 그들이 아무것
도 아니면서 스스로 한인물 한다고 생각한다면 내가 여러분에게
하듯이 그들을 꾸짖어 주세요. 돌보아야 할 것들은 돌보지 않고,
아무 가치도 없는 사람들이면서 스스로 한인물 한다 생각한다고
말입니다. 여러분이 이런 일들을 해 주면, 나 자신도 내 아들들   42a
도 여러분에게서 정의로운 일들을 겪는 셈이 될 겁니다.

　아니, 벌써 떠날 시간이 되었군요. 나는 죽으러, 여러분은 살
러 갈 시간이. 우리 중 어느 쪽이 더 좋은 일을 향해 가고 있는지
는 신 말고는 그 누구에게도 분명치 않습니다.*

---

* '나는 모른다'로 허두를 뗀 소크라테스가 나만이 아니라 '아무도 모른다'로 말
　을 맺고 있다는 점이 의미심장하다. 이런 원환 구성(ring composition)은 그
　의 무지 주장이 그를 대표할 만한 핵심 사안이라는 점을 잘 드러내 주는 이야
　기틀이 되고 있다.

주석

1   아테네인 : 요즘 어투에 잘 맞게 '아테네 시민'으로 새겨도 크게 틀리지
    는 않을 것이다. 이 역서에서도 번역 본문에서 말고는 종종 그런 지시
    표현의 간편함을 이용할 것이다. 다만 그렇게 새길 경우, 원어가 '시민'
    이라고 한정되어 있지 않다는 점, 그리고 당시와 오늘날의 '시민' 개념
    이 다르다는 점에 유의할 필요가 있다.

2   무슨 일을 겪었는지 : 혹은 '무슨 영향을 받았는지'로 새기거나 아예 '무
    슨 느낌/생각을 갖게 되었는지'로 의역할 수도 있다. 비슷한 방식의 표
    현이 앞으로 몇 차례 더 등장하게 되는데, 이 가운데 적어도 21c와 22a
    의 경우는 느낌/생각을 이야기하는 맥락에서 등장한다.

3   사실상 : 혹은 '거의', '말하자면'.

4   놀라운 것으로 여겨졌는데요 : '놀라운(thaumasios, thaumastos)'과 '놀라워
    하다(thaumazein)'는 문맥에 따라 뉘앙스가 긍정적일 수도 있고 부정적
    일 수도 있다. 예컨대 대단히 즐겁거나 훌륭해서 경탄하는 맥락에 쓰일
    수도 있고, 너무 황당하거나 뜻밖의 일을 당해 어처구니없어하는 맥락
    에서 나올 수도 있다. 이 계열의 말들이 나올 때 맥락에 따라 다른 뉘
    앙스를 읽어 내는 것은 온전히 읽는 이의 몫이다.

5 실제 행동 : 혹은 '사실'. 어느 쪽으로 새기든 '에르곤(ergon)'은 '말(logos)' 과 대비되어 사용된 역사가 아주 깊은 말이다.

6 이들과 다른 방식으로긴 하지만 : 혹은 '이들과 다른 유의'.

7 항변(抗辯)하는 : 이 작품의 제목인 '아폴로기아(apologia)'의 동사형 '아 폴로게이스타이(apologeisthai)'가 여기 처음 나왔다. 이 말들의 대표 번 역어로 '항변'과 '항변하다'를 사용하기로 한다. 하지만 제목만큼은 오 랫동안 '변명'으로 불러 온 관행과 전통을 그대로 따르겠다. 작품 첫 문 장에 나온 '카테고로스(katēgoros)', 즉 '고발자'에 들어 있는 '카테고리아 (katēgoria)'와 그 동사형 '카테고레인(katēgorein)', 즉 '고발'과 '고발하다' 에 대비되는 개념이다. '고발' 쪽 동사형이 능동태인 것과 달리 '항변' 쪽 동사형이 중간태인 것은 변명 혹은 항변이 기본적으로 '자신을 위 한' 것이기 때문이다. 일상어 '변명'이 잘못을 인정한다는 뉘앙스를 포 함하기 때문에 '변론', '변론하다'로 옮겨야 한다는 제안이 꽤 확산되어 있다. 관행과 전통을 수정하는 일에 의당 수반되어야 할 깊이 있는 성 찰과 충분한 숙고, 합의 과정이 생략되었다는 점도 문제지만, 그런 과 정이 생략되었기 때문에 더더욱 그럴 텐데, 그 제안 자체가 우리에게 절실한 것이라기보다 불필요한 논란만 가중시키는 비생산적 실험이라 생각한다. 일상어에 묻어 들어온 잘못 인정의 뉘앙스를 떨쳐 버리기 위 해 지불해야 할 대가가 훨씬 더 크기 때문이다. 우선, 방금 언급한 중 간태적 뉘앙스, 즉 기본적으로 '자기' 변호라는 점, 그리고 '고발(kata-)' 에 '대항(apo-)'하는 수세적 연설이라는 점이 일단 '변론'으로는 포착되 지 않는다. '변론'은 법정에서 원고와 피고 측이 행하는 언설 일반을, 즉 '고발'과 '항변'을 두루 다 가리키는 중립적인 용어다. 둘째, '변명(辨 明)'과 달리 '변론(辯論)'에는 말을 잘한다는 뉘앙스가 노골적으로 포함 되어 있다. 이는 우리 '웅변대회'에 해당하는 일본식 표현 '변론대회(弁 論大会)'에서 잘 드러난다. 엄밀하게는 '변'에 해당하는 한자가 다르기도 하거니와, '변론술'은 '수사학' 내지 '수사술'로 흔히 옮겨지는 '레토리케 (rhētorikē)'의 번역어로 심심찮게 사용되기도 한다[예컨대 박종현(2003)

118

86쪽이나 100쪽 각주 7 등]. 바로 이곳, 자신의 법정 연설 서두에서 소크라테스는 자신이 수행하고 있는 철학에 대한 변명을 수사학과 대비하는 데 공을 들인다. '아폴로기아'를 '변론'으로 옮기는 순간, 바로 그런 설득과 진실의 대비, 말을 잘하는 것과 진실을 드러내는 것 간의 대비가 무색해진다. 무엇보다도 무시할 수 없는 건 적어도 플라톤 작품 제목에 관한 한 '변명'이 우리에게 고유명사처럼 굳어져 있다는 사실이다. 잘못을 인정한다는 뉘앙스가 혹시 문제라면(나는 사실 이것이 궁극적으로는 그다지 큰 문제가 아니라고 생각한다), 그것이 두드러지게 나타나는 동사 표현에서 다른 대안을 구하더라도 고유명사화한 제목만큼은 그대로 두는 것이 좋다고 생각한다. 사실 '지식인을 위한 변명' 등 명사 표현에는 '변명하지 마!' 유의 동사 표현에 묻어 들어간 부정적 뉘앙스(더 정확히는 공세적 뉘앙스)가 심각할 정도로 들어 있지 않다. 일상어가 원래 의미보다 많은, 그리고 부정적인 뉘앙스를 띠게 되는 일은 굉장히 흔하다. 특히 논쟁적인 말과 관련한 우리 일상어의 경우가 그렇다. 옳고 그름을 따져 '비판'하고 상대방은 그것에 대해 '변명'하면서 서로 '시비'를 가리고 따따부따 '따지는' 일을 점잖지 못하다고 여기며 백안시하는, "비판받지 않으려면 비판하지 말라" 유의 덜 합리적인 유산이 우리 문화 속에 있다. 그런 까닭에 '비판'이 '비난'으로, '변명'이 '궁색한 구실 대기'로, '시비'와 '따짐'이 '공연한 트집'으로 너무도 간단히 환원되는 일이 비일비재했다. 비판, 변명, 시비, 따짐이 쉽게 매도되는 그런 '참을 수 없는 가벼움'으로부터 벗어나 그것들에 본래의 의미와 가치를 되돌려 주는 것이 우리 담론 문화가 가야 할 길이 아닐까? 우리가 쓰던 말 하나하나에도 역사와 의미가 있음을 되새기면서, 약간의 오염과 퇴색이 두려워 그런 역사와 전통을 폐기 처분하는 우를 범하지 않았으면 하는 바람이다. 소크라테스에 접근할 때 청교도적 결벽주의가 가진 한계에 관해서는 '크리톤의 촌지' 문제를 다룬 강철웅(2012) 63~67쪽을 참고할 수 있다.

8   **그야말로** : 직역에 가깝게는 '순전히'쯤으로 옮길 수 있는 '아테크노스

(atechnōs)'는 어원상으로는 '기술 없이'라는 뜻이다. 재판정에서 쓰이는 말투나 언변을 구사하는 재주를 갖고 있지 않다는 취지의 주장을 하고 있는 지금 이 맥락과 나름 잘 어울리는 언어유희라 할 수도 있겠다.

9 조금이라도 더 진실된 게 없는 : β, δ 계열 사본들을 따라 'mallon'을 넣어 읽었다. 나중 고발보다 더 진실된 게 없다는 의미일 것이다. T 사본처럼 빼고 읽으면 '조금이라도 더 진실된 게 없는' 대신 '진실된 것이라고는 하나도 없는'으로 새길 수 있다.

10 사람 : '사람'으로 옮긴 '아네르(anēr)'는 평범하게 인간 일반을 가리키거나 때로는 비하의 뉘앙스를 갖기도 하는 '안트로포스'와 대조되어 쓰이면서, '진짜 사람' 내지 '사내'/'남자' 정도의 뉘앙스를 갖게 되는 경우가 종종 있는 말이다(아래 28b의 관련 주석(미주81)도 참고할 것). 이 번역문에서 이 두 말의 대조를 완전히 살릴 수는 없지만, 일단 '인간'으로 옮긴 말은 모두 '안트로포스'의 번역어라 보아도 좋다. 그러나 역은 아니다.

11 여러분 가운데 어떤 이들은 아이거나 청년이었을 때 말입니다 : β 계열 사본대로 읽으면 '여러분이 아이였을 때 말입니다. 그런데 여러분 중에는 청년도 몇 있었지만요'쯤이 된다.

12 설득된 : 혹은 '확신하는'.

13 올라오게 : '오르게 하다(anabibazesthai)'도 '오르다(anabainein)'와 같은 계열의 말이다. 17d의 관련 주석(이 책 28쪽 세 번째 각주)을 참고할 것.

14 올라오게 하거나 논박할 : 법정 용어라는 점을 살려 옮기면 '출두시켜 반대신문을 할'로 새길 수 있다.

15 그 비방 : '그 고발'로 볼 수도 있다. 그러나 나중에 처음 고발에 대한 항변을 정리하는 대목 "오래전부터 열렬히 펼친 그들의 비방이 여러분의 귀를 가득 채워 놓았습니다. 바로 이것들을 기반으로 하여(ek toutōn) 멜레토스와 아뉘토스와 뤼콘이 나를 공격했는데"(23e2~5)라는 구절에서 '이것들(toutōn)'이 무엇일지를 생각해 보면, 비방 쪽이 더 그럴듯해 보인다.

16 해먹에 실려 이리저리 흔들거리고 있는 : '해먹에 실려 이리저리 흔들거리

고 있는'에 해당하는 원문의 단어('peripheromenon')에 '해먹에 실려'라
는 부분이 직접 언급되어 있는 것은 아니다.

17 혹시라도 : 혹은 '어떤 식으로든'.

18 여러분 자신들 : OCT 신판처럼 β, δ 계열 사본들을 따라 'de autous'로
읽었다. 버넷(J. Burnet)처럼 T 사본을 따라 'd' au'로 읽으면 '다시 한번
여러분'이 된다.

19 이들 각자는, 여러분, 각 도시들로 가서 젊은이들을 설득할 수 있거든요 : 번역
에서 살리지 못했지만, 원문은 문법을 벗어난 파격 구문(anakolouthon)으
로 되어 있다. '설득할'에 해당하는 말(부정법)이 나와야 할 차례인데,
우리말로 다음 문장으로 옮긴 관계문이 오고, 그 관계문 다음에는 본래
말해야 할 부정법 대신 직설법(다음 문장에서 '설득합니다'로 옮긴 말)이 나
온다. 파격 구문이 플라톤의 다른 대화편에도 이따금씩 나오기는 하지
만, 이 작품에는 유달리 많이 나온다. 서두에서부터 다른 달변가들과
다르게 '입에서 나오는 대로(eikēi)' 말하겠다고 천명한 소크라테스의 입
장과 잘 어울리게 구성된 것이라 말할 수 있다. 물론 이것은 또 하나의
'아이러니'일 수 있다. 법정에서 행해지는 연설 방식에 익숙지 않다고
말하면서도 또 그들의 방식을 적절히 구사하는 것이 소크라테스가 펼
치는 '아이러니'의 성격을 띠고 있는 것처럼 말이다. 후자는 소크라테
스 그리고 플라톤의 입장에서는 일종의 '패러디'이기도 하다. 앞으로
등장하는 파격 구문들을 일일이 언급하거나 해설하지는 않을 것이며,
경우에 따라서는 굳이 원래 어법에 맞게 바꾸지 않고 있는 그대로 옮기
기도 할 것이다. 앞뒤가 덜 어울리는 문장이 나오면 파격 구문이 아닌
지 의심해 볼 수 있겠다.

20 아름답고 훌륭하게 : '아름답고 훌륭하다'로 옮긴 '칼로스 테 카가토스
(kalos te kagathos)'는 '아름답다', '멋있다', '고상하다', '훌륭하다', '칭찬
할 만하다' 등의 의미를 가지는 '칼로스(kalos)'와 '좋다', '훌륭하다', '좋
은 가문 출신이다', '용감하다', '유능하다' 등의 의미를 가지는 '아가토
스(agathos)'를 묶은 말인데, 이를테면 영어 문화권의 'gentleman(신사)'

이나 한자 문화권의 '君子(군자)'에 비견될 만한, 고대 희랍의 이상적 인간형을 가리키는 말이다. 두 단어를 잘 아우를 수 있는 우리말 번역어로는 '정말 훌륭한 사람' 정도가 비교적 적절하다 할 수 있겠다. 그런데 일단 원어가 두 단어로 이루어져 있다는 점을 드러내 주는 게 좋겠고, 두 단어 각각이 여러 다른 대목들에서 사용되고 있는데 '훌륭하다'는 '아가토스(agathos)'의 번역어로 할당하면서 문맥에 따라 (주로 사물의 경우) '좋다'와 교체 가능하게 사용하는 것이 적당하다고 보아 이렇게 옮겼다.

21 당신이 하는 일 : '당신이 하는 일'로 옮긴 이 말 '당신의 프라그마(to son pragma)'는 '당신의 문제', '당신이 처한 상황' 등으로 옮길 수도 있다.

22 일삼지 : '프라그마테우에스타이(pragmateuesthai)'는 '일삼다' 대신 '공들이다', '애쓰다', '몰두하다' 등으로 옮길 수도 있다.

23 일을 하지 : '프라테인(prattein)'이 처음 등장했는데, 앞으로 '하다' 혹은 '일을 하다', '활동을 하다' 정도로 옮길 것이다. 바로 앞에 나온 '하는 일(pragma)'이나 '일삼다(pragmateuesthai)'로 옮긴 말들과 더불어 원어의 어원이 모두 같다.

24 이름 : 여기 '이름(onoma)'은 명성을 가리키기보다는 '지혜로운 (사람) (sophos)'이라는 칭호를 가리키는 것으로 보인다. 이는 아래 23a 등에서 비교적 분명히 확인할 수 있다.

25 내 지혜에 대해, 그것이 정말 일종의 지혜인 건지 또 어떤 종류의 지혜인지에 대한 증인으로 : 혹은 '내 지혜에 대한 (그것이 정말 일종의 지혜라면 말이죠), 그리고 어떤 종류의 지혜인지에 대한 증인으로'로 옮길 수도 있다.

26 내 동료였을 뿐만 아니라 여러분들 무리의 동료였고 : 같은 단어 '헤타이로스(hetairos)'가 두 번 나왔고 이것을 '동료'로 옮겼는데, 후자의 경우는 '동지'로 옮길 수도 있다.

27 나에 대한 비방이 어디서 생겨났는지 막 여러분에게 가르쳐 줄 참이니까요 : 자신이 선생임을 줄기차게 부인하는 그의 입장을 생각하면, '가르쳐 주겠다'는 이 언급은 자못 흥미로운 예외다.

28 난 나 자신이 크든 작든 어떤 점에서도 지혜롭지 않다는 걸 잘 알고 있으니 말이다 : '어떤 점에서도' 대신 '조금도'로 새길 수도 있다. '난 나 자신이 크든 작든 어떤 점에서도[/조금도] 지혜롭다고 알고 있지 않으니 말이다'로 옮기는 것도 불가능하지 않다.

29 거짓을 말하지는 : 혹은 '틀린 것을 말하지는', '틀리지는', '거짓말을 하지는'으로 새길 수도 있다.

30 지혜롭다고 여겨지는 : '도케인(dokein)'은 '여겨지는' 대신 '(스스로) 생각하는'으로 새길 수도 있다. 아래 21d, 22a 등에서도 계속 그러하다.

31 내가 굳이 이름을 말할 필요는 없겠지요. 그저 정치인들 가운데 한 사람이었어요. 이 사람을 살펴보면서, 또 그와 대화를 나누면서 나는 다음과 같은 일을 겪었습니다. 아테네인 여러분 : OCT 신판의 괄호를 적용해서 읽으면 지금 이 부분을 다음과 같이 새길 수 있다. '(내가 굳이 이름을 말할 필요는 없겠지요. 그저 정치인들 가운데 한 사람이었어요. 이 사람을 살펴보면서 나는 다음과 같은 일을 겪었습니다. 아테네인 여러분) 그와 대화를 나누면서'.

32 아니라는 생각이 내게 들었습니다 : '도케인(dokein)'을 이용한 언어유희의 맛을 살리자면 '아니라고 내겐 여겨졌습니다'로 새길 수도 있다.

33 나 자신에 관해 : 혹은 '나 자신을 향해', 즉 마음속으로.

34 어쨌든 : 혹은 '그러니까'.

35 바로 이 점에서 조금은 : 혹은 '바로 이 작은 점 하나 때문에'나 '바로 이 작은 점에서'나 '바로 이 정도로 조금'으로 옮길 수도 있다.

36 내가 알지 못하는 것들을 : '내가 어떤 것을 알지 못하든 그것을'이라는 뜻이다.

37 거기서 떠나서 : 혹은 '그 후'.

38 역시 사정이 마찬가지라는 생각이 내게 들었고 : 직역하면 '사정이 마찬가지라는 생각이' 대신 '이런 똑같은 생각이'로 옮길 수도 있다. 그리고 위 21c 주석(미주 32)에서 언급한 것처럼, '도케인(dokein)'을 이용한 언어유희의 맛을 살리자면 '역시 이와[즉 아까와] 똑같다고 내겐 여겨졌고'로

새길 수도 있다.

39 그런 점에서 : 원어는 '거기서(부터)'에 해당하는 일반적인 표현 'entautha' 로 되어 있다. '그 자리에서'로 이해할 수도 있고, 지금 번역한 것처럼 '그런 점에서'나 '그런 일로 인해' 등으로 좀 더 좁혀 이해할 수도 있다. 상대방 스스로 지혜롭다고 생각하지만 실제로는 아닌데, 그것을 소크 라테스가 발견했고, 그래서 그런 상태라는 것을 상대방에게 보여 주려 시도했으며, 그런 일로 인해 상대방과 주변 사람들에게 미움을 샀다는 것이 앞 21c~d에서 묘사된 경험이다. 그 경험이 반복되었다는 것을 이 야기하는 과정에서 축약적 재진술이 이루어지면서 이런 표현이 등장했 으므로, 여기서도 미움을 산 이유가 상대방의 인지 상태를 자각시키려 는 소크라테스의 시도 때문이라는 점이 겉으로 생략되어 있기는 하나 문맥상 함축되어 있다고 보는 것이 온당할 듯하다.

40 따져 보고 있던 나로서는 : 혹은 '따져 보면서'.

41 사실상 : 혹은 '말하자면'.

42 그들은 자기들이 짓는 것들을 지혜로 짓는 게 아니라 예언자들과 신탁 전달 자들이 그렇듯 모종의 본성에 따라서, 신 지펴서 짓는다는 걸 말입니다 : 예 언자들, 신탁 전달자들의 인지 상태와 시인들의 인지 상태에 관한 유사 한 언급으로 『메논』 99c, 『이온』 534b~c 등을 참고할 수 있다.

43 자기들의 시 짓는 기술 : 혹은 '자기들이 시를 짓는다는 것'이나 '자기들 의 시'로 옮길 수도 있다.

44 자기들이 실은 지혜롭지 않은 다른 것들에 있어서도 : 혹은 '다른 것들에 있어서도 실은 지혜롭지 않은데도'.

45 아는 : 원어 '에피스타스타이(epistasthai)'의 뉘앙스를 좀 더 살리면 '할 줄 아는'으로 옮길 수도 있다.

46 안다는 : 원어 '에피스타스타이(epistasthai)'의 뉘앙스를 좀 더 살려 '할 줄 안다는'으로 옮길 수도 있다.

47 알지 못하는 것들을 알고 : 원어 '에피스타스타이(epistasthai)'의 뉘앙스를 좀 더 살려 '할 줄 모르는 것들을 할 줄 알고'로 옮길 수도 있다.

48 그런 면에서 : 혹은 '그런 방식으로'.

49 가혹하고 지독한 : 혹은 '혹독하고 버거운'.

50 '지혜로운 사람'이라고 : 혹은 '지혜롭다'고. 희랍어는 실명사와 형용사가 같은 부류에 속하며 서로 쉽게 넘나든다. "소크라테스는 소포스 (sophos)다"를 "소크라테스는 지혜롭다"로 새길 수도 있고, "소크라테스는 지혜로운 사람이다"로 새길 수도 있다.

51 소크라테스가 이런 사람이라고 말하면서 : '이런 사람'은 바로 위에 이야기된 '지혜로운 사람(sophos)'을 가리키는 것으로 볼 수 있다. 이 대목을 달리 읽어 '이 사람, 즉 소크라테스를 말하면서'로 새길 수도 있다. 이 경우 '이 사람'은 이어지는 인용문의 주어 '이 사람'을 가리키는 것으로 이해할 수 있겠다. 아니면 버넷 식으로 '여기 이 소크라테스를 말하면서'로 새기는 것도 불가능하지는 않다.

52 그래서 나는 지금도 여전히 돌아다니면서 신의 뜻에 따라 이런 것들을 찾고 탐문합니다. 내지인 중에서든 외지인 중에서든 지혜롭다고 내가 생각하는 사람을 상대로 말입니다 : 혹은 '그래서 나는 이런 일들과 관련하여 지금도 여전히 돌아다니면서 신의 뜻에 따라 찾고 탐문합니다. 내지인 중에서든 외지인 중에서든 지혜롭다고 내가 생각하게 될 누군가가 있는지를 말입니다'로 옮길 수도 있다.

53 사람들이 검토받는 : 우리말 '검토'가 사람을 대상으로 삼을 때는 다소 어색해서 '심문', '시험' 등으로 새기는 것이 더 자연스럽게 느껴진다. 이런 단점이 있기는 하지만, 한 단어로 통일하여 주목함으로 해서 갖게 되는 이점이 더 크기에 일관성 있게 '검토'로 옮기기로 한다.

54 자신들에게 : 'autois(그들에게, 즉 검토하는 젊은이들에게)'로 읽는 사본도 있다. 여기서는 다수 사본(β, W, 그리고 T도)의 독해 'hautois'를 따랐다.

55 소크라테스라고 하는 지극히 부정(不淨)한 사람이 있는데 : 혹은 '소크라테스는 지극히 부정한 사람으로서'.

56 짜임새 있고 : 대다수 사본(β, T, δ)을 따라 '짜임새 있게(syntetagmenōs)'로 읽었다. OCT 신판처럼, 이 단어가 존재하는지 회의적이라는 버넷

의 의견을 받아들이면 '열성적으로(syntetamenōs)'로 읽는 유일한 사본을 따르게 된다.

57 **오래전부터 열렬히 펼친 그들의 비방이** : 직역하면 '그들은 오래전부터 열렬히 비방을 해 대며'가 된다.

58 **꽤 잘 알고 있습니다** : 'oida schedon'은 직역하면 '사실상 알고 있습니다', '아는 거나 진배없습니다' 정도로 새겨질 수 있는 말이다.

59 **즉** : 혹은 문자 그대로는 '그리고'.

60 **멜레토스는** : 혹은 '고발장은'. 원문은 주어 없이 그냥 '(그것은/그는) 말하고 있다(phēsi)'로만 되어 있다. 바로 앞에도(b8) 이 말만 있는데, 거기는 '그것[즉 고발장]은 말하고 있다'로 새기는 것이 정확하다.

61 **이게 실제로 그렇다는 걸 여러분에게도 보여 주도록 해 보겠습니다** : 여기서부터 소크라테스가 멜레토스와 대화를 나누는 부분이 28a2까지 이어진다.

62 **어서** : 혹은 '이리로 나와서'.

63 **그런데도** : 혹은 '더구나'.

64 **훌륭한 양반** : '훌륭한 양반(ōgathe)'은 훌륭한 사람(agathos)을 자처하는 멜레토스(24b)에 대한 아이러니컬한 호칭이라 할 만하다. 아래 24e, 25d 등에서도 계속 이 아이러니컬한 호칭이 구사된다.

65 **가장 훌륭한 양반** : '가장 훌륭한 양반(ō beltiste)'은 훌륭한 자를 자처하는 멜레토스에 대한 아이러니컬한 호칭을 계속 이어가고 있는 것이라 할 만하다.

66 **훌륭한 사람들은 뭔가 훌륭한 일을 하는 것 아닌가요** : '훌륭한'으로 옮긴 '아가토스(agathos)'는 '좋은'으로 옮길 수도 있고, 또 그렇게 옮기는 것이 더 좋은 상황이 자주 생긴다. 사물에 붙을 때 그런 상황이 생기지만 사람에게 붙을 때는 '훌륭한' 쪽이 더 자연스러운 경우가 많다. 해서 이 번역서에서 이 말이 나올 때 사람에게는 대개 '훌륭한'을 택하고, 사물의 경우는 주로 '좋은'을 택하되, 필요에 따라 '훌륭한'을 혼용하기로 한다. 지금 맥락에서는 '좋은 일'이라 옮길 수도 있지만, 같은 말을 사용

하는 저자의 의도를 살리기 위해 굳이 일치시켰다.

67 틀린 : 혹은 '거짓을 말하고 있는', '잘못하는' 등으로 새길 수도 있다.

68 다른 신들이라는 게 : 즉 다른 신들이 있다는 걸 믿으라고 가르친다는 게.

69 놀라운 : '놀라운(thaumasios, thaumastos)'에 관해서는 17a의 관련 주석 (미주 4)을 참고할 것.

70 무엇 때문에 : 혹은 '뭣하러', '무슨 목적으로'.

71 소크라테스는 신들을 믿지 않으면서 신들을 믿음으로써 불의를 행하고 있다 : 원문에 더 가깝게 옮기면 '소크라테스는 신들을 믿지 않지만 신들을 믿음으로써 불의를 행하고 있다' 혹은 '소크라테스는 신들을 믿지 않고 (오히려) 신들을 믿음으로써 불의를 행하고 있다'로 새기거나 '소크라테스는 신들을 믿지 않음으로써 불의를 행하고 있지만, 신들을 믿음으로써 불의를 행하고 있다'로 새길 수도 있다.

72 활동 : 이 문맥에 등장하는 '프라그마(pragma)'를 문맥 속의 생생한 느낌을 살리기 위해 그 고유한 의미에 속하는 '활동'으로 옮겼다. 이 말은 '행위'를 뜻하는 '프락시스(praxis)'와 동근어다. 그러나 '일', '문제', '골칫거리', '사물', '것' 등 다양한 번역 가능성을 가진 말이다.

73 믿고 : 지금부터 27e까지 '믿는다'로 옮기게 되는 말의 원어는 이제까지 '믿는다'로 옮겨 온 '노미제인(nomizein)'이 아니라 '헤게이스타이(hēgeisthai)'다. '믿는다' 말고도 '생각한다', '이끈다' 등으로 새길 수도 있는 말이다.

74 당신이 수수께끼를 내며 장난치는 거라고 내가 말한 : 27a의 언급을 가리킨다.

75 안 믿을 : 혹은 '없다고 믿을'.

76 말들과 나귀들의 새끼들 : OCT 신판은 전해지는 텍스트 그대로 'ē kai'로 읽고 있지만, 여기서는 포스터(Forster)의 제안대로 'ē'를 빼고 'kai'로만 읽었다. 'ē kai'로 읽으면 '말들이나 심지어 나귀들의 새끼들'이 되는데, 이 경우는 뒤에 나오는 '즉 노새들(tous hēmionous)'과 어울리지 않게 되

므로, 바움라인(Baumlein)의 제안대로 뒤의 그 부분을 뺄 수밖에 없게
된다.

77 믿으면서 : 생략된 말을 넣어 '있다고 믿으면서'로 새길 수도 있다.

78 신령스러운 것들을 믿는 사람이 신적인 것들 역시 믿는 건 아니라고, 또 더
나아가 바로 그 동일한 사람이 신령들과 신들과 영웅들 역시 믿는 건 아니라
고 설득해 낼 수 있을지? : 'ou'가 들어 있는 전통적인 사본들을 따라 읽
었다. OCT 신판처럼 나중에 나온 한 사본을 따라 'ou'를 빼고 읽으면
'신령스러운 것들과 신적인 것들을 믿는 동일한 사람이 또한 신령들과
신들과 영웅들을 믿지 않는다고 설득해 낼 수 있을지?'로 옮길 수 있
다. 나중 사본의 독법이 훨씬 더 이해하기 쉬운 내용이다. 그리고 소크
라테스는 '반신(半神)'인 '영웅들'을 덧붙여 넣고 있는데, 바로 아래에서
반신(즉 여신 테티스와 인간 펠레우스의 아들)인 영웅 아킬레우스의 이야
기를 하기 위한 준비라 할 수도 있겠다.

79 잡을 : 이 문맥에서 '잡다'로 옮긴 동사 '하이레인(hairein)'이 네 번 등장
한다. '유죄 판결을 내리다'로 옮길 수도 있는 말인데, 이 말이 본래 가
진 구상적인 의미를 살리려고 이렇게 옮겼다. 이 말의 수동형 '할리스
케스타이(haliskesthai)'도 '잡히다'라는 뜻이지만, 재판에서는 '유죄 판결
을 받다'의 뜻으로 쓰인다. 나중에 사형 판결 후 사형 투표자에게 하는
연설(38c∼39e)에 이 동사가 다시 등장하게 되며, 이 동사의 구상적인
의미를 이용한 언어유희가 펼쳐진다. 재판정에서 펼쳐지는 싸움(agōn)
을, 잡으려 쫓아가는 사람과 잡히지 않으려 도망하는 사람으로 그리는
것은 아주 자연스러운 상상이며, 이 작품 곳곳에 나오는 추적과 도망
이미지를 음미해 보는 것은 그 자체로도 흥미롭거니와 나중에 나올 언
어유희를 이해하는 데도 도움을 줄 것이다.

80 그것들이 분명 : 혹은 '바로 그것들이'.

81 이보시오 : '이보시오'로 옮긴 말의 원어 'ō anthrōpe'는 직역하면 '인
간아'다. 이 호칭은 다소 경멸의 뉘앙스를 갖기도 한다. '안트로포스
(anthrōpos)'는 인간 일반을 지칭하는 말이고, 이는 '진짜 사람' 혹은 '남

128

자'를 가리키는 '아네르(anēr)'와 대조된다(위 18b의 관련 주석(미주 10)을 참고할 것). 이 '아네르'에서 나온 말이 '남자다움' 혹은 '용기'를 뜻하는 '안드레이아(andreia)'다. 죽느냐 사느냐에 신경 쓰는 이 가상의 질문자는 죽느냐 사느냐에 초연한 '아네르' 아킬레우스와 잘 대비된다는 점에서, 이 질문자를 '안트로포스'로 지칭한 것은 여기 문맥에 아주 적절한 것이라 할 수 있다.

82 훌륭한 사람의 행동을 하고 있는지 나쁜 사람의 행동을 하고 있는지만 : 'ergon ⋯ prattein'은 '⋯ 행동을 하다' 대신 '⋯ 일을 행하다'로 옮길 수도 있다.

83 논변 : 혹은 '계산'이나 '원칙'으로 옮길 수도 있다.

84 반신(半神) 영웅 : '영웅(hērōs)'에 해당하는 말이 원어 '헤미테오스(hēmitheos)'에 포함되어 있지는 않으므로, 엄밀하게 말하면 그냥 '반신(半神)' 혹은 '반신반인(半神半人)'이라고만 옮겨야 맞다. 예컨대 신령과 영웅을 선명하게 구분하는 전통이 있다는 것도 감안하면, 이런 용어가 관련 전통들 모두를 잘 반영하는 용어가 아닐 수 있다. 그러나 이 작품이 그런 엄밀한 구분을 시도하거나 적극적으로 받아들이고 있지는 않으므로, 여기서는 우리말과 문화에 좀 더 어울릴 만한 자연스러운 단어 조합을 채택하기로 한다.

85 그 위험 : 사느냐 죽느냐의 위험.

86 죽음과 위험 : '죽음의 위험'으로 새길 수도 있다.

87 죽음을 무서워하며 : 약간의 해석을 추가하여 연결어 'kai'를 '즉'으로 읽는 경우는 '죽음을 무서워함으로써, 즉'으로 새길 수 있다. 연결이 부드러운 장점이 없지 않지만, 바로 그것이 다음 문장을 더 사소한 부연으로 만드는 단점이 될 수도 있다.

88 신들이 있다고 믿지 않는 : 혹은 '신들이 없다고 믿는'.

89 그런데 어떻게 이것이 알지 못하는 것을 안다고 생각하는, 그 비난받을 만한 무지가 아닐 수 있겠습니까? : 순서만 바꾸어 거의 그대로 '그런데 어떻게 이것이 그 비난받을 만한 무지, 즉 알지 못하는 것을 안다고 생각하

는 무지가 아닐 수 있겠습니까?'로 옮길 수도 있다. 혹은 전후 관계를 약간 달리 잡아 '그런데 어떻게 이것이, 즉 알지 못하는 것을 안다고 생각하는 무지가 비난받을 만한 무지가 아닐 수 있겠습니까?'로 옮기는 것도 불가능하지는 않다.

90 아뉘토스의 말을 따르기를 거부하고 : 혹은 '아뉘토스에게 불복해서'나 '아뉘토스의 말을 믿지 않고'로 옮길 수도 있다. 아래에서 비슷한 맥락에 계속 나오는 '따르다'는 '복종하다' 혹은 '믿다'로 바꿔 쓸 수 있는 말이다.

91 애초에 내가 여기 법정에 서지 말았어야 했는데 그러지 못했고, 일단 내가 법정에 선 이상은 나를 죽이지 않을 수 없다고 : 혹은 직역하여 '애초에 내가 여기 법정에 서지 말았어야 했거나, 일단 내가 법정에 선 이상은 나를 죽이지 않을 수 없거나라고'로 옮길 수도 있다.

92 여러분을 좋아하고 : 혹은 '여러분에게 애정을 갖고 있고'.

93 복종할 : '복종하다'로 옮긴 말은 '아뉘토스의 말을 따르지 않을 것이며'에 나오는 '따르다'와 원어가 같다('peithesthai').

94 돈이 당신에게 최대한 많아지게 하는 일은, 그리고 명성과 명예는 돌보면서도, 현명함과 진실은, 그리고 영혼이 최대한 훌륭해지게 하는 일은 돌보지도 신경 쓰지도 않는다는 게 수치스럽지 않습니까? : 우리말만 고려하면 '돌보다'로 옮긴 '에피멜레이스타이(epimeleisthai)'를 '관심을 기울이다'로 옮기는 것이 좀 더 자연스러울 수도 있다. 그렇게 옮기자면, '돈이 당신에게 최대한 많아지게 하는 일에는, 그리고 명성과 명예에는 관심을 기울이면서도, 현명함과 진실에는, 그리고 영혼이 최대한 훌륭해지게 하는 일에는 관심을 기울이지도 신경을 쓰지도 않는다는 게 수치스럽지 않습니까?' 정도가 되겠다. 여기서 그런 좀 더 자연스러워 보이는 번역을 굳이 택하지 않은 것은 '영혼에 관한 일'이 아니라 '영혼'이 직접 대상이 되는 행위라는 점이 보다 잘 부각될 수 있는 방식으로 통일하는 것이 좋다고 생각했기 때문이다. 게다가 '관심을 기울이다'에는 이 행위에 함축된 적극성이 덜 산다는 점도 고려되었다. 요컨대 '영혼이 어

떠어떠한 상태가 되는 일에 관심을 기울인다' 대신 '영혼을 돌본다'로 옮겨야 이런 고려 사항들이 잘 충족되면서 원문의 긴장과 함축이 잘 전달될 수 있다.

95 더 가까운 만큼 말입니다 : 혹은 '더 가까우면 가까울수록 더 그렇게 할 겁니다'로 옮길 수도 있다.

96 신에 대한 나의 봉사 : '내가 신을 도와 행하는 일'로 풀어 옮길 수도 있다.

97 이것들을 염두에 두고 : 아래 미주 98을 참고할 것.

98 아테네인 여러분, 이것들을 염두에 두고 아뉘토스의 말을 따르든 안 따르든, 그리고 나를 방면하든 안 하든 하세요. 어쨌든 나는 비록 여러 번 죽게 될 거라 해도 다른 일들을 하지는 않을 테니까요."라고 난 말할 겁니다 : 29d2의 '나는 여러분에게 말할 겁니다. "아테네인 여러분, …'에서 시작한 가상 대화 인용이 여기서 끝난다. '… 라고 난 말할 겁니다'를 우리말의 자연스러움 때문에 인용문 끝에 붙였지만, 원문의 순서를 철저히 따르고자 하면 앞의 '이것들을 염두에 두고'와 '아뉘토스의 말을 따르든 안 따르든' 사이에 넣어야 정확하다. 그 경우 해당 대목은 이렇게 된다. '아테네인 여러분, 이것들을 염두에 두고,"라고 난 말할 겁니다. "아뉘토스의 말을 따르든 안 따르든 …' 한편, '이것들을 염두에 두고' 대신 '이것들에 대해'로 옮기면서 아예 OCT 신판과 달리 인용되는 내용 밖으로 이 구절을 뺄 수도 있다. 그 경우 결과는 다음과 같다. '아테네인 여러분," 하고 이것들에 대해 난 말할 겁니다. "아뉘토스의 말을 따르든 안 따르든 …'

99 꽤 굼뜨고 : 혹은 '꽤 나태하고', '꽤 무디고'.

100 여러분의 무리 앞에 올라와 : 17d의 '오르다' 관련 주석(이 책 28쪽 세 번째 각주)을 참고할 것.

101 국가를 위해 : 혹은 '국가에'.

102 어떤 신적인 혹은 신령스러운 것이 : 사본들에는 'phōnē'가 들어 있지만 포스터의 제안을 따라 빼고 읽었다. 넣고 읽으면 '어떤 신적인 혹은

신령스러운 목소리'가 된다.

103 나에게 어떤 신적인 혹은 신령스러운 것이 생겨나기 때문입니다. 멜레토스가 고발장에 써서 희화화한 것도 바로 이것이고요 : 신적인/신령스러운 것·혹은 '신의 신호(sēmeion)'(40b) 때문에 멜레토스가 소크라테스를 불경죄로 고발한 것이라는 아이디어는 『에우튀프론』에 의하면 종교 전문가 에우튀프론의 것이다(3b). 극중 연대로 볼 때 이 작품 바로 앞에 해당하는 것이 『에우튀프론』이다. 이렇게 보면 플라톤은 소크라테스가 이 아이디어를 재판정에 들어오기 전 에우튀프론을 만나서 듣게 된 것으로 설정하고 있는 셈이다.

104 오래전에 : 이 '오래전에(palai)'라는 말을 빼자는 코벳(Cobet)의 제안이 폭넓게 받아들여져 왔다. 생애 어느 시점에 정치에 몸담았을 것이냐, 오래전이냐 가까운 과거냐라는 논점이 불필요하게 강조된다는 것이 주된 이유로 제시된다. 그러나 사본에 있는 단어를 지우기에 충분한 이유는 아닌 것 같다. 뒤에 다시 나올 '오래전에'를 강조하기 위해 미리부터 반복하는 일이란 특히 구어 상황에서는 아주 자연스런 일일 것이다. 숱한 삭제 제안에도 불구하고, 구판과 달리 신판 OCT가 이 단어를 사본처럼 그대로 둔 것은 좋은 선택이라 생각한다.

105 실제 행동 : 혹은 '사실'.

106 건져 주지 : '건져 주다'로 옮긴 동사 '아나이레인(anairein)'은 생존자 구출, 시신 수습을 다 가리킬 수 있는 말이다.

107 불경건한 : '경건(hosion)'과 '불경건(anosion)'에 관해서는 35c의 '신을 잘 섬긴다'에 관한 주석(미주 119)을 참고할 것.

108 나를 비방하는 사람들이 주장하기로 내 제자들이라고 하는 바로 그 사람들 가운데 누구에게도, 정의에 반해 동조해 본 적이 전혀 없었으니까요 : 앞부분을 OCT 신판은 T 사본을 따라 'hous dē diaballontes'(그들이 나를 비방하면서)로 읽는다. 그 독법을 취하면, '나를 비방하는 사람들이 주장하기로 내 제자들이라고 하는 바로 그 사람들' 대신 '사람들이 나를 비방하면서 주장하기로 내 제자들이라고 하는 바로 그 사람

들'이 된다. 다수의 사본(β, δ)에는 'dē' 자리에 'hoi'를 써서 'hous hoi diaballontes'(나를 비방하는 사람들이)로 되어 있고, 앞서 언급한 T 사본에 수정을 가한 필사자는 다수 사본의 독법까지 받아들여 'hous dē hoi diaballontes'로 읽는다. 여기서는 전후 문맥상 가장 자연스럽고 문헌학적으로도 불가능하지 않은 T 사본 수정판의 독법을 따라 옮겼다. 다수 사본의 독법을 취하는 것도 가능한 선택인데, 그때는 '바로 그'만 빼고 '나를 비방하는 사람들이 주장하기로 내 제자들이라고 하는 사람들'로 새기게 된다. 그리고 문장 뒷부분의 '정의에 반해 동조해 본 적이 전혀 없었으니까요'는 '정의에 반해 동조해 본 적이 전혀 없는 사람이었다고 말입니다'로 바꾸어 앞 문장의 '이런 유의 사람이었다는'에 연결할 수도 있다.

109 누군가가 대답하면서 내가 무슨 말들을 하는지 듣기를 원할 때도 : 이 구절을 '내가 대답하면서 무슨 말들을 하는지 누군가가 듣기를 원할 때'라고 옮기는 버넷 식 독해는 일단 '대답하면서(apokrinomenos)'라는 단어의 위치 때문에 부자연스럽다. 그의 독해는 여기 덧붙인 말이 새로운 사항이 아니라 누군가가 소크라테스에게 묻는 이미 언급한 상황에 대한 부연이라고 이해하는 것이다. 이런 독해가 나오게 된 것은 소크라테스의 상대방이 '대답하면서' 소크라테스가 말하는 것을 '듣는다'는 상황이 쉽게 이해되지 않아서였을 것이다. 그러나 좀 더 생각해 보면, 그 상대방이 질문자의 입장이 아니라 이제 대답하는 사람의 입장이 되어 소크라테스의 말을 듣는다는 것은 '소크라테스의 질문을 들으면서 대답하는' 상황이라고 이해할 수 있다. 소크라테스가 평소에 주로 질문자의 입장에 서기를 즐겨 했고, 또 그의 질문에 중요한 메시지들이 들어 있는 경우도 적지 않다는 점을 고려하면, '소크라테스의 질문을 듣기를 원한다'는 상황이 그럴듯하게 이해될 수 있으며, 문맥상, 문법상의 자연스러움도 함께 살릴 수 있다.

110 이 자리에 직접 올라와서 : '오르다(anabainein)'의 중의성에 관해서는 17d의 관련 주석(이 책 28쪽 세 번째 각주)을 참고할 것.

111 적어도 그 사람만큼은 자기 형제에게 간청할 수가 없겠지요 : 다른 경우에는 젊은이를 망쳤다고 그 형제가 소크라테스를 고발하거나 앙갚음하는 일을 그 젊은이 자신이 말릴 수 있을지 모르지만, 이미 죽은 테오도토스의 경우에는 그런 일이 일어날 수 없다는 말일 것이다.

112 파랄리오스 : 원래 사본에 나오는 이름은 '파랄로스(Paralos, T 사본)'나 '파라도스(Parados, β, δ 사본)'지만 기원전 390년에 재무 담당 관리로 일했다는 인물 '파랄리오스(Paralios)'를 언급하는 새김글에 기반하여 수정된 것이다. 흔한 이름이 아니어서 수정을 꼭 했어야 하느냐는 반론도 있다.

113 더 완고해질 : '완고한'이라는 형용사 '아우타데스(authadēs)'는 보다 어원에 가깝게 옮기면 '제멋에 겨운' 정도가 된다. '제멋대로인', '강퍅한' 등으로 옮길 수도 있다. 같은 어근으로 이루어진 동사형이 아래에 두 번 더 나오게 된다(34d, 37a). 34d의 관련 주석(미주 115)을 참고할 것.

114 아테네인 여러분 : 가상의 대화 상대자와 현실의 대화 상대자(즉 배심원들)가 구분되지 않고 겹치는 대목이다.

115 제멋에 겨워서 : '제멋에 겹다(authadizesthai)'는 말은 바로 위 34c에서 언급된 '완고하다(authadēs)'는 말과 어근이 같은 말이다. 기본적으로 듣는 사람이 어떻게 받아들일지 혹은 무엇을 기대하는지 등은 아랑곳하지 않는다는 뜻으로 이해할 수 있겠다. '완고하다', '아집이 세다', '강퍅하다' 등으로 옮길 수도 있다.

116 이런 이름 : 앞에서 언급된 바 있는 '지혜로운 사람(sophos)'이라는 칭호를 두고 하는 말이다.

117 남다르다 : '남다르다'로 옮긴 '디아페레인(diapherein)'은 '소크라테스'가 주어였던 직전 문장에 나오는 '다르다'로 옮긴 말이기도 하다.

118 연출하면서 : 혹은 '끌어들이면서'.

119 신을 잘 섬기지 : '신을 잘 섬긴다'로 번역한 '에우세베인(eusebein)'은 아래 35d에서 '불경죄'로 옮긴 '아세베이아(asebeia)'와 동근어이고, 바로 아래 35d에서 '경건'으로 옮긴 '호시온(hosion)'은 32d에서 '불경건'

으로 옮긴 '아노시온(anhosion)'과 동근어다. '에우세베스(eusebēs, 여기 나온 동사 '에우세베인'의 근간이 되는 형용사)'나 '호시온'은 '경건'으로 번역할 수 있는 유사한 말이다. 우선 '에우세베스'는 신들에 대해 느끼는 혹은 느껴야 마땅한 숭앙이나 존경(심지어 두려움)을 강조하는 개념이다. 그 반대 개념 '아세베이아'는 불경이라는 법적 죄를 가리킨다. 그런가 하면, '호시온'은 신들이 인간들에게 정해 준 것을 가리키는 말인데, 두 측면으로 나누어 생각할 수 있다. (1) 신들이 인간들에게 명령한 것으로서, 인간들 상호간의 적절한 처신과 신들에 대한 인간들의 적절한 행동을 가리킨다. (2) 신들이 인간들에게 허용하거나 준 것으로서 신들이 자신들을 위해 남겨둔 것인 '히에론(hieron, 신성한 것)'과 대비된다. 예컨대 사제와 사원은 '히에론'(신성한 것)인 반면, 인간들에게 넘겨진, 도시의 나머지 부분들은 '호시온'(세속적인 것)이다. 지금 이야기되고 있는 '호시온'은 (1)에 해당하는 것이다.

120 나를 고발한 사람들 중 아무도 그러지 못하는 방식으로 : '방식으로' 대신 '정도로'로 새길 수도 있다.

121 특히나 이 일이 벌어진 게 예상 못 한 일이 아니었다는 겁니다 : 앞뒤 어구가 정확히 조응하려면 '특히나 이 일이 벌어진 게 예상 못 한 일이 아니었다는 겁니다' 대신 '특히나 이 일이 벌어진 게 예상 못 한 일이 아니었기 때문입니다'쯤이 되어야 한다. 일종의 파격 구문(anakolouthon)이다.

122 사형 : 원어는 그냥 '죽음(thanatos)'이지만 우리말 맥락에 맞게 의역하였다. 아래 두 번 더(37a와 38d) '사형'으로 옮긴 말도 마찬가지다. 그러니까 이 번역서에서 '사형'으로 옮긴 말의 원어가 '죽음' 외에 따로 있지 않다.

123 많은 사람들이 돌보는 것들(…)을 돌보지 않고 : '돌보는'에 해당하는 원어는 생략되어 있지만, '돌보지 않고(amelein)'에 함축된 것으로 보았다. '많은 사람들이 관심을 기울이는 것들에 관심을 기울이지 않고'로 옮기면 좀 더 자연스럽게 읽힐 수 있지만, 그렇게 옮기지 않은 이유에

대해서는 29e의 '돌보다'와 관련된 주석(미주 94)을 참고할 것.

124 자신을 돌보는 일(즉 가장 훌륭하고 가장 현명한 사람이 되기 위해 자신을 돌보는 일)보다 자신에게 속한 어떤 것을 돌보는 일을 앞세우지 않고, 또 국가 자체를 돌보는 일보다 국가에 속한 것들을 돌보는 일을 앞세우지 않도록 : 원문의 부정적 뉘앙스를 살리기 위해 직역하였다. 보다 자연스러운 긍정 문장으로 바꾸면 이렇게 될 것이다. '자신에게 속한 어떤 것을 돌보는 일보다 먼저 자신을 돌보는 일(즉 가장 훌륭하고 가장 사려 깊은 사람이 되기 위해 자신을 돌보는 일)을 하고, 또 국가에 속한 것들을 돌보는 일보다 먼저 국가 자체를 돌보는 일을 하도록'

125 이런 사람한테는, 아테네인 여러분, 시 중앙 청사에서 식사 대접 받는 일보다 더 어울리는 일이란 없습니다. 적어도 여러분 가운데 누군가가 올림피아 경기에서 두 마리든 네 마리든 말을 이용한 경주에서 승자가 되었을 때보다는 훨씬 더 어울립니다. 왜냐하면 그 사람은 여러분을 행복해 보이게 만들어 주지만 나는 행복하게 만들어 주며, 그 사람은 부양이 전혀 필요 없지만 나는 필요하기 때문에 그렇습니다 : 여기 소크라테스의 호기로운 제안은 크세노파네스 향연시 단편 2의 정신을 거의 빼다 박았다. 그 시의 내용은 여기서 찬찬히 음미할 만하다. "헌데, 누군가가 바로 거기 올림피아의 피사 시냇가 제우스 성역에서 / 발이 빠른 걸 겨루거나 오종 경기를 해서 / 승리를 얻는다면, 또 레슬링을 하거나 / 심지어 고통에 찬 권투를 해서 승리를 얻는다면, 또 종합 격투기라고들 / 부르는 어떤 무서운 시합을 벌여서 승리를 얻는다면 어떨까? / 그렇게 되면 그는 시민들이 우러러볼 만큼 더 명망 있는 사람이 될 것이고, / 경기장에서 누가 보기에도 눈에 띄게 앞자리를 보장받을 것이며, / 국가의 공급으로 나오는 식사와 / 자신에게 보물이 될 만한 선물을 받게 될 것이다. / 심지어 말을 타고 승리를 얻는 경우에도 이 모든 걸 얻게 될 것이다. / 나처럼 그럴 자격이 있는 것도 아닌데, 사나이들이나 / 말(馬)들의 힘보다 우리의 지혜가 더 훌륭하니 하는 말이다. / 허나, 이건 아주 제멋대로 지켜지는 관행이며, / 훌륭한 지혜보다 힘을

더 높이 평가하는 건 정의롭지도 않다. / 까닭은 이렇다. 뭇사람 가운데 훌륭한 권투 선수가 있다거나 / 또 오종 경기나 레슬링을 하는 데 훌륭한 사람이 있다거나. / 심지어 발이 빠른 걸로 훌륭한 (이거야말로 사나이들이 경기에서 / 힘을 과시하는 것으로는 가장 영예로운 위업이다) 사람이 있다고 해 보자. / 그런 것 때문에 국가가 더 훌륭한 법질서 (eunomiē)를 갖추게 되는 건 아닐 것이다. / 또 국가가 즐거울 일은 별로 없을 것이다. / 누군가가 피사 둔치에서 시합을 벌여 승리한다고 해도 말이다. / 그게 국가의 내밀한 보고(寶庫)를 키워 주지는 않으니까."(DK 21B2)

126 제멋에 겨워 말하고 있다 : '제멋에 겨워 말한다(apauthadizesthai)'는 말은 34c의 '완고하다(authadēs)', 34d의 '제멋에 겹다(authadizesthai)'는 말과 어근이 같은 말이다. '완고하게 말하고 있다', '여든대고 있다', '제멋대로 행동하고 있다' 등으로 옮길 수도 있다. 위 34d의 관련 주석 (미주 115)을 참고할 것.

127 확신하지만, 이것에 대해 여러분을 설득하지는 못하고 있습니다 : '확신'으로 새긴 단어(peithesthai)의 원래 형태가 '설득(peithein)'이라는 데 주목하여 '확신하지만' 대신 '설득되었지만'이나 '나 자신을 설득해 냈지만' 정도로 의미를 새길 수도 있다. 그렇게 새기면 이 구절은 '나 자신을 설득해 냈지만[/나 자신은 설득되었지만], 이것에 대해 여러분을 설득하지는 못하고 있습니다'가 된다. 혹은 확신 계열로 통일해서 '설득하지는'을 '확신시키지는'으로 바꿔 새길 수도 있다. 그렇게 새기면 이 구절은 '확신하지만, 이것을 여러분에게 확신시키지는 못하고 있습니다'가 된다.

128 여러분도 이것에 대해 확신하게 될 수 있었을 : 역시 단어의 원래 형태에 주목하여 '여러분도 이것에 대해 확신하게 될 수 있었을' 대신 '이것에 대해 여러분을 설득해 낼 수 있었을'로 새길 수도 있다.

129 확신하니까 : 역시 단어의 원래 형태에 주목하여 '확신하니까' 대신 '나 자신을 설득해 냈으니까'로 새길 수도 있다.

130 이런 : 즉 나쁜.

131 그때그때 : 혹은 '매번'. 이 말의 원어 '아에이(aei)'는 통상은 '언제나'로 번역되는 말인데, 여기서 '임명되는(kathistamenē)'이라는 말과 묘하게 맞물려 '항상적' 권위/권력(archē)이 아니라 오히려 '그때그때' 우연히 만나게 되는 권위/권력이라는 점을 강조하고 있다. 매년 시민들 사이에서 추첨으로 뽑히는, 그래서 자의적이고 비일관적인 법 집행의 주체가 될 개연성에 마냥 노출되어 있는, 우연적 권위에 무작정 복종하며 지내야 하느냐는 문제 제기다.

132 나는 대단히 목숨에 연연하는 게 될 겁니다 : '목숨에 연연함'으로 옮긴 '필로프쉬키아(philopsychia)'는 본래 '영혼에 대한 사랑'을 뜻하는 말이다. 그 말이 여기 맥락에서처럼 비겁함을 가리키는 데 사용되기도 한다. 직역하면 "대단한 영혼(/목숨) 사랑이 날 사로잡은 게 될 겁니다" 정도로 옮길 수 있다.

133 내 담론과 논변을 : '내 담론과 논변을' 대신 '내 소일거리와 논변을', '내가 시간을 보내는 방식과 이야기(논변/담론)를', 혹은 '나와 보내는 삶(/시간을 보내는 일)과 내 이야기를' 등으로 옮길 수도 있다.

134 당신이 침묵을 지키고 조용히 지낸다면, 우리한테서 쫓겨나 밖으로 나가더라도 얼마든지 살아갈 수 있지 않을까요? : 혹은 '당신이 우리한테서 쫓겨나 밖으로 나가더라도 침묵을 지키고 조용히 지내면서 살아갈 수도 있지 않을까요?'로 옮길 수도 있다.

135 의뭉을 떤다 : '에이로네우에스타이(eirōneuesthai)'는 '아이러니(irony)'의 어원이 되는 '에이로네이아(eirōneia)'와 동근어다. 기본적으로 '본심을 감춘다', '자기가 알거나 생각하는 것보다 덜 말한다', '본 모습보다 덜한 모습으로 자신을 드러낸다' 등의 행위를 가리킨다고 보면 무난하다.

136 이런 말을 하는 나를 훨씬 더 못 미더워할 겁니다 : 역시 단어의 원래 형태에 주목하여 '나의 이런 말에 훨씬 덜 설득이 될 겁니다'로 새길 수도 있다.

137 **여러분** : 다수 사본(β와 δ)을 따랐다. T 사본을 따라 읽으면 '아테네인 여러분'이 된다.

138 **유죄 판결을 받았다** : '잡혔다'로 옮길 수도 있다. 그것이 실은 원어 '할 리스케스타이(haliskesthai)'의 문자적 의미다. 28a의 '잡다'에 관한 주석(미주 79)을 참고할 것. 이제 '잡다'='유죄 판결을 내리다'와 '잡히다' ='유죄 판결을 받다', 그리고 '쫓다'와 '피하다'에 해당하는 단어들이 본격적인 언어유희에 이용될 것이다.

139 **앞에서도** : '아까 전에도'로 좁혀 읽어 '항변을 하고 있던 때도'라는 뜻으로 새길 수도 있다. 여기서 그렇게 좀 더 자연스러운 번역어로 옮기지 않은 이유는 원어 자체가 이전의 어느 시점이든 가리킬 수 있는 중립적인 표현 '그 당시(tote)'기 때문이다. 앞의 맥락을 보면 이런 이해가 자연스럽지만, 이 문장 다음의 맥락을 보면 재판의 범위를 넘어 이전 삶을 회고하는 것으로 확대되기 때문에, 이 문장의 '그 당시'를 재판 중 시점으로만 한정하여 읽는 것은 미리부터 이 문장이 지닌 포괄적인 맥락을 제한하는 것이 된다. 그러니까 나중 맥락과의 연결을 고려하면 '예전에도'가 더 자연스러운 번역일 수 있다. 결국 애매한 과거지시 표현을 사용하면서 소크라테스는 자신이 재판을 진행하는 내내위험보다 자유인다움을 우선시했음을 강조할 뿐만 아니라 그런 태도가 그의 이전 삶에서도 일관된 것이었음을 재차 확인하는 이중 효과를 노린 셈이다.

140 **저런 식으로 사느니보다** : 생략된 표현을 보충하여 '저런 식으로 항변해서 사느니보다'로 새기면 더 자연스럽고 분명하게 읽히지만, '산다(zēn)'라는 말의 풍부한 의미와 진폭이 담긴 원문의 애매성과 긴장을 살리기 위해 원문에 가까운 형태로 옮겼다.

141 **면해** : 재판 맥락이어서 줄곧 '죄를 벗다'로 옮긴 '아포페우게인(apopheugein)'이 이제 재판과 전쟁을 아우르는 맥락에 나와서 보다 일반적인 표현인 '면(免)하다'로 바꾸었다. 앞에서도 말했듯이, '쫓다'–'쫓기다'/'피하다', '잡다'–'잡히다'가 재판과 전쟁 등 인간의 주요 싸움

(agōn)을 바라보는 기본 도식이라는 점이 이제 언어유희와 더불어 부각되고 있는 참인데, 이 '면하다' 내지 '피하다'는 '잡히다'의 상대 개념, 즉 '안 잡히다'에 해당한다.

142 그건 죽음보다 더 빨리 달려오니까요 : 원문은 두운으로 맞추어져 있어 말재간이 엿보인다. "thatton gar thanatou thei." 접속사를 뺀 세 단어 모두 'th' 음가에 해당하는 테타(θ)로 시작한다.

143 잡혔지만 : 바로 위에서 '유죄 판결을 받았다'로 옮긴 말과 같은 말이다.

144 대가 : 혹은 '벌'

145 지금 나는 여러분에 의해 죽음이라는 대가를 선고받고 떠나지만, 이 사람들은 진실에 의해 악덕과 불의를 선고받고 떠납니다 : 여기 '선고받다'로 옮긴 동사 '오플리스카네인(ophliskanein)'은 본래 '채무자가 된다', 즉 '벌금을 선고받는다'는 뜻으로 원뜻에 맞기로는 벌을 목적어로 삼는 말인데, 흔히 죄를 목적어로 삼는 용법으로 전이되기도 한다. 즉 '…라는 벌을 선고한다'와 '…라는 죄를 지었다고 선고한다'는 번역이 모두 가능하다. 버넷은 후반부를 번역하면서 후자를 택했다. 그의 방식대로라면 "이 사람들은 진실에 의해 악덕과 불의라는 죄를 범한 것으로 선고받고 떠납니다" 정도로 옮겨질 수 있을 것이다. 그러나 이 동사의 본래 의미가 벌에 관한 것이고, 또 벌로 보아야 소크라테스의 경우와 대구도 잘 맞는다. 게다가 빠른 것과 느린 것에 관한 앞의 수사적 문맥도 소크라테스는 느린 죽음에 잡혀 '죽음을 겪게' 되어 있고, 이 사람들은 빠른 악에 잡혀 '악을 겪게' 되어 있다고 읽는 것을 자연스럽게 만든다. 물론 여기서 악에 잡혀 '악을 겪는다'는 말은 결국 소크라테스의 입장에서 보면 '악을 행한다'는 뜻이라고 볼 수 있다. 즉 그가 보기에는 '악을 행하는' 사람이 진짜 '악을 겪는다'. 물론 고발자들이 보기에는 '악을 겪는다'는 것이 다른 의미이고, 따라서 '악을 행한다'가 벌이라고 생각되지 않겠지만 말이다. 결국 그 말의 원래 의미인 전자로 옮기면 악에 관한 이런 입장의 대비가 극명하게 드러난다는 점이 그런 독해를 택할 수밖에 없게 만드는 가장 중요한 고려 사항이다. 지

지 근거를 하나 덧붙인다면, 비슷한 음조의 예언인 마지막 대목의 언급(42a)과 평행하다는 점이다. 거기서 소크라테스는 "아니, 벌써 떠날 시간이 되었군요. 나는 죽으러, 여러분은 살러 갈 시간이."라고 말하는데, 이곳에서의 말을 재차 상기시키는 대목이다. 그 말에 이어 소크라테스는 "우리 중 어느 쪽이 더 좋은 일을 향해 가고 있는지는 신 말고는 그 누구에게도 분명치 않습니다."라고 덧붙이고 있다. 이 대목에서 비교되는 것은 소크라테스가 맞게 되는 죽음과 고발자들이(그리고 배심원들이) 맞게 되는 삶이다. 여기서 우리는 '악을 겪는' 것이 더 좋은가 아니면 '악을 행하는' 것이 더 좋은가 하는 『고르기아스』 등에서의 언급을 자연스레 떠올리게 된다. LSJ가 버넷과 달리 전자 쪽으로 이해하였고, 번역자와 해석자들 가운데 예컨대 스톡스(M. C. Stokes, 1997)와 갤럽(D. Gallop, 1997)이 이런 이해를 지지하고 있다.

146 부과된 벌 : '부과된 벌'로 옮긴 '티메마(timēma)'는 형량 산정의 결과를 의미한다. 이 단어 또한 버넷의 독해와 달리 읽은 앞 구절의 우리 독해와 잘 어울리는 말이다.

147 이 말을 하고 나니 이제 : '이 말을 하고 나니 이제' 대신 '이제 이 이후의 일을'로 옮기는 것도 불가능하지는 않다.

148 나를 죽인 : 29c의 '죽인다' 관련 주석(이 책 73쪽)을 참고할 것.

149 여러분을 친구로 여기고 : 혹은 '여러분을 친구로 여기기에'나 '친구인 여러분에게'로 옮길 수도 있다.

150 예언 : 혹은 '예언 능력'으로 옮기거나, 아예 31d에 나왔던 '목소리'를 보충하여 '예언의 목소리'로 새길 수도 있겠다.

151 대단히 : '대단히'를 '반대했지요' 앞에 놓고 읽을 수도 있다.

152 논의 : 바로 앞 문장에서 '연설'로 옮긴 말과 같은 원어 '로고스(logos)'의 번역이다.

153 그것이 좋은 것일 가망이 많다는 것을 이제 다음과 같은 방식으로도 숙고해 봅시다 : "이제 그것이 좋은 것일 가망이 얼마나 많은지에 관해서도 숙고해 봅시다"로 옮길 수도 있다.

154 아무것도 아닌 것과 같은 것이고 : '아무것도 아닌 것과 같은 것이고' 대
    신 '말하자면 아무것도 아닌 것이고'로 옮길 수도 있다.

155 그곳에서 보내는 삶 : 혹은 '그곳에서 나누는 교제'.

156 보내는 삶 : 혹은 '나누게 되는 교제'.

157 최대로 좋은 일 : 혹은 '가장 중요한 일'.

작품 안내

기원전 5세기는 인류 역사의 발전에서 괄목할 만한 성취가 이루어진 세기다. 공동체 구성원들이 자신들의 운명을 남의 손에 맡기지 않고 자기들 스스로 자유로운 토론과 투표로 결정한다는 것을 그저 상상과 이념으로만이 아니라 하나의 제도와 관행으로 확립하는 경험을 한 위대한 세기다. 그런 특별한 경험의 현장인 민주주의(민주정) 아테네 한복판에서 태어나 그 민주주의와 더불어 영광과 쇠락을 함께한 사람이 소크라테스다. 아는 것이 힘이라 했던가. 공동체 구성원들의 행복은 그냥 아무나가 아니라 좋은 것이 무엇인지 아는 사람에게 기댈 때 성취될 가능성이 높다는 생각을 소크라테스가 굳히게 된 것도 다름 아닌 이 민주주의 토양 위에서였다. 민주주의 아테네가 키워 낸 철학자가 바로 그 아테네와 어긋난 길을 걷게 된 것이다. 자유롭게 개진되는 다양한 의견들을 받아 줄 만큼 자신감으로 너그러웠던 황금 시절에는 별로 문제 될 게 없었다. 그러나 그 세기 끝으로 가면서 패전과 정변으로 복수와 살육이 반복되고 시민들의 삶과 정신이 극도로 피폐해지자 실패와 불행의 책임을 짊어질 희생양이 필요한 지경에까지 몰리게 되고, 결국 민주주의 아테네는 자신이 키운 소크라테스를 자기 손으로 죽이게 된다.

아테네의 화려했던 그 5세기에 종지부를 찍은 소크라테스의 재판과 죽음은 당대의 대중 및 국가와 불화한 독특한 지식인이 그를 밉보는 사람들이 바라는 '적당한 수준'에서의 타협을 거부하다가 끝내 죽음을 맞이한, 비극적이긴 하나 얼마간 시간이 지나면 이내 잊혀 버릴 일과성 해프닝으로 묻힐 수도 있었다. 그러나 당시 지식인들은 소크라테스의 재판과 죽음을 그대로 지나쳐 버리지 않았다. 그를 따르는 사람들뿐만 아니라 '안티'들도 앞 다퉈 그 재판에 관해 발언하려 했고, 재판만이 아니라 일련의 행적과 대화 내용들까지 세인들의 관심을 끌면서 결국 '소크라테스적인 이야기(혹은 대화)(Sōkratikoi logoi)'라는 문필 장르까지 유행하게 된다. 플라톤의 대화편 전부가 사실상 이 장르에 속하는 작품들인데, 특히 이 작품 『소크라테스의 변명』(앞으로 필요할 때마다 『변명』으로 줄여 부르겠다)은 이런 일련의 상황 속에서 플라톤이 스승 소크라테스의 삶과 철학을 옹호하기 위해 쓴 대표적인 증언이요 기록이다. 뮈케네(미케네) 시대 아킬레우스의 삶과 죽음

144

이 호메로스라는 걸출한 시인을 만난 덕에 불멸을 획득할 수 있었던 것처럼, 고전 시대 소크라테스의 재판과 죽음은 플라톤이라는 위대한 철학자를 만난 덕에 인류 지성사에 길이 빛나는 별빛으로 남을 수 있었던 것이다.

『소크라테스의 변명』은 기원전 399년 아테네에서 열린 이 재판에서 피고 소크라테스가 행한 연설을 재현하는 형식으로 된 플라톤의 작품이다. 일단 제목 자체가 이중적이다. '소크라테스가 하는 변명'을 일차적으로 가리키지만 읽기에 따라서는 얼마든지 '소크라테스에 대한 변명'으로 새길 수도 있다. 전해지는 플라톤 작품 가운데 제목에 소크라테스의 이름이 들어 있는 유일한 작품이고, 같은 제목을 단 크세노폰의 작품과 달리 소크라테스의 연설을 생생하게 직접화법으로 전달하고 있다. 제목이나 스타일에서부터 가히 역사성의 '포스'를 물씬 풍기는 작품이다. 아닌 게 아니라 버넷(J. Burnet, 1924)을 비롯하여 적지 않은 논자들이 이 작품의 역사성을 의심치 않았고, 역사성이 마치 이 작품 이해의 기초인 것처럼 강조되곤 했다. 재판이 벌어진 399년에서 그리 많이 떨어지지 않은 시점에, 그러니까 재판의 목격자들이 시퍼렇게 살아 있는 시점에 쓴 작품에서 플라톤이 마음 놓고 허구적인 이야기를 구사하기 어려웠을 것이라는 이야기다.

저작 시점에 관한 부분은 추측의 문제긴 하나 동의하기 어렵지 않다. 위에서도 말했듯이, 당대에 그런 유의 작품들이 유행처럼 산출되었고 이 작품도 그런 부류에 속한다고 볼 수 있을 테니까 말이다. 그런데 그런 시점에 썼으니까 역사성에서 자유롭지 못할 것이라는 추론은 오히려 논란의 여지가 있을 수 있다. 자세히 논할 계제는 아니지만, 플라톤의 작품들을, 그리고 작품 내의 여러 요소들을 역사적 소크라테스에 속한 것과 그렇지 않은 것으로 선명히 구분하는 일 자체가 과연 적실하고 생산적인 작업인지부터가 분명치 않다. 예컨대 저자가 자신이 전달하는 대화의 자리에 없었다는 것을 분명히 드러내는『향연』이나『파이돈』이 저자가 연설 현장에 있었다고 굳이 밝힌『변명』보다 역사적 소크라테스를 덜 반영한다고 자신 있게 말할 근거가 있는가? 참석과 불참에 대한 언급이 대화 내용의 역사성을 저자가 의도했다는 근거(나 적어도 역사성의 단서)를 제공한다고 볼 수 있는가? 역사적 소크라테스의 실체가 무엇인가 하는 이른바 '소크라테스 문제'와도 긴밀히 연결되어 있는 이 물음은 여기서 섣불리 정리할 만한 것은 아니고, 읽는 이 각자가 읽어 가며 차근히 따져 볼 만한 물음이다. 이 작품이 399년 재판정의 이야기를 얼마나 반영하는 것이고 또 얼마만큼을 플라톤 자신이 만들어 넣은 것인지 짐작해 보는 일 자체가 흥미로울 뿐만 아니라 작품을 이해하고 음미하는 데 가장 중요한 실마리 가운데 하나가 될 것이다.

작품은 형식상 세 부분으로 나뉘는데, 이는 당시 배심 재판의 절차를 반영한다. 당시 재판은 원고와 피고가 각각 입장을 개진

한 후에 우선 유무죄 여부를 정하는 1차 판결이 이루어진다. 무죄 판결이 나면 거기서 재판이 끝나지만, 유죄일 경우에는 원고와 피고가 각각 형벌을 제안하는 단계로 넘어간다. 원고가 소장에 이미 적은 형벌을 옹호하는 제안 연설을 하면, 피고가 이에 대응하여 자기가 받을 형벌을 역제안하며 옹호한다. 이후 두 제안 사이에서 어느 하나를 배심원들이 다수결 투표로 선택하는 2차 양형 판결이 이루어진다. 제안된 두 선택지 사이에서만 선택이 이루어지기 때문에 터무니없는 제안을 하면 배심원들에게 선택받을 가능성이 적어진다. 이 재판의 경우 원고 측이 사형을 제안한 것은 그것의 채택 자체를 목표로 삼은 것이라기보다는, 피고 측이 그것과 아주 거리가 있는 형량을 택할 수 없도록 선수 치는 (예컨대 벌금형 정도가 아니라 추방형쯤을 제안할 수밖에 없게 압박하는) 효과를 노린 것이라는 게 중론이다.

이런 두 번에 걸친 판결이 이 작품을 셋으로 나누는 선명한 기준이 된다. 원고 측 연설은 포함되어 있지 않고 피고 소크라테스의 연설로 이루어져 있다. 가장 긴 제1부(첫째 연설)가 유무죄를 가르는 1차 판결 전 연설이고, 제2부(둘째 연설)는 형량을 확정하는 2차 판결 전에 피고로서 대안 형량을 역제안하는 연설이며, 제3부(셋째 연설)는 이 2차 판결에 의해 사형이 확정된 후 배심원들을 향해 이루어진 최후 연설이다. 처음 두 연설은 재판 절차에 따른 연설이지만, 셋째 것은 형식적인 재판 절차에 속하지 않지만 실행되었으리라 상상해 볼 수 있는 연설이다.

『소크라테스의 변명』은 소크라테스를 죽음에 이르게 한 재판을 이야기한다. 소크라테스의 죽음과 더불어 시작한 철학의 삶은 지금까지 우리 곁에서 나태함을 일깨우는 등에가 되어 있고, 영욕을 겪은 민주주의도 우리 삶을 좌우하는 또 다른 힘으로 화려하게 부활해 있다. 『변명』을 읽는 일은 소크라테스의 삶과 죽음 이야기에 겹쳐 나타나는 우리네 삶과 정치와 사랑 이야기를 만들고 나누는 일이기도 하다. 작품을 읽는 데 특별한 기준이나 방식이 정해져 있는 것이 아니니, 작품을 읽고 자기 나름대로 해석하고 향유하는 것은 어차피 읽는 이 각자의 몫이다. 남들 읽는 것을 그저 따라 읽는 대신, 자유로운 지성의 눈으로 소크라테스를 대하고 관대한 감수성의 귀로 그의 말을 경청할 일이다.

그런데 무작정 생각 가는 대로 읽는다고 그런 자유로운 음미가 저절로 성취되지는 않을 듯하다. 오히려 자신의 읽기가 어떤 입장을 따르며 어떤 쪽을 향해 가고 있는지 정도는 의식하고 있어야 자유로운 태도를 제대로 견지할 수 있을 것이다. 아주 단순화해서 말하면, 『변명』 이야기에 대해 적어도 세 가지 입장 내지 수준에서 읽기가 가능하다. 각각의 경우에 상반되거나 상이한 여러 입장이 있을 수 있지만 편의상 읽기 방식을 아주 단순하게 나누어 생각해 보자.

우선 1) '당대 보통 아테네 시민의 입장(즉 상식인의 입장)에서 읽기'가 있을 수 있다. 이런 읽기 방식에 따르면 소크라테스는 유죄다. 두 차례 투표도 다소 차이가 나고 그들 사이에 우리에게 노출되지 않은 이견도 얼마든지 많았겠지만, 아무튼 민주정 아테네의 최종 평결은 그렇다(예컨대, 『파이돈』 98e). 이 입장에서 보면 소크라테스는 계속 '딴소리'를 해 대고 있다. 공식 고발에 대한 항변은 하지 않고 고발장에 쓰여 있지도 않은 세평(世評)에 대한 해명을 훨씬 길게 늘어놓는다든지, 정작 공식 고발에 대해 이야기하면서는 마치 자신이 원고가 된 양 되레 원고에 대한 심문을 한다든지, 형량을 제안하랬더니만 거꾸로 자기는 오히려 상을 받아야 한다고 너스레를 떤다든지 등등, 그의 '딴소리'는 일일이 목록을 나열하기도 벅찰 정도로 항변 전체에 걸쳐 있다. 가뜩이나 그에 대한 시민들의 반감이 엄청난 터에 혐의를 벗을 수 있는 이야기를 교묘히 피해 가고 있으니 그는 유죄요 그런 평결을 받아 싸다.

그 다음으로 2) '플라톤의 암묵적 입장에서 읽기'가 가능하다. 이 입장에 따르면 소크라테스는 무죄다. 플라톤이 소크라테스의 입을 빌려 변명하고(이 책 본문의 번역어로는 '항변하고'가 되겠다. 번역어 '변명' 및 '변명하다'에 대한 논란과 관련한 나의 입장은 미주 7을 참고할 것) 있다는 것 자체가 이런 입장을 상정할 수 있게 한다. 플라톤은 『고르기아스』에서 이 입장을 극적으로 이렇게 표현한다. 쓴 약을 주는 의사가 입을 즐겁게 해 주는 요리사에게 고발당해 아이들 배심원 앞에서 재판을 받으며 여러분의 건강을 생각해서 한 일이라고 변명하고 있는 것과 같다(521e~522a).

마지막으로 3) '지금 우리 입장에서 읽기'가 있을 수 있다. 작품의 표면과 이면에 드러나거나 숨어 있는 1)과 2)의 여러 갈래들을 헤쳐 가고 정리해 가며 각자 자신의 입장을 만들어 갈 수 있을 것이다.

3)이 아마도 우리가 가야 할 읽기의 바람직한 방향일 테지만, 이런 유의 작품을 읽다 보면 으레 그렇듯 2)가 대개 강조되고 주목받기 마련이다. 세월의 법정을 통과하여 살아남은 고전이 주는 무게감, 고전의 저자가 지성사에서 차지해 온 위상이 암암리에 작용하기 때문에 부지불식간에 '무죄 심증'을 미리부터 갖고 들어갈 가능성이 있다. 이해할 만한 일이긴 하나, 작품에 대한 온전한 접근을 위해 이런 선입견은 내려놓을 필요가 있을 것 같다. 이건 이 작품만이 아니라 플라톤의 다른 작품들, 아니 다른 모든 고전 작품들을 대할 때도 적용되는 이야기다. 2)가 플라톤의 궁극적 입장인지 자체도 실은 열려 있는 문제거니와, 2)를 제대로 확인하고 확립하기 위해서라도 2)에 대한 선입견을 작품 읽기에 무작정 끌고 들어가선 안 될 것이다.

편의상 이런 문제들이 해결되었다고 가정하고 2)를 따라 소크라테스가 무죄라는 것이 플라톤의 입장이라고 해 보자. 그런데 1)의 수준에서 보면 2)는 너무도 '상식과 어긋나는', 말 그대로 '턱도 없는' 소리로 받아들여질 만하다. 그래서 크세노폰도 1) 수준에 맞는 새로운 설명을 시도한 것 아니겠는가. 소크라테스가 재판정에서 '되도 않는 큰 소리(megalēgoria, 크세노폰 자신이 『변명』에서 동원한 용어다)'로 시종한 데는 그러기로 작정한 이유가 있으며, 이는 '살 만큼 살았는데 무슨 영화를 보겠다고!', '어차피 노령이 주는 불편함과 고통이 심해질 것을!' 하면서 다이몬(신령)의 명을 받아 자연스럽게 죽음을 자초한 거라고 말이다.

크세노폰은 1)을 지나치게 의식하는 면이 없지 않지만, 아무튼 2)를 전제하고 이 작품을 읽으면 우리는 크세노폰을 읽을 때와 정반대의 문제에 직면하게 된다. 크세노폰의 『변명』이 변명하는 소크라테스는 너무 상식적이고 반듯하며 『회상』이 회상하는 소크라테스 또한 지나치게 다소곳하고(conforming) 현실적인 반면에, 플라톤의 『변명』이 변명하는 소크라테스는 너무 상식 밖이고 괴팍하며 지나치게 우직하고 이상적이다. 물론 2) 수준에서 1) 수준에 어울리는 크세노폰 『변명』의 '얄팍함'을 탓하기란 그리 어렵지 않다. 그러나 그 손쉬움만으로 플라톤 『변명』의 진면모에 제대로 다가가기란 녹록지 않을 것이다. '유죄 심증'이 위험한 만큼이나 '무죄 심증'도 위험하다. 2)가 제대로 이해되기 위해서라도 1)이 제대로 성립해야 한다. 당대인들의 눈높이에서 소크라테스가 어떤 모습으로 비쳤는지를 충분히 정당하게 고려해야 한다.

우리말 책 제목에 관한 결기 어린 논란에 선뜻 동조하기 어려운 건 다른 이유들도 여럿 있지만(미주 7을 참고할 것), 이런 반성이 크게 작용한다. 1)의 입장에서 보면 소크라테스는 얼마든지 '엉뚱한 소리'로 '구구한 변명'을 해 대는 사람으로 비칠 수 있다. '변명'이라 하는 대신 '변론'이라 바꾼다고 해소될 사안이 아닐뿐더러 그렇게 해소하려는 시도 자체가 어쩌면 부당한 일일 수 있다. 상식인들의 그런 평가 자체가 바로 이런 '변명'을 쓰려는 욕구를 자극했음이 분명하니 말이다. 『변명』의 소크라테스가 멜레토스 등의 공식 고발에 대한 변명 대신 재판정 논의 테이블에 올라와 있지도 않은 '처음 고발'을 거론하고 그것에 대한 변명에 더 주력하는 이유도, 뒤집어 보면 그만큼 당대인들의 부정적 평가가 뿌리 깊었다는 것(혹은 적어도 플라톤이 그렇게 받아들였다는 것)에서 찾을 수 있을 것이다.

이제 『변명』의 이야기를 생각 가는 대로 자연스럽고 자유롭게 스케치해 보려 한다. 그렇게 함으로써 이 작품 이야기의 주요 논점을 다 아우를 수 있는 것도 아니요, 그렇다고 핵심 주제를 일이관지하는 독창적인 읽기 방식을 제안하려는 것도 아니다. 그저 이 고전을 읽는 여정을 앞서 경험하면서 인상적으로 다가왔던 몇몇 대목을 짚어 봄으로써 이 여행길에서 앞으로 읽는 이가 만날 것들이 어떤 느낌과 분위기의 것들인지 예상할 수 있게 되기를 기대한다.

이런 유의 스케치가 안내를 구실로 읽는 이의 호젓한 음미를 훼살할 소지가 적지 않으므로, 여러분은 여기서 곧바로 본문으로 들어가 선입견 없이 작품을 온전히 대면한 후 다시 이 자리로 돌아와도 좋을 것이다. 「참고 자료」에 고대 아고라의 풍경을 떠올릴 만한 그림들과 주요 사건들의 연대표가 제시되어 있으니, 필요할 때마다 참조하면서 본문을 읽으면 보다 생생하게 현장감을 느끼며 이야기에 몰입하는 데 도움을 받을 수 있을 것이다. 아울러, 재독할 때쯤부터는 휴즈(B. Hughes, 2010)나 우드러프(P. Woodruff, 2005) 같은 책들의 도움을 받으면, 당대 아테네 한복판 아고라에 서 있는 듯한 현장감(휴즈의 장점)이나 당대 민주주의가 걸었던 발자취를 조감할 수 있는 역사적 안목(우드러프의 장점)에 기대어 보다 깊이 있는 독서를 할 수 있을 것이다. 나아가, 이 작품의 의의나 진면모를 소크라테스, 플라톤 철학의 전체 구도 속에서 보다 구체적이고 명쾌하게 확인하고자 하는 이들은 더 치밀하고 상세한 철학적 논의가 담긴 글들, 예컨대 가토(S. Kato, 1991)나 강철웅(2006) 등을 참고하기 바란다.

* * *

유죄냐 무죄냐를 가리기 위한 첫째 투표를 향한 피고 연설인 첫째 연설은 다섯 개의 부분으로 나뉜다. 앞의 「작품 내용 구분」에 제시하는 구분은 연설의 형식적 틀을 주로 고려한 것인데, 내용에 중점을 두고 살펴보자고 치면 2절과 3절 전반부를 합치는 구분을 상정하는 것이 더 유용할 수 있다. 이런 재편된 구분을 적용하여 첫째 연설을 다시 나누면 다음과 같다.

1. 서두 : 설득과 진실의 대비 (17a1~18a6)

2. 처음 고발에 대한 항변 (18a7~24b2)

3. 당면한 공식 고발에 대한 항변 (24b3~28b2)

4. 여담 : 소크라테스의 삶 (28b3~34b5)

5. 맺는 말 : 동정에 호소하지 않는 이유 (34b6~35d9)

1. 첫 문장

"아테네인 여러분, 나를 고발한 사람들로 인해 여러분이 무슨 일을 겪었는지는 난 알지 못합니다."

플라톤의 다른 작품들에서도 대개 그렇듯 『변명』의 첫 문장에도 작품 전체의 분위기와 음조를 간명하게 전달하기 위해 매우 세심하게 고르고 다듬은 흔적이 고스란히 담겨 있다. 이 작품이 실제로 그의 첫 작품이었는지 우리는 모르며, 결정적으로 가타부타 확인할 방법이 애초부터 없다. 하지만 그 내용이나 배경,

다른 작품들과의 관계 같은 것들로 미루어 보아 『변명』이 플라톤적 탐색의 출발점이라고 해도 크게 손색이 없을 것이다. 그렇다고 한다면 작품 안에서 소크라테스가 자신을 옹호하는 연설의 첫마디 노릇을 하는 이 문장이 사실상 저자 플라톤이 세상의 독자들을 향해 내어놓는 첫 목소리기도 하다고 말할 수 있다.

이 문장은 세 꼭지로 나뉜다. (1) 아테네인 여러분, (2) 나는 모른다, (3) (고발자들로 인해) 여러분이 무슨 일을 겪었는지. 이제 세 꼭지를 상세히 분석하면서 각각이 제기하는 물음이 어떤 것들인지 끄집어내는 것으로 이야기를 시작해 보자.

(1) 아테네인 여러분

소크라테스는 우선 '아테네인 여러분'이라는 호칭으로 청중을 향해 말을 건다. 재판정이라는 자리와 상황에 더 맞는다고 할 수 있는 '재판관 여러분'이라는 호칭과 대조되며, 정작 그 호칭은 진짜 재판관이라 불릴 수 있는 무죄 투표자들을 위해 남겨 놓았다는 것이 이런 호칭을 사용한 배경과 의도라고 대개들 이해하는 듯하다. 아주 틀린 말은 아니지만, 나중에 더 정확한 지시 대상을 찾아 쓰게 될 더 그럴듯한 호칭과 비교될 용도로 쓰이고 있다는 식으로 이해하면, 이 작품 전체의 성격과 관련한 이 호칭의 무게와 함축을 자칫 간과하거나 평가절하하게 될 수도 있다. 소크라테스는 사실상 한 번도 이런 호칭을 사용한 이야기를 해 본 적이 없다. 적어도 전해지는 플라톤 작품 내에서는 그렇다. 아예 이런 담론의 자리에 서 본 적도 없거니와(17d 등에서 소크라테스가 이 점을 강조하고 있다), 그런 호칭이 들어갈 만한 연설 시범을 보여 주는 『메넥세노스』에서조차도 그런 호칭을 사용하고 있지 않다. 소크라테스로서는 (그리고 작가 플라톤으로서는) 이 호칭을 오직 『변명』 담론을 위해서만 유보하고 아껴 왔다 해도 과언이 아니다.

그는 언제나 개인적인 만남과 대화에 힘썼고 공적인 만남과 대중 연설은 그의 '일(pragma, 20c 등)'이 아니었다. 그 점을 밝히는 것도 바로 이 『변명』의 핵심 사안 가운데 하나다. '여담'이라고 부르는 이 작품의 한 부분(4절)은 그 사안(왜 정치 활동에 참여하지 않았나?)을 조명하는 데 적지 않은 지면을 할애한다. 개인 대 개인으로 만나 영혼을 돌보아 주는 일, 그것이 소크라테스의 '일'이었다. 일대다로 만나면 그 일을 할 수 없고, 요즘 유명 종합병원 의사들이 그러듯 수많은 사람들을 단 몇 분 간격으로 만나서도 그 돌봄을 제대로 행할 수 없다. 몸을 돌보는 일이야 어쩌면 몇 분의 시간으로 충분할 수도 있겠지만, 영혼의 돌봄은 충분히 함께 '시간을 보내야(diatribein, 이 말은 이 작품에 동사로 두 번, 명사로 세 번 나오는 주요 어휘다)' 비로소 가능하다. 하물며 집단을, 다중을 상대로 한꺼번에 돌봄을 시도한다는 것은 소크라테스로

선 어불성설이다.

그런 그가 처음으로, 그리고 마지막으로 그 호칭을 사용하며 이야기를 건다. 이제 이 재판이 끝나고 나면 매일 시장에서, 체육관(김나시온)에서, 길에서 쉽게 보던, 그리고 마음만 먹으면 언제고 이야기를 나눌 수 있었던 그는 없다. 자는 시간 빼곤 늘 집 밖을 나와 살던, 자기 '일' 다 팽개치고 남의 '일'을 자기 '일' 삼은 그는 언제나 쉽게 눈에 띄었지만 이젠 아테네인들의 시야에서 사라지게 된다. 아테네인들에게 해 줄 마지막 '봉사' 내지 '혜택 베풀기(euergesia, 소크라테스 자신은 그걸 그렇게 불렀다. 36c)'로 이제까지 하지 않던 '공적인 대화'를 처음이자 마지막으로 시도하고 있다. 죽기 전에 평소에 안 하던 일을 해 본다는 모티브는 『파이돈』에도 잘 나와 있다(60c~61b). '버킷 리스트'엔 보통 평소에 못 누리거나 못 이룬 개인적인 (혹은 주변 친한 사람들과 연관된) 즐거움이나 프로젝트가 올라가 있을 법한데, 소크라테스에겐 평소의 그가 하던 '일'을 다른 방식으로 하는 시도가 올라가 있다. 평소에 개인적으로 만나 하던 대화를, 이제 더 이상 기회가 없으니 여러 사람을 상대로 한꺼번에 해 보면 어떨까 하는 시도 말이다. 소크라테스는 자기 이야기를 분명히 '대화'로 규정하고 있다(37a, 39e). 『소크라테스의 변명』은 그러니까 아테네인들 모두를 상대로 펼치는 소크라테스의 처음이자 마지막 대화다. 그가 칠십 평생 한 번도 시도하지 않던 다중과의 소통을 시도하는 이유는 무엇일까?

(2) 나는 모른다

'아테네인 여러분'이라는 호칭이 소크라테스 이야기의 상대방이 누구인지를 드러내는 것이라면, 첫 문장의 동사 '욱 오이다 (ouk oida)'는 그들에게 줄 이야기의 핵심 기조와 태도를 보여 준다. '나는 모른다.' 그의 삶과 철학을 한마디로 축약하여 제시한 것이라 할 만하다. 동서양의 대표적인 현자 가운데 하나로 늘 손꼽히는 사람이 자신의 지혜가 아닌, 자신의 무지를 핵심 메시지로 삼고 있다는 것은 그야말로 '아이러니컬'하다. 어떻게 무지가 현자의 무기일 수 있는가? 어떻게 무지가 일종의 지혜일 수 있는가? 소크라테스는 그런 물음을 유발하는 사람이다. 과연 그는 무엇을 모른다는 것이고, 그렇게 무지를 주장하는 사람이 어떻게 서양적 지혜를 대변할 만한 현자가 될 수 있었을까?

사실 이전 철학자들은 자신들이 뭔가를 안다, 이해한다고 생각했고, 그런 이해에 도달하지 못한 다른 사람들을 '죽을 수밖에 없는 인간들(brotoi)'이라고 표현하면서 끊임없이 깎아내렸다. 우리 시대 권력자가 자주 구사한다는 '유체 이탈 화법'처럼 말이다. 헤라클레이토스가 그랬고 크세노파네스가 그랬으며 엠페도클레스가 그랬다. 엠페도클레스라는 철학자는 자신이 신적 경지에 올라 있다는 것을 증명하기 위해, 최근에도 폭발한 적이 있는 유럽에서 제일 높은 화산인, 시칠리아 섬의 아이트나(에트나)산의 분화구에 뛰어들었다. 다시 나오겠다고 하면서 말이다. 그가 나왔다는 소식은 아직도 들리지 않는다. 그들은 모두 그렇게 자신이 모종의 신적인 앎의 경지에 이르렀다고 믿었다.

그들과 정반대로 소크라테스는 자신이 신적 앎의 경지에 이르지 못했다고 생각한 것으로 보인다. 하지만 『변명』을 읽어 가다 보면 그도 역시 다른 사람들이 이르지 못한 어떤 앎의 경지에 이르렀다고 생각한다는 것을 우리는 발견하게 된다. 어떤 경지인가? '자신이 모른다는 것을 안다'는 경지, 즉 무지의 지의 경지다. 그의 이 앎 혹은 지혜는 이전 사람들이 가졌다고 생각한 앎 혹은 지혜와 다른 특별한 것이다. 이전 사람들의 것은 '안다'고 주장하는 앎인 데 비해, 그의 것은 '모른다'고 주장하는 앎이다.

사람들은 소크라테스의 무지 주장에 대해 흔히 '소크라테스의 아이러니(Socratic irony)'라는 표현을 사용한다. '아이러니'라는 말은 희랍어 '에이로네이아(eirōneia, 『변명』에는 동사형으로 한 번(38a) 등장하며, 나는 '의뭉을 떨다'로 옮겼다)'라는 말을 그대로 발음한 것인데, 흔히 '시치미 떼기'나 '반어법' 등으로 번역된다. 어떤 말을 하는 사람이 그 표면적인 언표와 다른 뭔가를 동시에 의도하고 있을 때 '아이러니'라고 말한다. 우리는 소크라테스의 여러 언급들에 대해 '아이러니'라는 말을 사용할 수 있고, 심지어는 자신을 감추면서도 자기 생각의 일단을 드러내는 플라톤에 대해서도 '아이러니'라는 말을 사용할 수 있다. 플라톤 읽기의 어려움이자 묘미는 이런 플라톤의 아이러니와 소크라테스의 아이러니에 있다.

그런데 '나는 모른다'는 소크라테스의 말은 왜 아이러니인가? 그 물음에 대한 간단한 대답은 그의 이 무지 주장이 진지하지 않다고 말하는 것이다. 즉 진짜 모르는 게 아니라 사실은 알면서도 짐짓 모르는 '체 한다'고 설명하는 것이다. 그럼 왜 모르는 체 하는가? 그런 해석 계열을 따르는 사람들은 대화 상대방을 탐구로 유도하기 위해 모름을 가장할 뿐이라는 해결책을 제시한다. 그의 무지 주장이 교육의 한 방편이라고 이해하는 것이다. 일견 그럴듯한 것 같지만 온전한 대답인지는 좀 더 세밀히 따져 볼 필요가 있다.

그의 무지 주장을 이런 의미의 아이러니라고 말하는 사람들은 그가 다른 곳에서 '안다'고 말하는 것들이 있다는 데 주목한다. 그가 정말 아무것도 모른다고 한다면, 다른 곳에서 안다고 한 말은 어떻게 되는 것인가? 그의 무지 주장이 다른 곳에서의 앎 주장과 양립할 수 있는 것인가? 이런 질문을 제기하면서 그들은 소크라테스의 무지 주장이 진지한 게 아니라는 방향으로 생각을 끌고 가는 것이다. 결국 우리가 이 문제에 제대로 답하려면, 그가 '모른다', '안다'고 말할 때 과연 무엇을 모른다고, 혹은 안다고 하는지를 주의 깊게 살펴보아야 할 것이다. 그의 무지 주장과 앎 주장(만약 그런 것이 있다면)을 우리는 어떻게 이해해야 하는가? 선생임을 줄기차게 부인하는 그의 태도를 어떻게 받아들여야 할까? 그가 보여 주는 아이러니의 진짜 의도와 의미는 무엇일까?

(3) 여러분이 무슨 일을 겪었는지

'아테네인 여러분'이라는 호칭이 이야기의 상대방이 누구인지를, 동사 '모른다'가 이야기의 핵심 기조와 태도를 보여 준다면, '여러분이 무슨 일을 겪었는지'는 이야깃거리의 구체적인 방향이 어떠할지를 드러낸다고 할 수 있겠다. 당장의 문맥만 놓고 보면 이 구절은 고발자들의 현란한 수사와 기교가 배심원들(을 비롯한 청자들)에게 주었을 법한 심리적인 영향이나 회유 효과에 대한 우려 내지 관심의 표명 정도의 의미를 가지며, 설득 대 진실/정의, 수사학 대 철학의 대비를 부각시키면서 고발자들의 담론 방식이 지닌 허구성과 부당성을 폭로하는 연설 서두(1절)의 맥락에 충실한 발언이라 할 수 있다. 미사여구나 질서 정연한 언사가 주는 달콤함을 경계하며 거칠지만 진실된 정의로운 말을 주고받는 데 주력하는 것이 재판에 임하는 자들의 도리(소크라테스의 용어로는 '덕(aretē, 18a)')라는 게 서두의 요지다.

그러나 이 구절이 가리키는 바 혹은 염두에 둔 것이 과연 담론

경쟁자들의 말이 가진 설득력이나 심리적 영향쯤에 머무는 것일까? 말 혹은 이야기의 힘에 대한 관심이나 경계가 『변명』 서두의 핵심 사안임은 분명하지만, 과연 이 첫 구절이 이야기하려는 게 그것뿐일까? 달리 표현하여, 소크라테스가 관심을 표명하는 사항인 배심원들이 '겪은 일(hoti peponthate)', 즉 파토스(pathos)라는 게 그야말로 느낌이나 생각 차원에 머무는 것일까?

이 질문에 제대로 답하려면 이 문장이 자리한 좁은 문맥을 벗어나 이야기 전체, 즉 작품 전체를 조감해 볼 필요가 있다. 여기서 우리는 플라톤이 『향연』 등에서 구사하는 '원환 구성(ring composition)'이라는 서사시적 이야기 방식을 떠올려 볼 수 있을 것이다. 이 작품에서는 그런 식의 이야기 질서를 찾을 수 없을까? 구하는 자에게, 찾는 자에게 진실은 모습을 드러내기 마련이다. 과연 서두(1절)의 담론 방식 이야기는 맺는 말(5절)의 담론 방식 이야기와 잘 조응한다. 첫째 연설을 마감하면서 소크라테스는 남들처럼 동정에 호소하는 방식의 항변 연설을 하지 않겠으며, 이는 명예로운 일도 아니거니와 정의와 경건에 어긋나기 때문이라고 못 박는다. 『변명』 첫째 연설의 맨 앞과 끝은 이렇게 메타 이야기(즉 이야기 자체에 대한 이야기)로써 이야기 전체를 감싸주는 방식으로 구성되어 있다.

여기까지 놓고 보면 지금 우리가 살펴보고 있는 구절이 이야기의 효력에 대한 언급이라는 앞서의 이해를 넘어설 만한 단서는 아직 주어지지 않았다. 그러나 이야기의 끝을 향해 갔던 방금 전의 탐색이 한계를 가진 것일 수도 있다. 방금 전에 나는 이 첫 구절에 조응하는 이야기의 끝을 첫째 연설의 끄트머리에서 찾고 있었다. 그런데 이 이야기는 거기서 멈추지 않고 형량 제안 연설과 최후 연설로 계속 이어지지 않던가. 첫 문장에 제대로 조응하는 이야기의 마지막 문장은 이 작품 전체의 끝인 셋째 연설의 마지막 문장에 있지 않을까?

2. 마지막 문장

"우리 중 어느 쪽이 더 좋은 일을 향해 가고 있는지는 신 말고는 그 누구에게도 분명치 않습니다."

작품 전체의 이 마지막 문장은 두 꼭지로 나뉜다. (가) 신만이 안다. (나) 우리 중 어느 쪽이 더 좋은 일을 향해 가는지. 각각 앞에서 살펴본 첫 문장의 (2)와 (3)에 대응한다고 볼 수 있다. (3)에 대응하는 (나)를 먼저 살펴보자.

(나) 우리 중 어느 쪽이 더 좋은 일을 향해 가는지

바로 앞 문장은 이렇다. "아니, 벌써 떠날 시간이 되었군요. 나는 죽으러, 여러분은 살러 갈 시간이." 그러니까 마지막의 이 구절은 사형 판결을 받고 죽음을 향해 떠나는 소크라테스와 다시 삶의 자리로 돌아가는 배심원들(및 청중. 이하 그냥 '배심원들'로 줄임)의 미래를 비교하는 맥락 속에 놓여 있다. 둘 중 누구의 미래가 더 좋은 일(pragma)인지가 핵심 질문이다.

이제 다시 첫 문장의 (3)으로 돌아가 보자. (3)은 배심원들이 어떤 일을 겪었는지, 즉 그들의 파토스가 무엇인지를 묻는다. 여러분은 어떤 상태냐, 무슨 일을 겪은 참이냐를 묻고 있는 것인데, 바로 뒤에 이어지는 문장은 소크라테스 자신에 관한 이야기다. "하지만 어쨌든 나는 그들로 인해 나 스스로도 거의 나 자신이 누구인지를 잊어버릴 지경이었습니다." 아테네인들과 대화를 시작하면서 듣는 아테네인들(배심원들)과 소크라테스 자신의 상태를 비교해 볼 것을 주문함으로써 결국 독자를 그 비교로 끌어들이고 있는 셈이다. 마치 『향연』 서두(172a~173e)에서 아폴로도로스가 자기 이야기를 듣는 동료들과 자신의 삶을 비교해 볼 것을 동료들에게 주문함으로써 결국 독자를 그 비교로 끌어들이고 있는 것처럼 말이다.

(3)은 과거에서 이어지는 현재의 처지와 삶을 비교하지만, (나)는 앞으로 만나게 될 운명을 비교한다. (3)은 '겪은 일', 즉 수동적인 사태(pathos)를 묻지만, (나)는 '할 일', 즉 적극적인 활동

(pragma)과 삶을 묻는다. (나)의 이 단어 '프라그마'는 확실히 (3)과 달리 적극적이고 자발적인 '일'을 가리킨다. 이 자리에서 충분히 다룰 수는 없고, 다만 가상의 질문자가 '소크라테스가 하는 일', 즉 소크라테스의 프라그마가 무어냐고 묻고 나설 수 있을 거라는 이야기(20c)가 처음 고발에 대한 적극적 해명(2절)의 출발점이었다는 것만 짚고 넘어가기로 하자. (나)는 결국 이 작품 전체에 걸쳐 핵심적으로 강조되며 옹호된 소크라테스의 일(pragma)이 죽음 이후에 어떤 일로 이어질지, 과연 그것은 좋은 것일지를 배심원들이 만나게 될 일과 비교하며 묻고 있다. 누가 더 좋은 일을 만나게 될지, 다시 말해 누가 더 행복할지를 말이다.

(3)과 (나)를 말하며 이야기의 처음과 끝에서 소크라테스는 결국 대화 상대자와 자신의 삶과 일을 비교하면서 누가 더 제대로, 누가 더 잘, 누가 더 행복하게 살고 있고 살게 될 것인지를 묻고 있는 셈이다.

(가) 신만이 안다

첫 문장의 (2), 즉 '나는 모른다'는 마지막 문장의 (가) '신만이 안다'와 잘 조응한다. 소크라테스의 이 무지 주장이 일종의 앎 주장, 즉 무지의 지 주장으로 발전하는 과정은 신탁을 논박하는 탐색 여정(20c~24b)에 잘 재현되어 있다. 무지가 단순한 무지로 그치는 것이 아니라 '인간적인 지혜'(20d)로 해석되고 승격되는 과정이 매우 극적으로 묘사되는 2절의 그 대목은 방금 전에 살펴본 '소크라테스의 프라그마가 무엇인가?'라는 질문에 뒤이은 대답을 제시하는 맥락에 등장한다.

삶과 행복의 문제가 왜 앎의 문제와 연결되는지, 왜 앎의 문제에서 무지의 자각이 중요한지가 소크라테스 철학의 핵심에 속하는 사안이라는 건 소크라테스를 조금이라도 읽어 본 사람이라면 그리 어렵지 않게 짐작할 만한 일이다. 알아야 행한다 혹은 알면 반드시 행한다는 것, 인간의 기능과 구실을 제대로 수행하며 사는 것이 잘 사는 것이고 행복이라는 것, 그런데 제대로 아는 상태를 욕구하게 되려면 모른다는 걸 알아야 한다는 것 등이 그 사안과 관련해 덧붙여질 수 있는 이야기들이다.

이런 이야기들은 주류 철학이 이후 계속 발전시키게 되는 이성이나 합리주의와 잘 어울릴 만한 것들이라 할 수 있겠지만, 그 배경에 자리잡고 있는, 인간적 지혜의 한계를 넘는 신에 대한 이야기, 소크라테스의 이성적 탐구가 신의 명령에 기반한 것이라는 이야기, 신의 신호가 그가 하는 행위의 중요한 지침이었다는 이야기 등은 어떻게 읽어 주어야 할지가 난감한 대목들이다. 이성을 강조해 마지않는 그가 또한 내세우는 신을 어떻게 받아들일 것인가? 가뜩이나 지금 문제가 되는 이 재판이 바로 그의 신관 내지 신에 대한 태도를 문제 삼고 있는 터라서 신 문제는 이

166

작품을 읽는 데 매우 중요한 관건이지만, 세속적 가치관과 유물론적 관점에 친숙한 우리 현대인들에게는 오히려 당대 아테네인들과는 정반대의 이유에서 거추장스럽고 껄끄럽게 여겨질 수 있는 문제라 할 수 있다. 신탁의 소리에 늘 귀 기울인 사람, 그러나 그것을 단순한 신앙의 대상으로가 아니라 논박의 대상으로 삼았던 사람. 어쩌면 소크라테스는 아주 '중세적'인 인물이었을지 모른다. 당대인들에게도 현대인들에게도 부담스러웠을, 그가 갈고 닦은 합리성은 이성과 신앙이 충돌하는 것이 아니라, 검토의 대상인 신앙조차도 이성에 적절히 녹아 있는 유의 합리성이었던 것 아닐까?

여기서 잠깐 이야기를 정리해 보자. 첫 문장의 (3)과 마지막 문장의 (나)는 삶의 문제, 행복의 문제를 제기한다. 어떻게 살아야 하나? 잘 산다는 게 뭔가? 등등. 첫 문장의 (2)와 마지막 문장의 (가)는 거기에 이어 앎의 문제를 제기한다. 당시의 지식 엘리트만이 아니라 일반 시민들도 뭔가를 안다는 확신이나 독단에 사로잡혀 있었는데, 소크라테스가 보여 주는 지혜는 이런 확신과 독단에 대한 도전이요 저항이다. 그들의 탐구 종결 선언에 대해 그는 탐구 시작 선언으로 맞선다. 이 구절들은 앎의 문제만이 아니라 신의 문제를 또한 제기한다. 우리 인간이 무엇을 바라보고 무엇을 추구하며 살아야 하는가? 이 문제를 본격적으로 다루는 형이상학은 제자 플라톤이 갈고 닦을 몫으로 남겨져 있지만, 신을 따르고 믿는 문제는 소크라테스의 삶과 재판에서도 핵심적인 사안이다. 과연 소크라테스는 신을 믿었는가? 어떤 신을 믿었는가? 어떻게? 그럼에도 그가 신을 믿고 따르는 문제에 걸려 유죄 판결을 받고 사형까지 당한 이유는 무엇일까?

윤리학, 인식론, 형이상학, 이런 철학의 기본 영역에 속하는 문제들이 이 구절들에 담겨 있다면, 첫 문장의 (1)에는 이런 것들을 아우르면서 펼쳐진 소크라테스적 대화와 교육의 문제가 응축되어 있다. 혼자 진리를 관조할 게 아니라 함께 진리를 추구해야 하는 이유는 뭘까? 함께긴 하지만 대중과 함께가 아니라 일대일로 만나고 대화해야 하는 이유는 또 뭘까? 본격적인 정치철학은 플라톤이 열고 펼칠 몫으로 남겨져 있지만, 교육, 에로스, 공동 탐구의 문제는 소크라테스의 철학과 삶의 중핵을 이룬다. 과연 소크라테스는 젊은이를 망치는 선생인가? 공동체가 추구하는 전통적 가치에 도전하면서 훌륭한 선생일 수 있을까? 소크라테스는 유죄인가?

이제까지 던져온 질문들에 차근차근 답하며 문제를 풀어가는 일은 우리 읽는 이들 각자가 스스로 해야 할 일(pragma)이지만, 소크라테스가 내놓는 이야기의 핵심이 무엇인지를 묻는 것으로 그 일의 첫 단추를 꿰어 보도록 하자. 이야기의 처음과 끝은 살펴보았으니 이제 중심을 탐색해 보자.

3. 작품의 중심: 대화하며 검토하는 삶

이 작품의 중심은 어디인가? 당장 알아내기 쉬운 물리적 중심을 찾아보자면, 우선 후보가 될 만한 중심은 첫 연설(스테파누스 쪽수로 19쪽 분량)의 정확한 절반인 25b 근처다. 3절 당면 고발에 대한 반박으로서 멜레토스와 대화하는 부분, 그 가운데서도 젊은이를 망친다는 고발에 대해 논박하는 대목이다.

그런데 둘째 연설(2쪽 반 분량)과 셋째 연설(3쪽 반 분량)까지 합쳐 놓고 보면 전체 연설(25쪽 분량)의 정확한 물리적 중심은 28b~c 부근이다. 여담, 그 가운데서도 첫째 반론에 응답하며 아킬레우스에 비유하는 대목이다. 이 여담 대목은 가히 이 작품의 중심이라 할 만한 '뜬금없는' 이야기다. 우선 이런 여담을 길게 늘어놓는 것 자체가 뜬금없다. 해야 할 항변은 간단히 마무리하고 공식 고발에 들어 있지도 않은 가상 반론에 이렇게 길게 답하는 이유가 무엇인지, 그야말로 뜬금없다. 앞에서 길게 처음 고발 이야기를 늘어놓은 것도 마찬가지다.

첫 연설의 물리적 중심인 멜레토스와의 대화는 당면 고발에 대한 반박에 속하는데, 이것이 중핵 위치에 있는 것은 어쩌면 청자들(혹은 독자들)의 기대에 부응하는 것이라 할 만하다. 그러나 그 중심에도 역시 뜬금없는 부분은 있다. 정작 변명 연설을 해야 하는 대목에서 대화를 하고 있다는 점이 그렇고, 더군다나 그 대화가 마치 원고와 피고의 역할이 바뀐 듯 피고 소크라테스가 원고 멜레토스를 심문하고 있다는 점이 그렇다. 통상의 법정 담론의 기준으로 보면 매우 뜬금없는 일이다. 그런데 소크라테스의 평소 행태를 떠올리면 전혀 뜬금없지 않다. 그저 기회와 배경이 조금 특이해졌을 뿐 그에겐 또 다른 대화의 기회일 뿐인 것이다. 자기 목숨이 걸려 있다는 것에는 아랑곳하지 않고 그는 이 대화의 기회를 십분 활용하겠다는 생각뿐이다.

이에 못지않게 중요한 또 다른 중심이 하나 남아 있는데, 바로 내용상의 중심이다. 전체 연설이 셋으로 이루어져 있으니, 세 연설 가운데 중간, 즉 대안 형량을 제안하는 둘째 연설이 중심에 있고, 그 연설의 핵심은 벌을 받을 게 아니라 오히려 '국가 유공자로서 한 일에 값하는 영구 식사 대접을 받아야 한다'고 말하는 대목(36d~37a)이다. 여담도 여담이고, 여담의 아킬레우스 비유야말로 여담 중에서도 매우 여담스럽지만, 둘째 연설의 이 부분 역시 매우 여담스럽다. 대안 형량을 제시해야 할 대목에서 뜬금없이 영웅 대접을 받아야 한다고 주장하다니! 확실히 의도적인 뜬금없음이라 아니할 수 없다.

이 뜬금없는 도발적인 구절에 이어 『변명』을 찬란하게 빛내는 핵심 대목이 설파된다.

"날마다 덕에 관해서 그리고 다른 것들(즉 내가 그것들에 관해 대화를 나누면서 나 자신과 다른 사람들을 검토하는 걸 여러분이 듣는 그런 것들)에 관해서 이야기를 만들어 가는 것, 이것이 그야말로 인간이 누릴 수 있는 최상의 좋음이며, 검토 없이 사는 삶은 인간에게 살 가치가 없다."(38a)

다시 나누어 풀면 이렇다. (i) 날마다 덕에 관해서 이야기를 만들어 가는 것이 인간이 누릴 수 있는 최상의 좋음이다. (ii) 대화를 나누며 자신과 타인을 검토함으로써 이야기를 만든다. (iii) 검토 없이 사는 삶은 인간에게 살 가치가 없다. 앞서 제기했던 여러 물음들에 대한 하나의 대답이면서 동시에 그 물음들을 우리가 앞으로 풀어가는 데 기초가 될 이야기라 할 만하다. 어떤 삶이 행복한 삶인가? 매일 덕에 관해 이야기를 만들어 가는 것이다. 이야기를 어떻게 만들어 가나? 대화하며 검토하는 일을 통해서다. 검토는 누구를 상대로? 자신과 타인을 상대로 한다. 이런 대화를 통해 검토를 주고받는 일은 삶의 핵심적 가치다.

검토 혹은 논박, 테스트는 감히 신탁을 향해서도 펼쳐졌었다(20c~24b). 소크라테스에게는 신의 이야기조차도 검토와 테스트를 거쳐야 온전히 그 진실성을 받아들일 수 있고, 해석을 거쳐야만 그 함축을 삶과 행위에 적용할 수 있다. 델피 신탁은 "언명하지도(legei) 감추지도(kryptei) 않으며, 다만 신호를 보여 줄(sēmainei) 뿐"(DK 22B93)이라 했다던가. 헤라클레이토스가 그랬듯 소크라테스도 신이 보내는 신호(sēmeion)를 이해하려 애쓰며 그 진실성을 입증하기 위해 철저히 테스트해 보려 했다.

신에 대한 테스트 이야기는 방금 말한 2절만이 아니라 4절 여담에도 나온다. 소크라테스는 거기서 신의 신호가 정치 활동 참여를 제지한 데 대해 '정의로운 사람이 정치 활동을 하게 되면 죽게 된다'는 해석을 가하고, 그 해석의 정당성을 자신의 과거 경험(민주정하에서, 그리고 과두정하에서 저항한 경험)을 통해 입증한다. 일종의 '사적 신탁'이라 할 신호를 이해 가능한 방식으로 해석, 변형한 후 실제 경험이라는 장치를 통해 테스트했던 것이다.

첫째 연설의 이 두 대목만이 아니라 셋째 연설에도 신호에 대한 테스트가 등장한다. 무죄 투표자에게 하는 연설의 시작 부분에서 소크라테스는 신호가 반대하지 않은 것을 자신이 좋은 일을 겪고 있고 앞으로 좋은 일을 향해 가고 있다는 메시지로 해석한다.

그런데 신 이야기가 『변명』 전체를 속속들이 지배하고 있다는 인상을 우리가 받는 것은 틀림없지만, 사실 그런 인상이 둘째 연설에는 적용되지 않는다. 신화적인 이야기가 등장하고 신에 대한 경건과 충실성이 강조되는 것은 첫째 연설과 셋째 연설에서다. 둘째 연설에서는 신이 거의 언급되지 않는다. 앞뒤에 신적이고 종교적인 뮈토스로 감싸여 있지만, 정작 중심에는 철저히 인간적이고 이성적인 로고스가 자리 잡고 있는 것이다. 그리고 그

한가운데서 검토하며 살아야 한다는 메시지가 설파되고 있다.

『변명』의 중심에 검토 없이는 아무것도 진실된 것으로 받아들이지 않겠다는 결의가 담겨 있다. 소크라테스의 합리주의는 이렇게 검토를 통해 철저히 작용하며 신 이야기도 예외가 아니게 된다. 철저한 검토의 엄정함과 신랄함은 소크라테스 자신에게도 적용되어 특유의 아이러니를 산출하게 되거니와, 타인에게 적용되어 온갖 적대와 시기를 한 몸에 받게 된다. 적당히 타협하지 않고 철저히 검증하며 비판하는 그의 태도가 동료 시민들을 불편하게 만들고 두렵게 했다. 자신들이 확고히 믿어 온 가치와 전통이 일거에 전복되어 버리는 게 아닌지 그들은 두려웠고, 적당히 체면 유지하며 군자연하며 안이한 삶을 살도록 내버려 두지 않는 소크라테스의 철저함이 그들에겐 불편했던 것이다. 5세기 초중반 아테네를 풍미했던 자신감과 자부심이 점차 흐트러져 가면서 이런 두려움과 불편함이 계속 확대되었고, 그럴수록 어서 이 귀찮은 '등에'(30e)를 '탁 쳐서'(31a) 없애 버렸으면 좋겠다는 조급증이 그들을 압박했다. 결국 아테네의 등에 소크라테스는 그들의 손에 죽었다.

소크라테스가 행한 검토는, 앞에서도 살펴보았듯이, 소크라테스로선 아테네인들을 위한 봉사요 시혜였다. 그 봉사의 주요 내용 가운데 하나는 지성에 균형을 제공하는 일이었다. 지성이 균형을 되찾는 일, 소크라테스가 목숨을 바쳐 가며 성취하려 했던 일도 바로 그것이다. 희랍적 지성이 가진 특유의 균형 감각은 그들이 입에 달고 살던 '멘(men)'-'데(de)'에 잘 응축되어 있다. '한 편으로는 이런데, 다른 한편으로는 저렇다'를 이야기하는 희랍 특유의 언술 방식이다. 대립하는 어느 한쪽에 치우치지 않고 반대쪽 것에도 눈길을 주고 힘을 실어 줌으로써 전체적인 균형을 확보하는 일은 희랍 문화 전반을 침윤해 있는 아곤(콘테스트) 전통과 더불어 고대 희랍의 정신 세계와 문화 일반을 건강하고 활력 있게 만드는 원동력이 되어 왔다. 철저히 검토되지 않은 것은 받아들이지 않는 정신, 미결정의 것으로 두어도 조급해하지 않는 태도, 그런 회의주의적 태도와 정신이 소크라테스적 지성의 중요한 특징이다.

여기서 이야기의 초점이 흐트러질까 염려되지만 한마디 꼭 덧붙여야겠다. 이런 소크라테스적 지성은 소피스트적 전통 속에 있고 그 전통 속에서 자랐으며 그 전통 속에서 조명될 필요가 있다. 플라톤이 이 작품에서 이것과 반대되는 이야기를 하고 있긴 하지만, 그건 그만큼 플라톤이 소피스트적 전통과 가까운 거리에 있었고 그 전통을 가지고 일정한 프로젝트를 수행하고 있었기 때문에 그런 것이다. 우리는 플라톤보다 충분히 먼 거리를 확보하고 있고(그러니까 그가 보지 못한 면모를 조망할 만한 시야가 적어도 물리적 측면에서는 확보되어 있다는 이야기다) 우리 나름의 필요와 상황을 갖고 있기에 얼마든지 플라톤과 다른 방식과 목표를 가지고 소피스트 전통에 접근하고 그 전통을 이용할 수 있으며 또 그래야 한다. 그런 우리 나름의 수용과 전용(專用, appropriation)으로 나아가기 위해 플라톤은 읽혀야 하며 동시에 극복되어야 한다. 우리는, 적어도 나는, 플라톤을 신봉하기 위해 플라톤을 읽지 않는다.

소크라테스 이야기로 다시 돌아오자. 그의 회의주의는 매번 균형의 회복을 위해 작동되었다. 민주정하에서 저항한 그가 과두정하에서도 저항한 이야기(32a~e)는 그가 기회주의자임을 드러내는 것이 아니다. 일신의 안위와 영달 때문에 권력의 부당한 행사가 횡행하는데도 모두가 숨죽이고 엎드려 있을 때 혼자서 떨쳐 일어나 '노!'를 외친 것은 오용되는 지성의 편파성과 편협성을 환기하여 '반대를 통한 균형'을 성취하기 위한 행동이다. 반론을 가진 자가 없다면 일부러라도 만들어 세워서 다수 견해를 건강하고 생동하게 해야 한다는 J. S. 밀의 '악마의 대변자(devil's advocate)' 정신은 소크라테스에 의해 잘 구현되고 실행되었다.

삐딱한 사람 소크라테스. 사실 사회 자체가 삐딱하다면 균형 있게(똑바로) 보는 사람이 외려 삐딱하게 보일 수 있다. 결국 반대쪽으로 삐딱한 관점들이 제공되어야 사회가 제대로 된 균형을 회복할 수 있다. 자기가 삐딱하다는 걸 알고 삐딱한 사람은 건강하며 우리에게 필요하기까지 하다. 문제는 자기가 삐딱하다는 걸 모른 채 삐딱한 사람이다. 그런 사람에게 다가가 자기 식으로 삐딱하게 볼 것을 권유하던 사람이 바로 소크라테스다. 우리는 이런 '삐딱이'가 필요하다. 아무도 '노!'를 안 할 때 과감히 '노!'를 외치는 사람, 남들처럼 바라보지 않고 비스듬히, 그러니까 다른 시각으로 사물을 바라보는 사람. '괴짜(atopos)'라는 표현을 『향연』의 알키비아데스도 한 바 있지만(215a, 221d), 사실 철학은 그런 괴짜를 사회에 제공하는 일이다.

악마의 대변자를 자처한 괴짜 소크라테스를 죽인 아테네인들의 조급증이 우리에겐 없는가? 그 비박(卑薄)한 조급증을 그저 먼 옛날 유럽 어느 나라 얘기로만 돌릴 수 있는가? 자유로운 사상과 언론을 감시하고 삐딱이들을 잡아넣는 국가보안법이라는 칼날이 시퍼렇게 살아 있는 나라요, 자신들의 시대착오적인 종교적 신념만 눈에 보이고 성 소수자들의 인권은 아랑곳 않는 사람들이 버젓이 참된 종교인 행세하는 세상 아니던가. 어느 소영웅주의자의 치기 어린 발언 몇 마디를 두고 내란 음모와 선동을 했다고 온 나라가 떠들썩하게 '소란을 벌이는'(이런 낮은 수준의 소통 방식을 소크라테스는 '토뤼베인(thorybein)'이라는 동사로 표현했다) 세상 아니던가. 그저 웃어넘기면 그만인 유치한 언행 정도도 감내하지 못할 정도의 허약한 심장과 지성을 가진 우리가 소크라테스를 못 견뎌 했던 아테네인들을 탓할 자격이 과연 있는가? 성이든 정치든 종교든 자신과 지향이나 태도가 다르다고 무시하고 공격하면서도 언필칭 '자유'와 '민주주의'를, '사랑'을 부르

짚는 우리에게, 소크라테스가 몸소 보여 주고 밀이 재차 강조했던 악마의 대변자 정신은 너무도 먼 이야기 아닌가? 오늘 우리야말로 소크라테스 같은 등에가 살아 돌아와 주어야 깨어날 수 있는 잠에 빠진 허술한 지성들 아닐까?

정치와 종교를 식탁에서 꺼내지 말아야 할 주제로 삼게 된 건 무엇보다도 자기 시야와 잣대로만 모든 사물을 재단하고 평가하며 남의 생각과 이야기를 들어 주는 데 인색한 아집과 독선으로 담론 세상을 온통 채운 바로 그 정치인들과 종교인들의 무도함과 그들을 무비판적으로 맹종하는 정치 대중과 종교 대중, 다름 아닌 바로 우리들 자신의 무능 탓일 것이다. 우리를 살리고 우리를 즐거운 삶으로 이끌어 줄 도구들이 '거룩'하고 '고상'한 주인으로, 우리를 괴롭히고 우리 목을 옥죄는 '흉기'가 되어 돌아온 형국이라고나 할까. 우리의 '자유'와 우리의 '민주주의'는, 우리의 신앙은 끊임없이 검토되고 성찰되고 이성의 승인을 받아야 한다. 우리를, 우리 지성을 자유롭게 하는 것은 테스트받지 않는 방만함이나 '묻지마' 식 맹종이 아니라 테스트를 통해 검증되고 유지되는 합리성과 건강함에 있다. 검토되지 않는 삶은 살 가치가 없다!

우리의 20세기는 소크라테스의 기원전 5세기에 비해 훨씬 어려운 세기였다. 인류 전체에게도 20세기는 전쟁과 반목으로 힘들고 불행한 세기였지만, 한반도에 사는 우리에게는 특히나 더 아픈 세기였다. 일본 제국주의가 그 세기 전반부 동안 우리를 짓눌렀다면, 그 세기 후반부는 전반부의 유산을 청산하지 못한 채 그 아픔과 한을 고스란히 떠안고 살아온 시절이었으며 동족상잔의 전쟁이 할퀴어 놓은 상처와 원한이 치유되지 않은 잔혹한 시대였다. 세기를 넘겼지만 그 아프고 불행한 우리네 삶은 언제 끝날지 기약이 없다. 그런 불행 속에서도 오히려 대를 이어 부와 권력을 차지하며 호의호식하고 권세를 부리는 사람들이 지금까지 우리 사회의 멍을 더 깊게 하는 것도 문제지만, 그런 사람들의 레토릭에 현혹되어 자기 계급 이익에 어긋나는 정치적 선택으로 내몰릴 정도로 우리 삶과 사회를 '삐딱하게' 보게 된 지성의 불균형이 어쩌면 해결의 전망을 흐리는 더 뿌리 깊은 문제일지도 모른다. 침몰한 세월호는 우리를 아프게 하지만, 잊힌 세월호는 우리 후손들까지 계속 아프게 할 수 있다. 망해 가는 아테네를 바라보며 이전 세기의 찬란함을 추억했던, 그리고 위대한 스승 소크라테스의 가르침을 되살려 어두움을 딛고 일어서는 희망의 발판을 마련하고자 했던 기원전 4세기의 플라톤은 그나마, 멍과 아픔으로 욱신거리기만 하는 이전 세기의 상처를 고스란히 떠안고 있는, 그리고 위대하기까지는 못하더라도 추한 모습이나 덜 보였으면 하는 못난 스승, 못된 지배층이 세상을 어지럽히고 있는 21세기의 우리보다 훨씬 더 행복했을지 모른다.

민주주의 제도와 관행이 괄목할 만하게 자리 잡아 가고 있다고 자타가 인정하는 한국 사회에서 정작 그런 외적인 틀에 싱응하는 담론 문화는 아주 덜 성숙해 있다. 무엇보다도 열린 토론을 가능하게 하는 '건강한 아곤(콘테스트)'의 정신이 부족하다. 진지하면서도 무겁지 않은, 자신의 기본 신념과 태도를 견지하면서도 다른 믿음을 가진 사람의 의견을 잘 경청하고 유연하게 소통하는 정신이 부족하다. 이것 아니면 저것(either – or)이라는 이분법적 정신이 지배적이다. 너무 가볍고 쟁론적이고 유희적이거나, 아니면 지나치게 진지하고 무겁고 비타협적이거나, 어느 하나에 치우치기 십상이다. 이 둘을 아우르는 태도는 정말 불가능한 것일까? 진지하면서도 게임을 즐기는 희비극적(seriocomic) 정신 말이다. 『향연』 끄트머리의 한밤중 취중 대화(223c~d)에서 소크라테스가 당대의 대표적 희극 시인과 비극 시인을 앞에 놓고 열변을 토한 것도 바로 그런 이야기를 하기 위해서가 아니었을까? 소크라테스가 자기 삶 속에서, 그리고 그 삶을 옹골차게 응축하여 보여 준 재판 현장에서 드러낸 것이 바로 그런 진지한 유희의 아곤 정신과 균형감이었다. 어느 한쪽 극단을 철저히 따라가야 직성이 풀리는 조급함이 지배하는 세상이기에 더더욱 우리에겐 차이를 즐기며 검토하고 검토받는 것을 즐기던 소크라테스가 아쉽다. 절대적인 것을 추구하면서도 절대주의에 빠지지 않고, 일체의 확고한 신념과 전통을 철저히 검토하고 회의하고 상대화하면서도 상대주의에 빠지지 않았던, 웃으면서 저항하는 소크라테스가 말이다.

『변명』을 읽는다는 것은 그저 기원전 5세기와 4세기의 소크라테스와 플라톤을 읽는 일만은 아니다. 고전은 우리 자신을 비춰 보는 거울이다. 소크라테스와 플라톤의 말을 통해 우리가 어떻게 살고 있는지, 과연 살 만한 삶을 살고 있는지, 행복을 향해 제대로 가고 있는지 묻는 것이 『변명』이라는 거울을 제대로 활용하는 일일 것이다. 자신의 모습을 제대로 알아야 어떻게 바꿀지 계획을 세울 수 있다. 거울을 외면하며 "그래도 우린 잘 살고 있어"를 외치는 허위의식을 떨쳐 버려야 한다. 우리의 위대함은 거기서 비로소 출발할 수 있다.

참고 자료

I. 소크라테스의 삶을 둘러싼 5세기 전후 아테네의 주요 사건들의 연대

[일러두기]

1. 요즘 달력과 달라 해가 넘어가기 전후에 해당하는 연대는 편의상 두 연도를 일일이 중복 표시하지 않고 어느 하나로 표기함. 예) 470/469 → 469
2. *표시는 불확실한 추정상 연대를 가리킴.
3. 괄호 안의 인명은 해당 사건의 주도자.

기원전

594   솔론의 개혁

560   페이시스트라토스가 호위대 보유(=참주정의 시작(~510))

527   페이시스트라토스 사망

두 아들 히피아스와 히파르코스가 권력 승계

525 아이스퀼로스 출생(~456)

514 하르모디오스와 아리스토게이톤이 히파르코스 암살

510 스파르타에 의해 히피아스가 추방됨(=참주정 몰락. '고전
기의 시작점'이라고 이야기됨)

508 클레이스테네스의 개혁(='민주정의 도입')

499 소아시아 희랍 식민지 국가들이 페르시아(다리우스 1세)
에 대항하여 봉기(~494)

496 소포클레스 출생(~405)

495 페리클레스 출생(~429)

494 소아시아의 마지막 저항 국가였던 밀레토스가 함락됨
(=소아시아 독립 전쟁이 실패로 종료)

490 제1차 페르시아 전쟁(다리우스)
마라톤 전투(희랍 승리. 밀티아데스)

490* 프로타고라스 출생(~420*)

483* 고르기아스 출생(~376*)

480 제2차 페르시아 전쟁(~479. 크세륵세스)
테르모퓔라이 전투(희랍 패배. 레오니다스)
살라미스 해전(희랍 승리. 테미스토클레스)
에우리피데스 출생(~405)

480* 아낙사고라스가 아테네에 입국

479 플라타이아 전투(희랍 승리)

478 아테네 주도로 페르시아에 대항하는 델로스 동맹 결성

182

469	소크라테스 출생(~399)
462	에피알테스의 민주적 정치 개혁
461	페리클레스가 장군에 선출(='페리클레스 시대' 개막)
	1차 펠로폰네소스 전쟁(~445)
460*	데모크리토스 출생(~370*)
458	이집트 원정
	피레우스(페이라이에우스) 항과 아테네를 연결하는 성벽 건설 시작
	아이스퀼로스『오레스테이아』3부작 상연
456	아이스퀼로스 사망
454	델로스 동맹의 금고를 델로스에서 아테네로 이전 (='아테네 제국'의 출발)
451	시민권 자격 기준 강화
450*	알키비아데스 출생(~404)
	아리스토파네스 출생
	플라톤『파르메니데스』의 배경
447	파르테논 신전 건립 시작(~432. 페이디아스)
445	1차 펠로폰네소스 전쟁 종결
	아테네와 스파르타 간 30년 평화 협정 체결
441	사모스 반란
	소포클레스『안티고네』상연
440	사모스 원정(소크라테스 참가?)
438	페이디아스가 공금 횡령으로 고발당해 아테네를 떠남
432	포테이다이아 반란

소크라테스가 알키비아데스와 함께 포테이다이아 원정 참가(~429)

알키비아데스의 목숨을 구해 줌

플라톤 『프로타고라스』, 『알키비아데스』의 배경

파르테논 신전 완공

431 펠로폰네소스 전쟁 발발(~404)

페리클레스의 전사자 추모 연설

에우리피데스 『메데이아』 상연

431* 크세노폰 출생(~355*)

430* 카이레폰이 델피에 가서 소크라테스보다 더 지혜로운 사람이 있는지 신탁에 질문

430 아테네에 역병 퍼짐

페리클레스가 벌금형 선고받고 관직 박탈당함

429 페리클레스가 관직에 재선출

페리클레스가 역병으로 사망하고 신흥 세력인 클레온 등이 실력자가 됨

포테이다이아 함락됨

소크라테스가 포테이다이아에서 아테네로 귀환

428 레스보스 섬의 뮈틸레네가 아테네에 대항하여 반란을 일으킴

427 뮈틸레네가 함락되고 보복당함(클레온의 전면 학살 발의가 민회에서 통과되고 실행 절차에 들어가나, 다음 날 철회 결정이 내려지고 학살은 실행 직전에 겨우 중지됨)

고르기아스가 아테네 방문

플라톤 출생(~347)

424 소크라테스가 델리온 전투(아테네 패배)에 참가(크세노폰을 구출)

플라톤 『라케스』의 배경

423 아리스토파네스 『구름』 상연

422 소크라테스가 암피폴리스 전투(아테네 패배. 클레온 사망. 스파르타의 브라시다스도 사망)에 참가

421 아테네와 스파르타의 니키아스 평화 협정

419* 소크라테스가 크산티페와 결혼

416 아테네가 복속 강요에 저항하는 중립국 멜로스를 정복하고 학살로 보복

알키비아데스가 올림피아 제전 마차 경기에서 우승. 장군에 선출

플라톤 『향연』의 배경

416* 소크라테스의 아들 람프로클레스 출생

415 알키비아데스가 아테네 민회를 설득하여 스파르타와의 평화 협정을 깨고 스파르타의 동맹국인 시칠리아 원정 시작(~413)

원정 전날 발생한 신성모독 사건에 연루된 혐의로 소환 도중 스파르타로 망명

413 아테네의 시칠리아 원정군 전멸

플라톤 『이온』의 배경

412 여러 도시국가들이 아테네에 대항하여 반기를 들기 시작

알키비아데스가 스파르타 왕 아기스 2세가 자신을 살

해하려 한다는 소식 듣고 페르시아로 망명

411 아테네에 4백인 과두정 쿠데타 발생

410 아테네에 민주정 복원

알키비아데스가 장군으로 아테네 해군을 지휘하여 퀴지코스 해전에서 승리

410* 소크라테스의 아들 소프로니스코스 출생

407* 플라톤이 소크라테스 문하 젊은이 그룹에 합류

407 알키비아데스가 망명 끝내고 아테네로 금의환향

종교적 추문 혐의 벗음

406 아르기누사이 해전(아테네 승리)

소크라테스가 생존자 구출에 실패한 장군들을 일괄 재판에 회부한 민회의 불법적 결정에 반대

알키비아데스의 보좌관 안티오코스가 노티온 해전에서 패배

405 아이고스포타모이 전투(아테네 패배. 스파르타 장군 뤼산드로스)

에우리피데스 사망

소포클레스 사망

404 펠로폰네소스 전쟁 종료(아테네 항복)

아테네-피레우스 간 성벽 파괴

친스파르타계 30인 참주의 공포 정치(~403. 크리티아스 주도)

소크라테스가 30인 참주의 레온 체포 살해 명령에 협조 거부

II. 고대 아테네의 아고라

〈그림 1〉 기원전 400년경 아고라 평면도

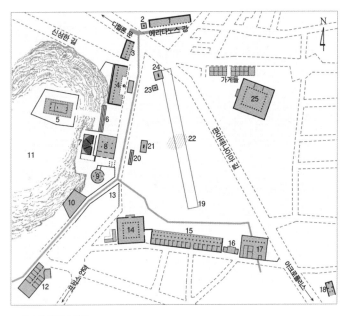

※ 참고한 평면도 자료

1. http://en.wikipedia.org/wiki/Ancient_Agora_of_Athens#mediaviewer/File:AgoraAthens5thcentury.png
2. 휴즈(B. Hughes, 2012: 28~29)

1. 스토아 포이킬레(채색 주랑)

2. 아프로디테 우라니아의 제단

3. 스토아 바실레이오스
   (바실레우스의 주랑)

4. 제우스 엘레우테리오스의
   스토아

5. 헤파이스테이온
   (헤파이스토스 신전)

6. 쉬네드리온(회의장)

7. 불레우테리온(평의회장)

8. 메트로온(기록물 보관소,
   옛 불레우테리온)

9. 톨로스(원형 청사)

10. 스트라테게이온
    (장군들이 만나는 장소)

11. 콜로노스 아고라이오스
    (아고라 언덕)

12. 데스모테리온(감옥)

13. 아고라 경계석

14. 아이아케이온('헬리아이아'로 알
    려졌던 지붕 없는 건물)*

15. 남쪽 스토아 I

16. 남동쪽 샘집

17. 화폐 주조소

18. 엘레우시니온
    (엘레우시스 성소)

19. 경주로

20. 건국영웅상

21. 제우스 아고라이오스의 제단

22. 옛 오르케스트라

23. 에스카라(제물을 태우는 제단)

24. 12신 제단

25. 법정(아탈로스의 스토아 자리에
    있던 지붕 없는 건물)

　

*14번 아이아케이온은 한동안 헬리아이아(최고 법정)로 알려졌던 곳이다. 최근의 고고학적 연구들은 이곳이 지붕으로 덮인 건물이 있던 자리라기보다 영웅 아이아코스의 것으로 추정되는 울타리만 있는 성소였다(기원전 4세기 초 무렵에는 국가의 곡물 저장소였다)는 쪽으로 기울어 있다. 아이아코스는 본문 41a에 하부 세계의 정의로운 재판관 가운데 한 사람으로 등장한다.

〈그림 2〉 기원전 400년경 아고라 서편 재현도

(아고라에서 서쪽 헤파이스토스 신전 방향을 바라본 광경)

W.B. DINSMOOR, JR.-1981

※ 출처 및 저작권

Agora Excavations, American School of Classical Studies at Athens. From *The Athenian Agora* by John M. Camp, 1986, Thames and Hudson Ltd, London. Reproduced by kind permission of Thames and Hudson Ltd.

가장 왼쪽의 둥근 건물이 톨로스(〈그림 1〉의 9번), 그 오른쪽으로 옛 불레우테리온 자리였던 메트로온(8번)이, 그 뒤편으로 불레우테리온(7번)이 있고, 그 오른편으로 계단 모양의 쉬네드리온(6번), 뒤쪽 위로 헤파이스토스 신전(5번), 쉬네드리온 오른편에 제우스의 스토아(4번), 그리고 그 오른편에 스토아 바실레이오스(3번)가 있다. 제우스 스토아 앞쪽 길 맞은편에 제물을 태우는 제단인 에스카라(23번)가 있고 그 오른쪽에 12신 제단(24번)이 있으며, 오른쪽 모퉁이에 우물도 보인다. 헤파이스토스 신전이 있는 언덕이 왼쪽 위의 언덕과 이어져 있는데, 이것이 아고라 언덕(11번)이다. 그림 아래쪽 큰 길이 판아테나이아 길인데 왼쪽으로 가면 아고라 남동쪽에 있는 아크로폴리스로 올라가게 되고 오른쪽으로 가면 아고라 북동쪽에 있는 디퓔론 문이 나온다.

〈그림 3〉 기원전 5세기 아테네 재현도

(아고라 북서쪽에서 남동쪽 아크로폴리스 방향을 바라본 광경)

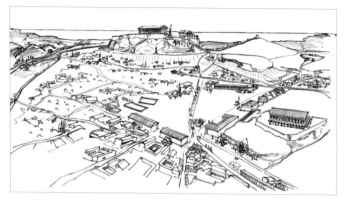

※ 출처 및 저작권 (저작권자의 배려로 무료로 사용했음.)
http://www. agathe.gr/

　가운데 아래에서 위로 난 대로가 판아테나이아 길이고 그 길을 따라 끝까지 가서 왼편에 있는 것이 아크로폴리스 언덕이며 꼭대기에 우뚝 선 건물이 파르테논 신전이다. 디오니소스 극장은 파르테논 신전 뒤, 즉 아크로폴리스의 반대쪽 경사면에 있다. 그림의 오른쪽 아래 디필론 문 쪽에서 오다가 판아테나이아 길로 곧장 가지 않고 스토아 바실레이오스를 끼고 오른쪽 길로 가면 〈그림 2〉에 재현된 건물들이 그 오른편에 펼쳐지게 된다(오른편 아고라 언덕에 우뚝 서 있는 것이 헤파이스토스 신전이다). 그 길을 따라 가다가 같은 방향으로 난 왼쪽 옆길로 들어가 그 길의 끝까지 가서 왼쪽으로 약간 틀면서 이어지는 길로 계속 올라가면 민회가 열리던 프닉스 언덕(그림의 오른쪽 위 구석에 보금자리 모양으로 된 곳)이 나온다. 그곳과 아크로폴리스 사이에 평평하고 널찍한 언덕이 아레오파고스다.

고대 아고라의 모습에 관한 세부 내용들은 캠프(J. M. Camp, 2003: 22)나 웹사이트 http://project.athens-agora.gr/index.php?view=ktirio&pid=6&lang_id=en 등을 참고할 수 있다. 같은 사이트의 http://project.athens-agora.gr/maps/index_en.html이나 http://www.ancientathens3d.com/agoraclassicEn.htm 등에서는 아고라를 시대별로, 그리고 3차원 지도로 생생하게 조망할 수 있다. 캠프가 장으로 있는 아고라 발굴 주도 단체의 공식 사이트 http://www.agathe.gr/도 참고할 만하다. 아울러, 고고학적 발굴의 성과를 반영하며 소크라테스 재판 당시 아고라 주변의 생생한 모습을 재현해 주는 휴즈(B. Hughes, 2010)도 참고할 만하다.

※ 『변명』 본문과 주석에서 언급된 아고라 주변 장소들

- 17c 시장 : 아고라
- 17d, 39e, 40b 재판정 : 스토아 바실레이오스(3번)나 법정(25번). 예전에는 헬리아이아로 알려졌던 곳(14번)이 소크라테스 재판이 열린 곳일 것이라고 대개들 생각했지만 지금은 아니다.
- 25a 민회 : 프뉙스 언덕(그림 3의 오른쪽 위), 아레오파고스 언덕(그림 3의 남쪽 스토아 뒤편의 널찍한 언덕), 디오니소스 극장(그림 3의 가운데 위쪽에 있는 파르테논 신전 뒤쪽의 아크로폴리스 반대쪽 경사면)
- 25a, 32b 평의회 : 평의회장(불레우테리온)(7번)
- 26d~e 오르케스트라(22번)
- 32c~d 원형 청사 : 톨로스(9번)
- 36d~37a 시 중앙 청사 : 프뤼타네이온(장소 불명)
- 39e "내가 가서 죽어야 할 곳" : 감옥(12번)

참고문헌

1. 기본 텍스트

Plato, *Apologia Socratis*, in E. A. Duke, W. F. Hicken, W. S. M.
   Nicoll, D. B. Robinson & J. C. G. Strachan (eds.) *Platonis Opera*,
   Tomus I: Tetralogias I—II Continens, Oxford Classical Text, Oxford
   Clarendon Press, 1995, pp. 28~63 (OCT 신판).

cf. Plato, *Apologia Socratis*, in J. Burnet (ed.) *Platonis Opera*, Tomus
   I: Tetralogias I~II Continens, Oxford Classical Text, Oxford
   Clarendon Press, 1900 (1989 repr.) pp. 25~59 (OCT 구판).

2. 기타 텍스트, 번역, 주석

Allen, R. E. (tr. & comm.), *Plato, Euthyphro, Apology, Crito, Meno,
   Gorgias*, Menexenus, Yale University Press, 1984.

Bonnett, A. L. (tr.), *Xenophon : Memorabilia*, Cornell University Press,
   2001.

Brisson, L. (tr.), *Platon, Apologie de Socrate, Criton*, 3rd ed., GF

Flammarion, 2005.

Burnet, J. (ed.), *Plato, Euthyphro, Apology of Socrates, Crito*, Oxford Clarendon Press, 1924 (2002 repr.).

Gallop, D., *Plato, Defence of Socrates, Euthyphro, Crito*, Oxford University Press, 1997.

Kremer, M. (tr.), *Plato and Xenophon, Apologies*, Focus Publishing, 2006.

Marcovich, M. (ed.), *Diogenes Laertius : Vitae Philosophorum*, Vol. I : Libri I—X, B.G. Teubner, 1999.

Miller, P. A. & C. Platter, *Plato's Apology of Socrates : A Commentary*, University of Oklahoma Press, 2010.

Reeve, C. D. C. (ed. & tr.), *The Trials of Socrates : Six Classic Texts*, Hackett Publishing Co., 2002.

Stokes, M. C. (ed. & tr.), *Plato, Apology of Socrates*, Aris & Phillips Ltd., 1997.

de Strycker, E. & S. R. Slings, *Plato's Apology of Socrates : A Literary and Philosophical Study with a Running Commentary*, E. J. Brill, 1994.

Tredennick, H. & H. Tarrant (trs.), *Plato, The Last Days of Socrates : Euthyphro, Apology, Crito, Phaedo*, Penguin, 2003.

Tredennick, H. & R. Waterfield (trs.), *Xenophon : Conversations of Socrates*, rev. ed., Penguin, 1990.

West, T. G. & G. S. West (trs.), *Plato & Aristophanes, Four Texts on Socrates : Plato's Euthyphro, Apology and Crito and Aristophanes' Clouds*, rev. ed., Cornell University Press, 1998.

플라톤, 강철웅 옮김, 『향연』, 이제이북스, 2010.

_____, 박종현 옮김, 『플라톤의 네 대화편 : 에우티프론/소크라테스의 변론/크리톤/파이돈』, 서광사, 2003.

_____, 이기백 옮김, 『크리톤』, 이제이북스, 2009.

3. 해설서, 연구서, 논문집

Ahbel-Rappe, S., *Socrates : A Guide for the Perplexed*, Continuum, 2009.

Ahbel-Rappe, S. & R. Kamtekar (eds.), *A Companion to Socrates*, Blackwell, 2006.

Barrett, H., *The Sophists : Rhetoric, Democracy, and Plato's Idea of Sophistry*, Chandler & Sharp, 1987.

Benson, H. (ed.), *Essays on the Philosophy of Socrates*, Oxford University Press, 1992.

Brickhouse, T. C. & N. D. Smith, *The Philosophy of Socrates*, Westview Press, 2000.

_____, *The Trial and Execution of Socrates : Sources and Controversies*, Oxford University Press, 2002.

_____, *Plato and the Trial of Socrates*, Routledge, 2004.

Camp, J. M., *The Athenian Agora : Excavations in the Heart of Classical Athens*, Thames and Hudson, 1986.

_____, *The Athenian Agora : A Short Guide to the Excavations, Excavations of the Athenian Agora, American School of Classical Studies*, Princeton, 2003.

Diels, H. & W. Kranz, *Die Fragmente der Vorsokratiker*, 3 Vols, 6th ed., Weidmann, 1951 (DK).

Dorion, L.-A., *Socrate*, Presses Universitaires de France, 2004 (국역 : 루이-앙드레 도리옹 (김유석 역), 『소크라테스』, 이학사, 2009).

Dunn, J., *Setting the People Free : The Story of Democracy*, Atlantic Books, 2005 (국역 : 존 던 (강철웅·문지영 역), 『민주주의의 수수께끼』, 후마니타스, 2015).

Fine, G., *Plato 1 : Metaphysics and Epistemology*, Oxford University Press, 1999.

Guthrie, W. K. C., *A History of Greek Philosophy*, Vol. 4, *Plato The Man and His Dialogues : Earlier Period*, Cambridge University Press, 1975.

Hughes, B., *The Hemlock Cup : Socrates, Athens and the Search for the Good Life*, Vintage, 2010 (국역 : 베터니 휴즈 (강경이 역), 『아테네의 변명』, 옥당, 2012).

Hunter, R., *Plato's Symposium*, Oxford University Press, 2004.

Kamtekar, R. (ed.), *Plato's Euthyphro, Apology, and Crito : Critical Essays*, Rowman & Littlefield, 2005.

Kerferd, G. B., *The Sophistic Movement*, Cambridge University Press, 1981 (국역 : 조지 커퍼드 (김남두 역), 『소피스트 운동』, 아카넷, 2003).

Kerferd, G. B. (ed.), *The Sophists and Their Legacy*, Franz Steiner Verlag, 1981.

Kraut, R., *Socrates and the State*, Princeton University Press, 1984.

Kreeft, P., *Philosophy 101 by Socrates : An Introduction to Philosophy via Plato's Apology*, Ignatius Press, 2002.

McCoy, M., *Plato on the Rhetoric of Philosophers and Sophists*, Cambridge University Press, 2008.

McPherran, M. L., *The Religion of Socrates*, Pennsylvania State University Press, 1996.

Morrison, D. R. (ed.), *The Cambridge Companion to Socrates*, Cambridge University Press, 2011.

Nails, Debra, *The People of Plato : A Prosopography of Plato and Other Socratics*, Hackett, 2002.

Reeve, C. D. C., *Socrates in the Apology of Socrates : An Essay on Plato's Apology of Socrates*, Hackett Publishing Co., 1989.

de Romilly, J., *The Great Sophists in Periclean Athens*, Oxford University Press, 1992.

Stone, I. F., *The Trial of Socrates*, Anchor, 1989.

Vlastos, G. (ed.), *The Philosophy of Socrates*, Anchor, 1971

Waterfield, R., *Why Socrates Died : Dispelling the Myths*, Norton, 2009

Woodruff, P., *First Democracy : The Challenge of an Ancient Idea*, Oxford University Press, 2005 (국역: 폴 우드러프 (이윤철 역), 『최초의 민주주의 : 오래된 이상과 도전』, 돌베개, 2012)

4. 논문

Broadie, S., "The Sophists and Socrates", in D. Sedley (ed.), *The Cambridge Companion to Greek and Roman Philosophy*, Cambridge University Press, 2003, pp. 73~97.

Burnyeat, M. F., "First Words", *Proceedings of the Cambridge Philological Society* 43, 1997, pp. 1~20.

Coulter, J. A., "The Relation of the Apology of Socrates to Gorgias' Defense of Palamedes and Plato's Critique of Gorgianic Rhetoric", *Harvard Studies in Classical Philology* Vol. 68, 1964, pp. 269~303.

Feaver, D. D. & J. E. Hare, "The Apology as an Inverted Parody of Rhetoric", *Arethusa* 14, 1981, pp. 205~216.

Kato, S., "The Apology : The Beginning of Plato's Own Philosophy", *Classical Quarterly* 41, 1991, pp. 356~364.

MacKenzie, M. M., "The Virtues of Socratic Ignorance", *Classical Quarterly* 38, 1988, pp. 331~350.

McPherran, M., "Elenctic Interpretation and the Delphic Oracle", in G. A. Scott (ed.), *Does Socrates Have a Method : Rethinking the Elenchus in Plato's Dialogues and Beyond*, The Pennsylvania University Press, 2002, pp. 114~144.

Nehamas, A., "Eristic, Antilogic, Sophistic, Dialectic : Plato's Demarcation of Philosophy from Sophistry", *History of Philosophy Quarterly* 7,

1990, pp. 3~16.

Notomi, N., "Images of Socrates in Japan : A Reflection on the Socratic Tradition", Proceeding for a conference at Seoul National University, 2004.

Seeskin, K., "Is the Apology of Socrates a Parody?", *Philosophy and Literature* 6, 1982, pp. 94~105.

de Strycker E. & S. R. Slings, "Plato's Apology of Socrates", in R. Kamtekar (2005), pp. 72~96.

Taylor, C. C. W., "Socrates the Sophist", L. Judson & V. Karasmanis (eds.), *Remembering Socrates : Philosophical Essays*, Oxford, 2006, pp. 157~168.

Vlastos, G., "The Socratic Elenchus", *Oxford Studies in Ancient Philosophy* 1, 1983, pp. 27~58; repr. in G. Fine (1999), pp. 36~63.

_____, "Socrates' Disavowal of Knowledge", *Philosophical Quarterly* 35, 1985, pp. 1~31; repr. in G. Fine (1999), pp. 64~92.

Woodruff, P., "Plato's Early Theory of Knowledge", in S. Everson (ed.), *Epistemology*, Cambridge University Press, 1990, pp. 60~84.

강철웅, 「플라톤의 『변명』에 나오는 소크라테스의 무지 주장의 문제」, 《철학논집》 제12집, 2006, 63~98쪽 (http://hompi.sogang.ac.kr/sgriphil/articles_12_pdf/12_3.pdf).

_____, 「플라톤 『크리톤』의 번역과 이해의 문제: 기존 국역에 대한 비평과 대안을 중심으로」, 《철학연구》 제98집, 2012, 35~72쪽.

김요한 · 박규철, 「플라톤의 수사학적 교육방법론의 철학적 의미 : 『소크라테스의 변론』, 『팔라메데스 변론』, 『고르기아스』를 중심으로」, 《동서철학연구》 제61호, 2011, 81~94쪽.

김유석, 「개와 늑대의 시간 : 소피스트 운동 속에서 바라본 소크라테스의 재판」, 《철학연구》, 제100집, 2013, 5~37쪽.

_____, 「소크라테스」, 강철웅 외, 『서양고대철학 1 : 철학의 탄생으로부터

플라톤까지』, 길, 2013, 273~305쪽.

박성우, 「플라톤의『변명』과 소크라테스적 정치적 삶」,《한국정치학회보》제
38집 제2호, 2004, 29~49쪽.

서영식, 「소크라테스와 플라톤에 있어서 자기인식의 문제:『변명』편과『카
르미데스』편을 중심으로」,《새한철학회 학술대회 발표논문집》, 2004,
144~156쪽.

이정호, 「플라톤의 대화편 "소크라테스의 변명(Apologia Sokratous)"의 분
석」,《시대와 철학》제5권 제1호, 1994, 89~118쪽.

페르노, 로랑 (Pernot, L.) 「플라톤과 수사학(Platon et la Rhétorique)」,《서
양고전학 연구》제27집, 2007, 65~103쪽.

한석환, 「플라톤의『변명』과 수사술」,《서양고전학연구》제21집, 2004,
37~61쪽.

5. 기타

Hornblower, Simon & Antony Spawforth (eds.), *The Oxford Classical
Dictionary : The Ultimate Reference Work on the Classical World*, 3rd
ed., Oxford University Press, 1996.

Liddell, Henry George & Robert Scott (rev. & aug. by Henry Stuart
Jones), *A Greek- English Lexicon*, 9th ed., Oxford Clarendon Press,
1961 (LSJ).

찾아보기

일러두기

- 해당 단어가 위치한 자리를 표시할 때(예: 25c), 번역문이 아니라 원문(OCT 신판)의 스테파누스 행 표시를 기준으로 삼는다. 그렇기 때문에 번역문에서 해당 단어를 찾을 때, 표시된 소절이 아닌 앞이나 뒤의 소절에서 찾아야 할 경우도 있다.

- 표제어를 제시하거나 용례가 쓰인 곳을 열거할 때, 내용에 중대한 영향을 주지 않는 문법적 차이(예: 형용사와 유관 명사나 부사의 차이, 정형 동사와 유관 분사나 형용사적 동사의 차이, 능동태와 수동태나 중간태의 차이 등)는 대개 무시한다. 형용사, 정형 동사의 부정법(不定法), 능동태를 다른 관련 형태들의 대표 형태로 제시한다. 예컨대 '옳게'는 '옳은'에서, '건강함'은 '건강한'에서, '찬양받다'는 '찬양하다'에서 찾을 수 있고, 'didaskō'나 'didaskei' 등은 'didaskein'으로 대표된다.

- 별다른 언급(# 표시)이 없는 한 해당되는 번역어나 원어의 모든 용례가 망라되어 있다.

- 이 찾아보기에서 자주 사용되는 기호들은 다음과 같은 쓰임새를 갖는다.

  * : 번역 본문에서 채택되거나 반영되지 않은 번역어나 원어 형태를 가리킨다. 번역어에 붙은 경우는 그 형태 그대로 번역에 채택되거나 반영되지는 않았지만 해당 항목의 다른 혹은 구체적인 의미나 뉘앙스를 전달해 줄 만한 대안 번역어를 가리킨다. 원어(즉 로마자 단어)에 붙은 경우는 사본의 독법들이 다른데 이 번역서에서 해당 사본을 받아들이지 않았다는 의미가 된다.

  ☆ : 해당 항목에 대한 더 상세한 주석이 딸려 있는 자리를 가리킨다.

  — : 해당 항목의 구분된 쓰임새를 나누어 제시한다.

  → : 상세한 정보가 들어 있는 다른 항목을 찾아가라는 표시다.

cf. : 해당 항목과 내용이 긴밀히 연결되어 있는 다른 항목을 참조하라는 표시다.

일반 용어

11인 관리 hoi hendeka 37c*
30인 통치자들 hoi triakonta 32c*

가 버리다 apienai → 떠나다
가까운 engys 25c, 30a, 38c
*가까운 plēsios → 이웃한
가난, 가난한 상태 penia
    — 가난 31c
    — 가난한 상태 23c
가난한 penēs 33b, 36d cf. 부유한
가능한 dynatos 39d
가능한 한 많은 hoti malista 34c cf.
    가장(malista)
가능한 한 훌륭한 hōs beltistos →
    가장 훌륭한
가두다, *묶다 dein 37c(간혀 있겠다)
    cf. 간청하다
가득 차 있다 gemein 26d
가득 채우다 empiplanai 23e cf. 물
    들이다
가르치다 didaskein 19c, d(서로서로
    가르치고), 20b, c, 21b, 23d,
    26a(2회), b(2회), c(2회), 27c,

29c, 33b, 35c, d cf. 대화를
나누다, 함께 있다, 교육하다,
훈계하다, 알려주다, 설득하
다, 배우다
가만히 있다 hēsychian agein → 조
용히 지내다
가망, *기대 elpis 40c cf. 좋은 기대
를 가진
가문, *혈통, *족속 genos 30a
가벼이 여기다 kataphronein → 무
시하다
가장, 가장 많은, 가장 잘, 아주 잘,
특히, 유독, 물론, 가능한 한
많은 malista
    — 가장 22a(가장 명망이 높은),
b(가장 공을 들여 지은), 25d(가
장 이웃해 있는), 34a(가장 알맞
기로는)
    — 가장 많은 23c(가장 여유가
많은)
    — 가장 잘 39c
    — 아주 잘 18c
    — 특히 21c
    — 유독 17a
    — 물론 24e(물론입니다)

— 가능한 한 많은 hoti malista 34c

가장 위대한 megistos → 최대의

*가장 좋은 aristos → 가장 훌륭한

가장 중요한 megistos → 최대의

*가장 큰 megistos → 최대의

가장 훌륭한, 최선의, *가장 좋은 aristos

    — 가장 훌륭한 양반 27b, 29d, 34d

    — 최선의, *가장 좋은 35d

    — 최대한 훌륭한 hōs aristos 30b(영혼)

가장 훌륭한, 최선의, *가장 좋은 beltistos

    — 가장 훌륭한 24d, e, 36c

    — 최선의 28d

    — 최대한 훌륭한 hōs beltistos 29e(영혼)

    — 가능한 한 훌륭한 hōs beltistos 39d(자신)

가치가 있는, 걸맞은, (…받아) 마땅한 axios cf. 받아 마땅한 것, …답지 않은, 생각하다(axioun), 정의로운, …해야 하다

    — 가치가 있는, 가치를 지닌 23a, b(2회), 30a(가치를 지닌), 42a

    — 걸맞은 32e

    — 마땅한, …받아 마땅한 36b, d, 37b, 41e

가혹한 chalepos → 어려운

간주하다 nomizein → 믿다

간청하다 katadeisthai 33e

간청하다, 부탁하다, 요구하다, 요청하다, 필요하다 deisthai cf. 청하다, 탄원하다, 애원, 필요하다, 가두다

    — 간청하다 34c, d, 35c(2회), d

    — 부탁하다 41e

    — 요구하다 17c

    — 요청하다 18a

    — 필요하다 21c, 26a, 30e, 36d, e(2회)

간파하다, *관찰하다, *판정하다, *고발하다 katagignōskein 25a cf. 알아보다

감각 aisthēsis 40c(2회) cf. 알아차리다

감독자 epistatēs 20a, b

감사 charis 20a

감옥 desmōtērion 37c

감히 …하다 tolman → 엄두를 내다

강고한 ischyros 32d cf. 힘

강요하다 biazein 35d cf. 설득하다

같다 phainesthai / eoika → …인 것 같다

같다 kindyneuein → …인 것 같다

→ 위험을 무릅쓰다

같은 마을 사람, *동향(同鄕) 사람, *마을 사람, *부락민 dēmotēs 33e cf. 동년배, 부족

갚다 timōreisthai → 앙갚음하다

개 kyōn 22a

개인 idiōtēs → 평범한 개인

개인적으로, 사적 영역에서 idiāi cf. 공적으로

— 개인적으로 26a, 31b, c, 33b, 36c

— 사적 영역에서 30b, 33a

거론하다, 택하다 analambanein

— 거론하다 19a

— 택하다 22b

거명하다, *조회시키다, *돌리다, *의지하다 anapherein 20e

거부하다, (…하기) 싫어하다, 의향이 없다 ouk ethelein cf. 의향이 있다

— 거부하다 26a

— (…하기) 싫어하다 23d

— 의향이 없다 33d

거의 oligos → 근소한

거의, 사실상, *…와 다름없는 oligou, oligou dein cf. 말하자면, 근소한

— 거의 oligou 17a, 22b

— 사실상, *…와 다름없는

oligou dein 22a

거저로 proika 19e

거짓, *거짓말 pseudos 34e cf. 진실

거짓된 pseudēs 18a(거짓 고발 내용)

거짓말하다, 거짓을 말하다, *속이다, *기만하다, 틀리다, *잘못 말하다, *틀린 것을 말하다, *잘못하다, *실수하다, *속다 pseudesthai cf. 기만하다, 진실을 말하다

— 거짓말하다, 거짓을 말하다, *속이다, *기만하다 17a, 20e, 34b(거짓을 말하는)

— 거짓을 말하다, 틀리다, *잘못 말하다, *틀린 것을 말하다, *잘못하다, *실수하다, *속다 21b(거짓을 말하지는), 22d(나의 기대가 틀린), 26a(틀린)

걱정하다 kēdesthai → 마음 쓰다

건져 주다, *구출하다, *시신을 수습하다, 대답하다, *신탁을 주다 anairein

— 건져 주다, *구출하다, *시신을 수습하다 32b☆

— 대답하다, *신탁을 주다, *집어 들다 21a

걸맞은 axios → 가치가 있다

검토, *심문, *시험, *성찰 exetasis 22e(21b의 zētēsis(탐색)가 22e에

서 exetasis로 표현됨) cf. 탐색,
검토하다

검토 없는, *심문/시험/성찰되지 않
는 anexetastos 38a

검토하다, *심문하다, *시험하다, *성
찰하다 exetazein 23c(3회), 24c,
28e('지혜를 사랑하다'와 함께),
29e('묻다', '논박하다'와 함께),
33c, 38a, 41b(2회 : 첫째 용례
는 '탐문하다'와 함께. 둘째 용례
는 '많은 사람들을 … 검토하는'인
데 번역문에서는 우리말 어순 때
문에 41c에 나옴), c('대화하다',
'함께 지내다'와 함께) cf. 검토,
묻다, 논박하다, 탐문하다, 시
험하다, 살펴보다, 지혜를 사
랑하다, 탐색하다

겪다(…한 일을), 처하다(…한 상태에),
*경험하다, *영향을 받다, *…
한 느낌/생각을 갖다 paschein
cf. 겪은 일
— 겪다 17a☆, 21c, 22a, 33d,
35a, 36b, d, 37b, 42a
— 처하다 22c

겪은 일, 상태, *경험 pathos cf. 겪다
— 겪은 일 41b
— 상태 22c

견뎌 내다 pherein 37c, d

견뎌 내다 → 논박을 견뎌 내다

견디다 anechesthai 31b

견디다 hypomenein → 참고 견디다

견주다 antiparaballein / antipara-
tithenai
— antiparaballein 41b
— antiparatithenai 40d

결사(結社) synōmosia 36b

결정을 내리다 bouleuesthai → 의결
하다

경건한 hosios 35d cf. 불경건한, 신
을 잘 섬기다, 정의로운

경솔한 rhadios → 쉬운

곁에 붙들어 놓다 paralambanein 18b

계산에 넣다, *참작하다, *고려하다
hypologizesthai 28b, d cf. 추
론하다, 살펴보다, 숙고하다
*고려하다 hypologizesthai →
계산에 넣다

고발 katēgoria 19a cf. 항변

고발 graphē → 고발장

고발 내용 katēgorēmena 18a

고발자, 고발한 사람 katēgoros
— 고발자 18a, c(2회), d, 19b,
24b, 31b, 39b,
— 고발한 사람 17a, 18b, 24b,
35d, 41d

고발장 antigraphē 27c

고발장, 고발, 소송 graphē cf. 고발
하다(graphēn graphesthai)

— 고발장 26b, 27a, 28a, 31d

— 고발 26e, 27e

— 소송 19b

고발장, *선서 진술서 antōmosia 19b, 24b

고발장을 쓰다 graphēn graphesthai → 고발하다

고발하다 katēgorein 18b, c(2회), d, e, 24b, d, 26d, 31b, 33d, 35d, 36a, 41d cf. 피소되다

고발하다 endeiknynai 32b cf. 보여 주다(endeiknysthai)

*고발하다 eisagein → 법정에 세우다

고발하다, 소송을 제기하다, 고발장을 쓰다 graphēn graphesthai cf. 고발장(graphē)

— 고발하다 26e, 27e

— 소송을 제기하다 19b

— 고발장을 쓰다 26b

고발하다, *소송을 제기하다 enkalein 26c, 27e

고발한 사람 katēgoros → 고발자

고심하다 aporein → 막막하다

고의로 hekōn → 의도적으로

고인이 되다 teleutan → 삶을 마치다

고통스럽다 lypeisthai → 괴롭히다

고함을 지르다, 목청을 돋우다, *소리치다 boan cf. 소란을 벌이다

— 고함을 지르다 30c

— 목청을 돋우다 32b

곧바로 euthys 29e, 39c

곧바로, 단박에 autika

— 곧바로 28c, d

— 단박에 17b

골라내다 eklegein 40d

공들이다 pragmateuesthai → 일삼다

공언하다 phaskein → 주장하다

공적으로, 공적 영역에서 dēmosiāi cf. 개인적으로

— 공적으로 31c

— 공적 영역에서 30b, 33a

공적인 dēmosios 32e + '공적으로' 항목의 용례들

공적인 삶을 살다 dēmosieuein 32a cf. 사적인 삶을 살다

공중을 걷다 aetobatein 19c

공포로 몰아넣다 ekplēttein 32d

과두정 oligarchia 32c cf. 민주정 치하에 있다

관리 archōn → 지휘관

관심을 가지다 melei 24c, d(2회), 25c, 26b, 32d(2회) cf. 돌보다, 무관심, 신경 쓰다

*관심을 기울이다 epimeleisthai → 돌보다

*관심을 기울이지 않다 amelein → 돌보지 않다

관직, *공직, 정권, 권력, *권위, 처음,

애초 archē cf. 명예

— 관직, *공직 32a, 35b, 36b

— 정권 32d(2회)

— 권력, *권위 37c

— 처음 19a, 27b

— 애초 29c

관직을 맡다 archein → 지휘하다

*괜찮은 epieikēs → 제대로 된

괴롭히다, 고통스럽다 lypein, lypeis-
    thai

— 괴롭히다 lypein 41e(2회)

— 고통스럽다 lypeisthai 21e

교육하다, *가르치다 paideuein 19d,
    e, 24e cf. 가르치다, 훈계하다,
    알려주다, 설득하다, 배우다

교제 synousia 20a cf. 함께 있다, 삶

*교제 diatribē → 시간 보내기

교제하다, 교제를 나누다 syneinai
    → 함께 있다

구부러진 korōnis 28d

국가, 나라, 도시 polis cf. 시민, 정치
    적인

— 국가 23b, 24b, 26b, c, 29d,
    30e(2회), 31c, e, 32b, 34e,
    35a, b, 36b, c(2회), 38c

— 나라 30a, 31a, 32c, 37d

— 도시 19e

군대 지휘 stratēgia 36b cf. 장군

굴복하다, *복종하다, *굴종하다

hypeikein 32a(2회) cf. 따르다

굼뜬, *나태한, *무딘 nōthēs 30e
    cf. 느린, 기민한, 빠른

궁함 aporia 38d(2회)

권고 parakeleusis 36d

권고하다 parakeleuesthai 29d, 31b
    cf. 부추기다, 명령하다

권력 archē → 관직

권하다 keleuein → 명령하다

귀를 기울이다 akroasthai 37d

귀환하다, *망명에서 돌아오다, *내
    려가다 katerchesthai 21a

그 나이의 tēlikoutos 25d cf. 이 나이
    의

그때그때 aei → 늘

그렇다고 하다 phanai → 말하다

그림자와 싸우다 skiamachein 18d
    cf. 싸우다

그야말로 atechnōs → 순전히

그토록 tosoutos → 이런 많은

극단적인, 극치 eschatos

— 극단적인 34c

— 극치 40a

극도의 myrios → 수없이 많은

근소한, *작은, 소수, *적은, 짧은, 잠
    깐, 거의, 사실상 oligos cf. 큰

— 근소한, *작은 35e(par'
    oligon : 근소한 표차가)

— 소수, *적은 25b

— 짧은 19a(짧은 시간 동안),
24a(짧은 시간 안에), 37a(짧은
시간 동안), b(짧은 시간 안에)
— 잠깐 22b(잠깐 사이에), 32a
(잠깐 동안), 38c(잠깐 동안) → 시
간(잠깐 동안)
— 거의 23a, c
— 거의, 사실상, *…와 다름없
는(oligou, oligou dein) 17a, 22a,
b → 거의
기꺼운 hēdys → 달콤한
기다리다 perimenein 38c cf. 남다
기대하다 prosdokan 17c
기대하다 axioun → 생각하다
기만하다 exapatan 17b, 27a cf. 거
짓말하다
기민한 oxys 39b cf. 빠른, 느린, 굼뜬
기술 technē 20c, 22d cf. 앎, 지혜
기억하다 oiesthai → 생각하다
긴 megas → 큰
까다로운 chalepos → 어려운
까닭, *이유 aition 24a, 31c, 40b
…까지 하다 trepesthai → 방향을 잡
다
깨닫다 aisthanesthai → 알아차리다
깨어나게 하다 egeirein → 일깨워 주다
꼼꼼히 따져 묻다, *끈질기게/상세
히 묻다 dierōtan 22b cf. 묻다
꼼꼼히 살펴보다, *꼼꼼히 따져 보다

diaskopein 21c cf. 살펴보다
꽃다운 나이로 자라다, *사춘기에 이
르다 hēban 41e cf. 젊은이
꾸짖다 oneidizein → 비난하다
꿈 enypnion 33c
꿈 onar 40d(2회)
끈질기게 거듭되는 pyknos 40a
끝으로 teleutan → 삶을 마치다

나귀 onos 27e(2회)
나라 polis → 국가
나무, *참나무 drys 34d
나쁜, 비겁한, *형편없는 kakos cf.
악, 훌륭한, 더 못한
— 나쁜 25c, d(2회), e(2회),
28b, 29b(4회 : '최대로 나쁜 것'
포함하여), 30d, 33d(2회), 34a,
37b(3회), 38b, 40a, c, 41d
— 비겁한 28c
*나쁨 kakia → 악
나오다 exerchesthai → 밖으로 쫓겨
나다
나이 hēlikia 17c, 18c, 38c cf. 이 나
이의, 이 나이 먹은, 그 나이의,
동년배
나이 든 이, 연장자, 형 presbyteros,
presbytēs cf. 젊은이
— 나이 든 이 30a(2회), 33a,
d, 34b, 39b(presbytēs)

— 연장자 37d

— 형 adelphos presbyteros
31b

나중 → 시간

날, 하루 *낮 hēmera cf. 밤

— 날 38a(날마다), 40d(2회), e

— 하루 31a, 37a

남다, *머무르다, *자리를 지키다,
*기다리다 menein 28d(2회),
e cf. 지키다, 참고 견디다, 떠
나다, 기다리다

남다르다 diapherein → 다르다

남자 anēr → 사람

내버려 두다 epitrepein → 맡기다

내세우다, 제시하다, 내어놓다, *제
공하다 parechein

— 내세우다 (증인을) 19d, 20e,
31b(내세우는 뻔뻔스러움), c,
34a(2회)

— 제시하다, *내어놓다 (증거
를) 32a

— 내어놓다, *제공하다 (나 자
신을) 33b

내지인, *시민 astos 23b, 30a(2회)
cf. 시민, 외지인

노력하다 peirasthai → 시도하다

노새 hēmionos 27e* cf. 나귀

노역(勞役) ponos 22a

노역을 수행하다 ponon ponein 22a

논박, *반박, *검증, *해명 elenchos
39c

논박될 수 없는 anelenktos 22a

논박을 견뎌 내다 didonai elenchon
→ 주다

논박하다, *신문하다, *검증하다
elenchein, exelenchein cf. 논
박, 논박될 수 없는, 쉽게 검증
이 되는, 시험하다, 검토하다

— elenchein 18d*(2회), 21c,
29e, 39d

— exelenchein 17b, 23a

논변 logos → 말

논의 logos → 말

놀라운, 놀랄 만한, *경탄할 만한,
*뜻밖의, *황당한 thaumasios,
thaumastos

— 놀라운 thaumasios 26d*,
35a, 40a

— 놀랄 만한 thaumasios 40d

— 놀랄 만한 thaumastos 41b

놀라워하다, 놀라운 것으로 여기다,
*경탄하다, *뜻밖의 것으로 여
기다 thaumazein 17a*, c, 24a,
36a

농담하다, *말장난하다 paizein 20d,
27a cf. 장난치다

농부 geōrgikos 20b

놓아주다 aphienai → 방면하다

눈물 dakryon 34c

눈치 채다 aisthanesthai → 알아차리다

느린 bradys 39b(2회) cf. 굼뜬, 기민한, 빠른

늘, 줄곧, 매번, 그때그때 aei
— 늘 25c, d, 31d, 40a
— 줄곧 31b
— 매번 29d
— 그때그때 37c☆

능란한 deinos → 무서운

능력이 있다, 능력이 되다 dynasthai 26c, 30c, 37c, 38b(2회)

님프 nymphē 27d

다루다, 이용하다 chrēsthai cf. 덧붙여 사용하다
— 다루다 25b
— 이용하다 18d

다르다, 남다르다, *특출하다 dia-pherein
— 다르다 29b, 35a(어떤 점에서 많은 인간들과 다르다는), b(여자들과 조금도 다르지 않다는)
— 남다르다, *특출하다 35a(어떤 덕에 있어서든 남다르다고 여겨지는), b(덕에 있어서 남다른 사람들)

다수 polys → 많은

다수 대중 plēthos → 무리

다잡다, *잡도리하다, *준비하다 para-skeuazein 39d cf. 억누르다

다행 eudaimonia → 행복

단박에 autika → 곧바로

단어 onoma → 이름

단언하다 phanai → 말하다

달 selēnē 26d(2회)

달리다 thein 39b

달콤한, *즐거운, 기꺼운 hēdys
— 달콤한, *즐거운 38d, 40d
— 기꺼운 39e(기꺼이)

담론 diatribē → 시간 보내기

…답지 않은 anaxios 38e(나답지 않은) cf. 가치가 있는, 생각하다 (axioun)

당최 …하는 일이 없다 pollou dein → 어림도 없다

당황하다 aporein → 막막하다

대가, *벌, 송사 dikē cf. 정의, 송사
— 대가, *벌 28d, 39b
— 송사 19c, 38d, e

대꾸하다 hypolambanein → 상정하다

대단한 polys → 많은

대단한 → 이런 대단한 tosoutos → 이런 많은

대담한 tharraleos 34e cf. 용기

대담함 tolmē 38d cf. 엄두를 내다

대답하다 apokrinesthai 18d, 22e, 25a, c, d(2회), 27a, b(2회), c(3회), 33b

대답하다 anteipein 28b

대답하다 anairein → 건져 주다

대안 형량을 제안하다 antitimasthai 36b cf. 형량을 제안하다

대왕, *페르시아 왕 megas basileus 40d☆ cf. 큰

대중 연설 dēmēgoria 36b

대지, *땅 aroura 28d

대화를 나누다 dialegesthai 19d(2회), 21c, 33b, 37a, 38a, 39e, 41c cf. 가르치다, 함께 있다

더 mallon → 더 많이

더 괜찮은 beltiōn → 더 훌륭한

더 많은, …보다 많은 pleiōn, pleon
— 더 많은 20a, 39d(더 많이 있게 될)
— …보다 많은 40e(단 하룻밤보다 많은)
— 이루다 pleon ti poiein 19a (뭔가 이루는 바가 있기를)
— 더 중시하다 peri pleionos poieisthai 30a

더 많이, 더, 오히려 mallon
— 더 많이 18e(훨씬 더 많이)
— 더 18b(2회 : 더 무섭습니다. 더 진실된), 28c(훨씬 더 무서워서), 30a(여러분에게는 더 그렇게 할), d(훨씬 더 나쁘다고), 35b(훨씬 더 크다는), 36a(훨씬 더 놀라워하고), d(2회 : 더 어울리는, 훨씬 더 어울립니다), 39d(더 짜증이 나게)
— 오히려 25d, 29d, 32c, 37a, 38e

더 잘 beltion → 더 훌륭한

더 좋은 ameinōn / beltiōn → 더 훌륭한

더 중시하다 peri pleionos poieisthai → 더 많은

더 큰 meizōn 20e, 30a, c, 40e(더 크게 좋은)

더 형편없는, *더 못한 cheirōn 18a, 30d cf. 나쁜, 더 나은

더 훌륭한, *더 나은, 더 좋은 ameinōn cf. 더 형편없는
— 더 훌륭한, *더 나은 (사람) 24d(누가 그들을 더 훌륭하게 만듭니까(뒤쪽 것)), 30d, 40d(사람이 아니라 '낮과 밤'에 사용)
— 더 좋은 (일) 19a, 25c(더 좋은가요), 42a

더 훌륭한, 더 좋은, 더 괜찮은, 더 잘 beltiōn cf. 제대로 된
— 더 훌륭한 (사람) 24d(2회 : 누가 그들을 더 훌륭하게 만듭니까

(앞쪽 것), 더 훌륭하게 만드는 사람은 그럼 누구인지), e(2회), 25a, b(2회), 29b

— 더 좋은 (것) 41d

— 더 괜찮은 18a(말투)

— 더 잘 beltion 22b

덕(德), *훌륭함 aretē 18a☆, 20b(2회), 30a, b(2회), 31b, 35a, b, 38a, 41e cf. 훌륭한, 용기, 악

덧붙여 사용하다 proschrēsthai 23a cf. 다루다

도시 polis → 국가

도움이 되다 oninanai → 이득이 되다

*독특한 atopos → 이상스러운

돈, 벌금 chrēmata cf. 형벌을 부과하다

— 돈 19e, 20a(2회), 29d, 30b(3회), 33a, 37c, 38b, 41e

— 벌금 37c, 38b

돈, 은화 argyrion

— 돈 38b

— 은화 38b

돈벌이 chrēmatismos 36b

돌 lithos 26d

돌보다, *관심을 기울이다 epimeleisthai 29d☆, e(2회), 30a, 31b, 36c(2회), d, 41e(2회) cf. 관심을 가지다, 무관심, 마음 쓰다, 신경 쓰다

돌보지 않다, 방치하다, *관심을 기울이지 않다, *무관심하다 amelein cf. 관심을 가지다

— 돌보지 않다 31b, 36b, 41d

— 방치하다 31b

돕다, 보탬을 주다 boēthein

— 돕다 23b(신을), 34a(나를, 즉 소크라테스를), b(2회 : 나를, 즉 소크라테스를)

— 보탬을 주다 32e(정의의 편에)

동년배 hēlikiōtēs 33d cf. 친구, 나이

동료, *동지 hetairos 21a☆(2회), 28c cf. 친구

동료 시민 politēs → 시민

동물, *생물 zōion 25b

… 동안 → 시간

동의하다 homologein 17b, 27c

동정 oiktos 37a

동정하다 eleein 34c(동정을 사기)

동조하다, *합의하다, *양보하다 synchōrein 33a

되다 gignesthai → 생겨나다

두려워하다, *겁내다 phobeisthai 18b, 29a, b, 32c cf. 무서워하다

드라크마 drachmē 26e☆, 36b cf. 므나

드러내다 apophainein → 보여 주다

든든한 axiochreōs → 믿을 만한

듣다 akouein 17b, c(3회), 18c, e, 19d(3회), 20d, 21b, 23c, 27a,

28c, 30c(2회), 31c, 32a, 33a, b(2회), c(2회), 38a, d, e

듣다 aisthanesthai → 알아차리다

들어서다 gignesthai → 생겨나다

등에, *말파리 myōps 30e

디튀람보스, *디오니소스 찬가 dithyrambos 22b☆

따라다니다 epakolouthein 23c

따르기를 거부하다(…의 말을), *불복하다, *불신하다 apistein 29c cf. 믿다

따르다(…의 말을), 복종하다, 믿다, 미더워하다, 확신하다, 설득되다 peithesthai cf. 설득하다, 불복하다, 굴복하다, 설득력 있는, 믿을 수 없는

— 따르다(…의 말을) 29c(우리가 아뉘토스의 말을 따르지 않을 것이며)☆, 30b(아뉘토스의 말을), 31a(2회 : 내(=소크라테스) 말을, 아뉘토스의 말을)

— 복종하다 19a, 29d(신에게)

— 믿다, 미더워하다 25e(당신(=멜레토스)을), 38a(2회 : 믿지 않을, 못 미더워할)

— 확신하다 37a, b(2회)

— 설득되다 18d(스스로도 설득된)

따져 묻다 → 꼼꼼히 따져 묻다

따져 보다 skopein → 살펴보다

땅, 흙 gē

— 땅 19b

— 흙 26d

— 지하 hypo gēs 18b, 23d

때리다, *치다 krouein 31a

떠나 살기 apodēmia 41a cf. 옮겨 살기

떠나 살다 apodēmein 40e cf. 떠나다

떠나다, *버리다, *저버리다 leipein 28e(배치된 자리를) cf. 남다

떠나다, 가 버리다, 헤어지다 apienai cf. 함께 있다, 떠나 살다

— 떠나다 21d(떠나오면서), 22c(떠나오며), 39b, 42a

— 가 버리다 29e

— 헤어지다 32d

떠맡다 hypechein 33b

떠벌려 말하다 mega legein 20e cf. 큰

떠오르다 epitynchanein 17c

뛰어나다, *능가하다 perigignesthai 22c

마땅하다(…해야) dei, dein → …해야 하다

마땅한(…받아) axios → 가치가 있는

마을 사람 dēmotēs → 같은 마을 사람

마음 쓰다, 걱정하다, *신경 쓰다 kē-

desthai cf. 주의를 기울이다,
신경 쓰다, 돌보다

— 마음 쓰다 24c

— 걱정하다 31a

마음먹다 horman 21a

마음에 두다 ennoein → 숙고하다

마음에 드는 philos → 친구

막 …할 참이다 mellein → 작정이다

막다 diakōlyein 31e

막다, 제지하다 epechein cf. 반대하
다, 말리다, 자제시키다

— 막다 39d

— 제지하다 40b

막막하다, 당황하다, 고심하다 aporein

— 막막하다 27e

— 당황하다 23d

— 고심하다 21b

만나다, *마주치다 entynchanein
29d, 30a, 41b

만들다, 하다(…일을, …짓을, 이야기
를), 짓다(시를), 이루다, 삼다,
여기다 poiein cf. 하다, 행동,
시, 지어내다

— 만들다 18c(더 강한 논변으로
만드는 사람), c(더 약한 논변을
더 강하게 만들며), 20b(아름답고
훌륭하게 만들어 줄), b(이 이름과
비방을 만들어낸), 23d(더 강한 논
변으로 만든다), 24d(3회 : 누가

그들을 더 훌륭하게 만듭니까, 더
훌륭하게 만드는 사람은, 더 좋게
만듭니까), e(2회 : 더 훌륭하게
만들 수 있나요, 방청객들은 그들
을 더 훌륭하게 만듭니까), 25a(2
회 : 전부 그들을 더 훌륭하게 만
드나요, 그들을 아름답고 훌륭하
게 만드는데), b(2회 : 인간들 전
부가 그것들을 더 훌륭하게 만드
는 반면, 더 훌륭하게 만들 수 있
는 사람은), d(더 사악하게 만든
다), e(몹쓸 사람으로 만들면),
35b(국가를 웃음거리로 만드는
사람에게), 36d(행복해 보이게 만
들어 주지만), 38a(이야기를 만들
어가는)

— 하다(…일을, …짓을, 이야기
를) 23d(무슨 일을 하면서),
25e(대단히 나쁜 일을 의도적으로
하고 있다고), 26a(그럴 의도 없
이 하는 일만큼은), 27b(논의를
하더라도 : tous logous poiein),
30a(누구에게든 이런 일들을 할
겁니다), c(다른 일들을 하지는 않
을 테니까요, 그렇게는 하지 마세
요), d(2회 : 지금 하고 있는 일들
을 하는 것), 32b(그 어떤 일도 해
서는 안 된다고), 34c(이런 일들
가운데 아무것도 하지 않으려),

d(이런 일들 가운데 아무것도 하지 않으려), e(이런 일들 가운데 어떤 것이든 한다), 35b(2회 : 이런 일들을 해도 안 되고, 우리가 이런 일들을 할 때), 38d(2회 : 무슨 일이든 무슨 말이든 해야 한다고, 다른 일들과 말들을 하면서), 39a(2회 : 무슨 짓이고 다 해가며, 온갖 짓을 다 하고), 42a(이런 일들을 해 주면)

— 짓다(시를) 22b(2회 : 그들 자신이 지은 것들에, 지혜로 지을), c(자기들이 짓는 것들을)

— 이루다 19a(뭔가 이루는 바가 있기를 : pleon ti poiein)

— 삼다 23b(나를 본으로 삼으면서)

— 여기다(peri … poieisthai) 21e (가장 소중히 여겨야만 한다는 : peri pleistou poieisthai), 24d(가장 중요하게 여기지 : peri pleistou poieisthai), 30a(가장 하찮게 여기고 : peri poieisthai), 32e(가장 귀중히 여겼다면 : peri pleistou poieisthai)

만들다, *짜맞추다 syntithenai 27a (수수께끼를)

…만큼(의 액수, 심각한) tosoutos → 이런 많은

많은, 다수, 쌘, 숱한, 어리, 오랜, 대단한, 큰, 펑펑, 무척, 아주, 정(正) polys

— 많은 17a(많은 거짓말), 18b(고발한 사람들), 19c(허튼 소리), d(2회 : 증인, 많은 사람들), 20c(많은 사람들), 21c(많은 사람들), d(많은 참석자들), e(많은 사람들), 22c(많은 멋진 것들), d(많은 멋진 것들), 23a(2회 : 많은 미움, 많은 비방), 25b(많은 사람들), 26e(많아 봐야 1드라크마만 주면), 28a(5회 : 많은 항변, 많은 미움, 많은 사람들 사이에, 많은 사람들의, 많은 훌륭한 사람들), 29b(많은 사람들), 31e(많은 불의와 불법), 32c(많은 사람들), e(증언해 줄 사람들은 많이 있습니다), 33b(많은 시간을), d(많은 이가), 34a(많은 사람들), c(많은 집안사람들과 친구들), 35a(어떤 점에서 많은 사람들과 다르다는), 36a(다른 이유들도 많이 있지만), b(많은 사람들), 38d(많은 일들과 말들), 39a(수들이 많이 있지요), 40c(가망이 많다)

— 다수 (사람들) 17c, 18b, c, 19d, 23e

— 쌘(pollē aphthonia : 째고 쌨

다) 23c, 24e cf. 쌔고 쌨다
— 숱한 32c(숱하게 명령)
— 여러 (해, 날) 18b(해), 32e (해), 37a(날)
— 오랜 (시간) 18c, 19a, 21b
— 대단한 24a(비방 : diabolē … pollē), 37c(대단히 목숨에 연연하는 : pollē philopsychia)
— 큰 25a(큰 불운 : pollē dis-tychia), 36a(큰 표차가 : para poly)
— 펑펑 34c(눈물을 펑펑 쏟으면서 : meta pollōn dakryōn — 직역하면 '많은 눈물과 함께')
— 무척 25b(무척이나 다행스러운 일 : pollē eudaimonia)
— 아주 27c(아주 필연적 : pollē anankē)
— 정(正), *완전(poly enantion : 정반대) 39c
— 얼마가 되는(ou polys : 얼마 되지도 않는) 38c
— 훨씬(poly mallon : 훨씬 더) 18e(훨씬 더 많이 들었으니까요), 28c(훨씬 더 무서워해서), 30d(훨씬 더 나쁘다고), 35b(훨씬 더 크다는), 36a(훨씬 더 놀라워하고), d(훨씬 더 어울립니다), 39a(훨씬 더 어려운), c(훨씬 더 혹독한)
— 차라리 poly mallon 38e
— 어림도 없다, 천만의 말씀이다, 전혀 아니다, 당최 …하는 일이 없다 pollou dein 30d, 32e, 35d, 37b, d, 38d → 어림도 없다
많은 → 이런 많은 tosoutos
말, 이야기, 논변, 논의, 연설, 이유, 언급 logos cf. 행동, 일
— 말 17b(질서 있게 배열한 말), c(2회 : 말을 지어내면서, 쓰던 말들이), 27c(당신 말에 따르면), 28b(정의로운 말), 32a(말들이 아니라), d(말로가 아니라), 38d(2회 : 말들이 궁해서, 말들이 궁해서가 아니라), 40b(말을 할 때든)
— 이야기 20c, e, 26d, 34e, 38a
— 논변 18b, 19b, 23d, 28c, 37d
— 논의 26b, 27b, 40b
— 연설 34a, 40b
— 이유 31b, 34b(2회)
— 언급 23b
말(馬) hippos 25a, b(2회), 27b, e(2회), 30e, 36d
말리다, *제지하다 apotrepein 31d, 41d cf. 부추기다, 막다, 반대하다
말(馬)에 관련된, 말 조련사 hippikos
— 말에 관련된 27b
— 말 조련사 20b, 25b

말투 lexis 17d, 18a

말하다, 주장하다, 단언하다, 그렇다
고/아니라고 하다 phanai
　— 말하다 20b(2회 : 내가 말하
기를, "…받지요." 그가 말했습니
다), e(내가 안다고 말하는 사람
이), 21c(내가 그렇다고 말했지
요), 24b(2회 : 자기 말로는, 불의
를 행하고 있다고 말하고 있습니
다), c(불의를 행하고 있다고 말하
고 있습니다), 27d(2회 : 장난치
는 거라고 내가 말한, 믿고 있다고
말하는), 28c(있단다, 라고 말했
을 때), d(이렇게 말했지요), 30b
(난 말할 겁니다), 34a(멜레토스
와 아뉘토스의 말대로라면), 38c
(지혜롭다고 말할 거니까)
　— 주장하다 24c, d, 25e, 26b,
c, d, 27c, d, 29b, c, e, 30a,
b, 33a, b, c, 36c, 37b, 38a, e,
39c(2회)
　— 단언하다 39c(2회)
　— 그렇다고/아니라고 하다
phanai / ou phanai 25b(2회),
27d(그런가요)

말하다, 설명하다, 이야기하다, 전하
다 (이야기를, 말을) legein
　— 말하다 17a(2회 : 설득력 있
게 말하고, 조심해야 한다는 말이

었습니다), b(6회 : 말하는 데 능
란하니까, 말하는 데 어떤 식으로
도 능란하지 않다는, 말하는 데 능
란한 사람이라고, 진실을 말하는
사람을, 이런 의미로 말하는, 내가
말했던 대로), c(3회 : 두서없이
말하는, 내가 말하는, 쓰던 말),
e(말을 하게), 18a(2회 : 정의로
운 말을 하는지, 진실을 말하는),
b(아무것도 말하지), c(상대로 말
하면서), d(내가 말하는), e(내가
말한), 19b(무슨 말을), c(하는 말
은), d(나에 관해서 말하는), 20c
(말해 주세요), e(6회 : 내가 말한,
뭐라고 말해야, 비방하기 위해 말
하고, 떠벌려 말하고, 무슨 말을
하든, 그 말을 한), 21a(앞서도 말
했듯이), b(4회 : 내가 이런 말을
하고, 도대체 무슨 말을 하고, 도
대체 무슨 말을 하고, 그가 무슨
말을 하고), c(이름을 말할), e(무
슨 말을 하려는), 22a(진실을 말
해야), b(무슨 말을 하려는), c(멋
진 것들을 말하긴, 자기들이 말하
는), 23a(2회 : 없다는 말을, 사람
이라고 말하면서), d(3회 : 있다고
말합니다, 이런 말들을 합니다, 말
하기 싫어할), e(설득력 있게 말하
고), 24a(3회 : 서두에서 말했던,

얼버무리면서 말하고, 진실을 말하고), d(내가 말하고 있는), e(무슨 말인가요, 반가운 말을 해), 25a(2회 : 그런 뜻으로 말하는, 힘주어 말하고), 26b(4회 : 내가 말한 대로, 말해 보세요, 당신은 말하는, 힘주어 말하고), c(2회 : 당신이 말하고, 않는다는 걸 말하고), d(이런 말을 하나요), 27a(3회 : 자기 모순적인 말을 할 때, 자기 모순적인 말을 하는, 이런 말을 하고), b(말할게요), 28a(앞서도 말했다시피), b(말 잘못하고), 29c(여러분에게 말하면서), d(이렇게 말하면서), 30b(4회 : 생깁니다 라고 말하면서, 이런 말들을 하면서, 다른 말들을 한다고, 터무니없는 말을 하고), c(2회 : 무슨 말을 하든, 이제까지 내가 말한), 31c(2회 : 내가 진실을 말하고, 그 말을 하는), e(진실을 말하고), 33a(내가 말을 하면서), b(2회 : 무슨 말들을 하는지, 진실되지 않은 말을 하고), 34a(말하게 하세요), d(2회: 말을 해 주면, 합당한 말을 해), 37a(2회 : 이런 말을 할 때도, 말하고 있다고), c(방금 전에 말했던), d(내 말에), e(불가능하다고 내가 말하면), 38a(2회 :

없다고 말하면, 이런 말을 하는), c(이 말은), d(3회 : 이 분들에게 하는 말입니다, 무슨 말이든 해야겠다고, 그런 말들을 여러분에게 할), d(일들과 말들을 하면서), 39a(온갖 말을 다 해보겠다고), 40b(말하는 중간에), e(나로서는 말합니다)

— 설명하다 22b(더 잘 설명할)

— 이야기하다 23a(이야기될), 41a(흔히 이야기되는)

— 전하다(이야기를, 말을) 27d(이야기가 전해지는), 40c(전해지는 말마따나), e(전해지는 말이), 41c(전해지는 말이)

말하다 erein 20d(여러분에게 말하려는), e(내가 하려는 말은), 30c(다른 말들을 내가 또 할), 32a(여러분에게 말하게 될), 37b(마땅하다고 말한다거나), 40b(2회 : 뭔가 말하려 할, 여러분에게 말해 주겠습니다)

말하자면, 사실상, *거의 hōs epos eipein cf. 거의

— 말하자면 22d

— 사실상 17a, 22b

망명 phygē → 추방

망아지 pōlos 20a

망치다 diaphtheirein 23d(젊은이들

을), 24b(젊은이들을), c(젊은이
들을), d(젊은이들을), 25a(2회 :
젊은이들을), b(3회 : 말들을, 말
들을, 젊은이들을), d(젊은이들
을), 26a(3회 : 함께 있는 사람들
을), b(2회 : 젊은이들을), 29c(여
러분의 아들들을), 30b(젊은이들
을), 33d(2회 : 젊은이들을), 34a
(그들의 집안사람들, 즉 젊은이들
을), b(당사자들, 즉 젊은이들을)
cf. 해를 주다, 불의를 행하다,
가르치다

망침을 당하지 않은 adiaphthartos
34b

맡기다, 내버려 두다 epitrepein
　— 맡기다 35d
　— 내버려 두다 35b

매번 aei → 늘

*머무르다 menein → 남다

멈추다, *그만두다 pauesthai 26a,
29d, 31a

멋들어지게 꾸미다 kalliepeisthai 17b

멋있는, 멋진 kalos → 아름다운

면(免)하다 apopheugein → 죄를 벗다

명령하다, 명하다, 촉구하다, 권하다
keleuein cf. 권고하다, 배치하다
　— 명령하다 30a
　— 명하다 25d
　— 촉구하다 32b

　— 권하다 38b

명령하다, 명하다 prostattein
　— 명령하다 32c(2회)
　— 명하다 33c(2회)

명령하다 tattein → 배치하다

명망이 높다 eudokimein 22a

명성 doxa 29e, 34e, 35b cf. 명예

명성이 높은, *명망이 높은 eudokimos
29d

명예 timē 29e, 35b(명예로운 자리)
cf. 명성, 관직, 존중하다, 무시
하다

명예를 빼앗다, *공민권을 박탈하다
atimoun 30d

명예를 사랑하는, *명예를 추구하는
philotimós 23e cf. 지혜를 사
랑하다

명하다 keleuein / prostattein → 명
령하다

모르다 agnoein 23d, 25e cf. 알다

*모방하다 mimeisthai → 흉내 내다

모자란 endeēs 22a

목소리, 방언 phōnē
　— 목소리 31d(원래 사본들에는
2회, 이 번역서에서는 1회)
　— 방언 17d

목숨에 연연함, *영혼 사랑 philo-
psychia 37c⊙ cf. 영혼

목숨을 보전하다, *무사하게 되다

sōizesthai 31e, 32a, 36c

목청을 돋우다 boan → 고함을 지르
　다

몰염치 anaischyntia 38d cf. 수치,
　수치스럽다, 뻔뻔스러움을 보
　이다

몰염치한, 뻔뻔스러운 anaischyntos
　cf. 수치, 수치스럽다
　— 몰염치한 17b
　— 뻔뻔스러운 31b

몹쓸 mochtēros 25e cf. 악덕

무관심 ameleia 25c cf. 돌보다, 관
　심을 가지다

무기 hopla 39a

무너뜨리다, *파괴하다, *분쇄하다
　katalyein 32d(무너져 버리지)

무리, 다수 대중 plēthos
　— 무리 21a, 31c
　— 다수 대중 31e

무색하게 하다, 숨기다, *가리다 apo-
　kryptein cf. 얼버무리다
　— 무색하게 하다 22e
　— 숨기다 24a

무서운, 능란한, *노련한 deinos
　— 무서운 18b(2회), c, 28b, d,
　29a, 35a
　— 능란한, *노련한 17b(3회),
　39b

무서워하다 dedienai 21e, 28d, 29a

(3회), 32a, 37b cf. 두려워하다

무시하다 atimazein 19c, 34e cf. 명예

무시하다, 가벼이 여기다 kataphronein
　— 무시하다 26d
　— 가벼이 여기다 28c

무신론자 atheos 26c

무지 amathia 22e, 25e, 29b cf. 앎,
　지혜

무지한 amathēs 22b, e cf. 지혜로운

무진장, *형언할 수 없는 amēchanos
　41c

무척 polys → 많은

문맹인, *글자에 익숙지 않은 apeiros
　grammatōn 26d

묻다, 질문하다 erōtan, anerōtan,
　eresthai, aneresthai cf. 꼼꼼
　히 따져 묻다, 검토하다, 신탁
　에 묻다
　— erōtan 23d, 24e, 25c, 33b
　（질문하다）
　— anerōtan 22e
　— eresthai 21a, 29e
　— aneresthai 20a

물 처지가 되다 ophliskanein → 선
　고받다

물다 ektinein 37c(2회) cf. 치르다

물들이다, *연루시키다, *채우다
　anapimplanai 32c cf. 가득 채
　우다

물론 malista → 가장

므나 mna 20b☆, 38b(2회) cf. 드라
크마

미더워하다 peithesthai → 따르다

미사여구 rhēmata kai onomata →
이름 onoma

미움, *적대 apechtheia 23a, 28a

미움을 사다 apechthanesthai 21d,
e(2회), 24a

민주정 치하에 있다 dēmokrateisthai
32c cf. 과두정

민회 ekklēsia 25a☆

민회 구성원 ekklēsiastēs 25a☆ cf.
평의회 의원

믿다 peithesthai → 따르다

믿다, *인정하다, *숭배하다, 간주
하다 nomizein cf. 생각하다,
법, 상정하다, 따르다
— 믿다, *인정하다, *숭배하
다 18c☆, 23d, 24c(2회), 26b☆
(2회), c(4회), d, e, 27a(2회),
b(4회), c(6회), 29a, 35d(2회 :
내가 신들을 믿지 않는다고, 나는
⋯ 신들을 믿고 있거니와)
— 간주하다 40a

믿다, 생각하다, *이끌다 hēgeisthai
cf. 생각하다, 알다, 상정하다
— 믿다 27d☆(6회), e(3회),
35d(여러분에게 신들이 있다는

걸 믿지 말라고 가르치는)
— 생각하다 18c, 28d(최선이라
고 생각해서), 35d(경건하지도 않
다고 생각하는), 36b

믿을 만한, 든든한 axiochreōs
— 믿을 만한 20e
— 든든한 38b

믿을 수 없는 apistos 26e cf. 설득하
다, 따르다

바뀜, *이행(移行) metabolē 40c☆
cf. 옮겨 살기

바라다, 원하다, ⋯하고 싶어 하다
boulesthai cf. 의향이 있다
— 바라다 19a, e, 25d(2회)
— 원하다 33b
— ⋯하고 싶어 하다 27b, 32c,
38b, 38c(2회)

바위 petra 34d

밖으로 쫓겨나다, 쫓겨나 밖으로 나
가다, 나오다, *추방되다 ex-
erchesthai cf. 추방하다, 쫓아
버리다
— 밖으로 쫓겨나다, 쫓겨나
밖으로 나가다 37d, e
— 나오다 32d

반대, 모순 enantion, enantia
— 반대 25b(정반대로 : tounantion
pan), 32b(반대표를 던지다 : en-

antia psēphizesthai), 34a(정반대
로 : pan tounantion), 39c(정반대
의 : poly enantion)

— 모순 27a(2회 : 자기모순 enan-
tia emautōi / heautōi)

반대표를 던지다 enantia psēphizes-
thai 32b

반대하다 enantiousthai 31d(2회), e,
32b, 40a, b(2회), c cf. 말리다,
이의를 제기하다

반듯한 epieikēs → 제대로 된

*반박 elenchos → 논박

*반박하다 amphisbētein → 이의를
제기하다

반신(半神) 영웅 hēmitheos 28c☆,
41a cf. 영웅, 신, 신령

받아 내다 prattein → 하다

···받아 마땅하다고 생각하다 axioun
→ 생각하다

···받아 마땅한 axios → 가치가 있는

받아 마땅한 것 hē axia 36b, d, 37a cf.
가치가 있는, 생각하다(axioun),
정의로운

발견하다 heuriskein 22d, 23c, 24b,
30e, 34a, 40e, 41a cf. 탐색하
다

밝혀지다 phainesthai → ···인 것 같다

밤 nyx 40d(5회), e(2회) cf. 날

방금 arti → 최근

방면 쪽에 투표하다, *방면 투표하다
apopsēphizesthai 34d, 39e cf.
죄를 벗다, 유죄 표를 던지다

*방면되다 apopheugein → 죄
를 벗다

방면되다 diapheugein → 피하다

방면하다, 놓아주다, 버리다 aphienai

— 방면하다 29c(2회 : 나를 방면
한다고, 당신을 방면합니다), 29d,
30b

— 놓아주다 29e

— 버리다 39a

방문하다 epidēmein → 이 지역을
방문하다

방식 tropos 17d, 18a, 27b, 33c,
36d

방언 phōnē → 목소리

방자한 hybristēs 26e

방자함 hybris 26e

방종 akolasia 26e

방종한 akolastos 26e

방청객 akroatēs 24e

방치하다 amelein → 돌보지 않다

방향을 잡다, ···까지 하다 trepesthai

— 방향을 잡다 21b

— ···까지 하다 39a(탄원까지
하다)

배 naus 28d

배우다, 알게 되다, 이해하다 mantha-

nein 26c cf. 가르치다, 교육하
다, 듣다, 알다, 배움, 배울거리
— 배우다 22b, 26d, 33b
— 알게 되다 26a
— 이해하다 26c
배울거리 mathēma 33b
배움 mathēsis 26a
배치된 자리, *명령 taxis 29a
배치하다, 명령하다 tattein cf. 명령
하다
— 배치하다 28d(2회)
— 명령하다 28e(3회)
버거운, 지독한 barys
— 버거운 37d
— 지독한 23a
버릇을 들이다, 버릇이 들다, 익숙해
지다 ethizein, ethizesthai
— 버릇을 들이다, 버릇이 들
다 35c(2회)
— 익숙해지다 38a, e
버릇이 들다, 익숙해지다, 으레 나타
나다 eiōtha
— 버릇이 들다 17c(입버릇처럼
쓰던 말 — 직역하면 '말하는 버릇
이 든'), 29d(입버릇처럼 말해 오
던 대로 — 직역하면 '말하는 버릇
이 든 것처럼')
— 익숙해지다 27b(익숙한)
— 으레 나타나다 40a, c

버리다 aphienai → 방면하다
*벌 dikē → 대가
벌 timēma → 부과된 벌
벌금 chrēmata → 돈
벌금을 부과하다 timan → 형벌을 부
과하다
벌금을 제안하다 timasthai → 형량
을 제안하다
벌어지다 gignesthai → 생겨나다
법, 법률, *정당한 절차 nomos cf.
불법적인
— 법 19a(ho nomos), 25d(ho
nomos), 26a(2회 : nomos estin
…가 법이다), 32b(para tous
nomous), c(nomos), 35c(kata
tous nomous), 37a(nomos estin
…라는 법이 있다)
— 법률(들) hoi nomoi 24d, e
법도상 어울리는, *옳은 themis 21b
cf. 알맞은, 적당한, 법도에 맞
는
법도에 맞는, *온당한 themitos 30d
법률 nomos → 법
*법정 dikastērion → 재판정
법정 agōn → 송사
법정에 서다 eiserchesthai 29c(2회)
법정에 세우다, (배심원들) 앞에 세우
다, *고발하다, *소송을 제기
하다, 연출하다, *끌어들이다

eisagein cf. 고발하다

— 법정에 세우다 25c, d, 26a
(3회), 29a(재판정에 세우다)

— (배심원들) 앞에 세우다 24d

— 연출하다, *끌어들이다 35b
cf. 행위

벗어나는 일 apallagē 39d

벗어나다 apallattesthai 37d, 39c, d,
41a, d cf. 죄를 벗다

*변명 apologia → 항변

*변명하다 apologeisthai → 항변하
다

보내는 삶 diatribē → 시간 보내기

보내다 epipempein 31a

보다 dokein → 생각하다

…보다 많은 pleiōn → 더 많은

보수 misthos 31b, c

보수를 주다 misthoun 20a

보여 주다(생생하게), *시범을 보이다
epideiknynai 22a, 24c, 25c,
40a

보여 주다(명료하게), *증명하다 ende-
iknysthai 23b, 29d(명료하게 보
여 주다), 32d, 35b cf. 고발하
다(endeiknynai), 분명한

보여 주다(분명하게), 드러내다, *천명
하다 apophainein cf. 분명한

— 보여 주다 21c(분명히 보여
주다)

— 드러내다 25c

보이다 dokein → 생각하다

보이다 phainesthai → …인 것 같다

보잘것없는, 형편없는 phaulos cf.
나쁜

— 보잘것없는 30a, 41a

— 형편없는 22a, 28c

보증을 서다 engyasthai 38b

보증인 engyētēs 38b

보탬을 주다 boēthein → 돕다

*복수 timōria → 앙갚음

복수하다 timōrein → 앙갚음하다

복종하다 peithesthai → 따르다

본, *모델 paradeigma 23b

본성, *자연 physis 22c

봉사 hypēresia 30a

봉사, *노역 latreia 23c

*봉사하다 euergesian euergetein
→ 혜택을 베풀다

부과된 벌 timēma 39b* cf. 형벌을
부과하다

부과하다 timan → 형벌을 부과하다

부르다 kalein 17b, 40a(2회)

부양 trophē 36e

부유한, 부자 plousios cf. 가난한

— 부유한 23c

— 부자 33b

부정의한 adikos → 불의

부정(不淨)한 miaros 23d

부족 phylē 32b cf. 같은 마을 사람

부추기다, *권유하다 protrepein 31d cf. 말리다, 권고하다

부탁하다 deisthai → 간청하다

분명치 않은 adēlos 42a

분명한 dēlos 24d, 26a(2회), b, 36a, b, 39a, 41d cf. 보여주다, 확연한

분명한 saphēs 25c, 26b, 35d cf. 보여주다

분명해 보이다, 분명히 드러나다 phainesthai → …인 것 같다

*분별 phronēsis → 현명함

*분별 있는 phronimos → 현명한

분주함 ascholia 23b, 39e cf. 여유

분주히 움직이다 ascholian agein → 이끌다

불가능한 adynatos 37e

불경건한, *불경스러운 anosios 32d cf. 경건한, 불의

불경죄 asebeia 35d cf. 신을 잘 섬기다, 경건한

불법적인 paranomos 31e, 32b cf. 불의, 부정의한

불복하다, *따르기를 거부하다, *불신하다 apeithein 29a(예언에), b(더 훌륭한 이에게), 37e(신에게) cf. 따르기를 거부하다, 따르다

불사자 athanatos → 죽지 않는

불쌍한 eleinos 35b

불운 dystychia 25a cf. 행복

불의 adikia 39b cf. 악덕

불의, 부정의한, *부당한, *올바르지 않은 adikos cf. 불의(adikia), 정의로운, 불의를 행하다, 불법적인, 불경건한

— 불의 adika 31e

— 부정의한 28b, 30d, 32d(2회), 41b

불의를 행하다, *죄를 범하다, *해를 끼치다 adikein, adika prattein cf. 망치다, 불의, 죄목

— adikein 19b*, 24b, c(2회), 26c, 27a, 28a, d, 29b, 37a, b(2회)

— adika prattein 28b

붙어 앉다 proskathizein 31a

비겁한 kakos → 나쁜

비극 tragōidia 22a cf. 희극

비난 aitia → 책임

비난받을 만한 eponeidistos 29b

비난하다, 꾸짖다 oneidizein cf. 헐뜯다, 비방하다

— 비난하다 30a, 38c, 39d

— 꾸짖다 30e, 41e

비난하다 memphesthai 41e(비난받아 마땅한)

*비난하다 loidorein → 헐뜯다

비방, *중상, *악평 diabolē 18d,
　　19a, b, 20c, d, e, 21b, 23a,
　　24a, 28a, 37b cf. 시기
비방하다, *중상하다, *악평하다
　　diaballein 19b(2회), 23e, 33a
　　cf. 비난하다, 헐뜯다
비웃다 katagelan 26e
비웃음의 대상인, 웃음거리인, *흉
　　거리인 katagelastos
　　— 비웃음의 대상인 28d
　　— 웃음거리인 35b
비위에 거슬리는, *부러움/증오를
　　살 만한 epiphthonos 37d cf.
　　시기
비치다(…한 모습으로) dokein → 생
　　각하다
비탄하다, *비통해하다, *애통하다
　　odyresthai cf. 통곡하다
빠른 tachys 32d, 39b(2회) cf. 기민
　　한, 느린, 굼뜬
뻔뻔스러운 anaischyntos → 몰염치
　　한
뻔뻔스러움을 보이다 apanaischyntein
　　31b cf. 수치, 몰염치, 몰염치
　　한, 수치스럽다
뽑다 hairein → 잡다

사다 priasthai 26e
사람, 남자, 여러분, 양반, *진짜 사

람, *사내 anēr cf. 인간, 여러
분, 여자
　— 사람 18b☆(지혜로운), 20a(2
회 : 지혜로운, 소피스트에게 돈을
지불한), 21c(지혜로운), 22a(제
대로 된), 26b(여기 이분들 : 배심
원들), 28b(3회 : 훌륭한, 쓸 만한
가치가 있는, 훌륭한), 30d(2회 :
더 나은, 사람을 부정의하게 죽이
려), 32e(훌륭한), 34b(나이 들
대로 든), 36b(이 사람 : 고발자),
36d(2회 : 가난한, 이런), 38c(지
혜로운), 41d(훌륭한)
　— 남자 41c
　— 여러분 → 여러분 ō andres
　— 양반 : 가장 훌륭한 양반(ō
ariste andrōn) 27b(멜레토스에
게), 29d(가상의 반론자에게)
사람들 anthrōpoi → 인간
사랑하다, *좋아하다 philein 29d
　　cf. 좋아하다, 친구
*사려 깊은 phronimos → 현명한
*사려 분별 phronēsis → 현명함
사색하는 사람, *주의를 기울이는
　　사람 phrontistēs 18b cf. 신경
　　쓰다
사소한 smikros → 작은
*사실 ergon → 행동
사실상 oligou, oligou dein → 거의

사실상 hōs epos eipein → 말하자면

사악, *악, *나쁜 상태, *비친함
　ponēria 39b cf. 악, 나쁜, 훌
　륭한, 악덕, 덕

사악한, *나쁜, *쓸모없는, *형편없
　는, *비천한 ponēros 25c(2회),
　d cf. 나쁜, 몹쓸, 훌륭한

사용하다 → 덧붙여 사용하다 prosch-
　rēsthai

사적 영역에서 idiāi → 개인적으로

사적인 삶을 살다 idiōteuein 32a cf.
　개인적으로, 공적인 삶을 살다

사형 thanatos → 죽음

살 가치가 있는, *살 만한 biōtos 38a

살다, 살아가다, *연명하다 zēn 28b,
　d, e, 37c, d, e(살아가다), 38e,
　39d, 41d cf. 죽다

살다, *일생을 보내다 bioun 40d(달
　콤하게 산), 42a(살려) cf. 삶, 시
　간을 보내다, 지내다

살다, *거주하다 oikein 25c

살펴보다, 따져 보다, 숙고하다, *고
　찰하다 skopein, skeptesthai
　cf. 꼼꼼히 살펴보다, 함께 살
　펴보다, 숙고하다, 계산에 넣
　다, 검토하다, 탐색하다, 시험
　하다
　— 살펴보다 skopein 18a, 21c
　— 따져 보다 21e(skopein), 28b,

　40d(skeptesthai)
　— 숙고하다 skeptesthai 20b,
　21b

삶, 인생, 일생 bios cf. 시간 보내기,
　살다
　— 삶 31a, 36b(살아오는 동안 :
　en tōi biōi), 37d, 38a, 39c,
　40d(2회), 41a
　— 인생, 일생 33a(일생 동안 :
　dia pantos tou biou), 38c

삶을 마치다, 고인이 되다, 끝으로,
　*죽다 teleutan cf. 죽다
　— 삶을 마치다 28c, 41d
　— 고인이 되다 21a, 33e
　— 끝으로 teleutōn 22c

삼다 poiein → 만들다

상정하다, 생각하다, 이해하다, 대꾸하
　다, *받아들이다 hypolamba-
　nein cf. 생각하다
　— 상정하다 40b, c
　— 생각하다 35c
　— 이해하다 28e
　— 대꾸하다 20c

상태 pathos → 겪은 일

새끼 pais → 아이

새로운 kainos 24c, 26b, 27c @ 세 용
　례 모두 고발장의 '신령스러운
　것들'에 관한 언급 cf. 오래된

생각을 품다, 유념하다 dianoeisthai

cf. 의도, 생각하다

　— 생각을 품다 39d

　— 유념하다 41c

생각이 들다(…라는) dokein → 생각
　하다

생각하다, 기억하다 oiesthai cf. 믿
　다, 알다, 상정하다

　— 생각하다 18e(마땅하다(dein)
　고 생각해 주세요), 19a, 20b,
　21c(스스로 지혜롭다고 생각하긴
　하지만), d(3회), 22c(2회), 23a, b,
　c(2회), d, e, 25e, 26d(2회), 28b(2
　회), d(당신은 생각합니까), e,
　29a(지혜롭다고 생각한다는 점에
　서), b(2회), 30a(내 생각에), c, d
　(4회 모두), 31c(충분하다고 내가 생
　각하는), 32c, e, 33c, 35a, 36a,
　37a, 38d(2회), e, 39b, c, d(생각
　한다면), 40a, c, d(2회), 41b(2회),
　e(2회 : 해를 줄 생각으로, 한인물
　한다 생각한다고 말입니다)

　— 기억하다 28c

생각하다, 생각이 들다, 보이다/보다,
　여겨지다, 비치다(…한 모습으
　로), 인정하다, 원하다 dokein
　cf. 알다, …인 것 같다, 상정하
　다

　— 생각하다 19e, 20d, 25a,
　28a(내 생각에), d(난 생각합니다),

29a(2회 : 지혜롭다고 생각하는 것
　과 다를 게 없거든요, 안다고 생각
　하는 거니까요), 30e, 34d, e(2회 :
　난 생각합니다, 생각은 이미 확고
　해진 상태입니다(dedogmenon)),
　35b(정의롭다고 나는 생각합니다),
　41e(한인물 한다고 생각한다면)

　— 생각이 들다(…라는) 17b,
　20e, 21c, d, e, 30a

　— 보이다/보다 18a(보다),
　20d, 22b, d, 23d, 26e(3회 :
　보이다, 보다, 보다), 31d, 35a,
　36a, d(행복해 보이게), 37a

　— 여겨지다 21b, c(지혜롭다고
　여겨지긴 하지만), d, 22a(3회),
　23b, 24d, 31c, 35a(2회), b,
　41e

　— 비치다(…한 모습으로) 35a

　— 인정하다 32b

　— 원하다 35c

생각하다 hēgeisthai → 믿다

생각하다, …받아 마땅하다고 생각
　하다, 온당하다고 생각하다,
　기대하다 axioun cf. 가치가
　있는, 정의로운, …해야 하다

　— 생각하다 18d(다른 하나라고
　생각해 주세요), 22d(자기가 가장
　지혜롭다고 생각하고), 35c(그런
　행동들을 여러분 앞에서 해야 한

다고 생각하지 말아 주세요)

— …받아 마땅하다고 생각하다 38b

— 온당하다고 생각하다 19d

— 기대하다 34d

생각하다 hypolambanein → 상정하다

생겨나다, 생기다, 일어나다, 벌어지다, 되다, …해지다, 서다, 들어서다, 있다, …이다 gignesthai cf. 일어나다

— 생겨나다, 생기다 19b(비방을 생겨나게 한), 20c(2회 : 이 비방들이 어디서 생겨난, 많은 소문과 이야기가 생기지는), 21b(비방이 어디서 생겨났는지), 23a(2회 : 많은 미움이 생겨났는데, 많은 비방이 그것으로부터 생겨났고), 28a(미움이 많은 사람들 사이에 생겨나 있다는), 30a(더 큰 좋음이 도대체 이 나라에 생겨난 적이), b(돈으로부터 덕이 생기는), 31a(이런 유의 다른 사람을 쉽게 발견하지 못하게 될), d(3회 : 신령스러운 것이 생겨난다는, 생겨나는데, 생길 때마다), 32a(불의와 불법이 국가에 생겨나는), 36b(국가에 생겨나는), 40c(큰 증거가 나에게 생겨났습니다)

— 일어나다 38c(저절로 일어났을 겁니다), 39e(이런 일이 일어난), 40a(놀라운 일이 일어났습니다), b(일어난 이 일이 좋은 것이 아닐까), 41d(저절로 일어난)

— 벌어지다 36a(3회 : 이런 결과가 … 벌어진, 이 일이 벌어진)

— 되다, …해지다 17d(일흔 살이 되어서), 19a(그렇게 되기를), 22a(예언이 논박될 수 없는 것이 되게), 23d(확연해지고 있다는), 24a(그토록 대단하게 돼버린 이 비방을), 33a(어느 누구의 선생도 되어본 적이), b(쓸 만한 사람이 되는지 안 되는지), d(나이를 먹은 후에), 36a(양편에 집계된 표수), 37d(비위에 거슬리게 된), 39a(분명해지는 경우가)

— 서다, 들어서다 32c(2회 : 여러분 편에 서기보다는, 과두정이 들어서자)

— 있다 23b(여유가 내게는 없었고)

— …이다 18b(고발한 사람들이 많거든요), d(고발자들이 두 부류라는), 20a(두 아들이 … 송아지였다면), 31b(보여줄 수 없다는), 33e(나와 이런 시간을 보내며 지냈던 사람들이죠), 37c(견뎌내지

못하고), 41a(정의로웠던)

서다 → 법정에 서다 eiserchesthai

서다 gignesthai → 생겨나다

서두 → 시작하다

서약을 깨다 epiorkein 35c

서약하다 omnynai, diomnynai

— omnynai 35c, d

— diomnynai 27c

서출의, *사생아인 nothos 27d cf.
혈통 좋은

선고받다, 물 처지가 되다 ophliska-
nein

— 선고받다 39b(2회)*

— 물 처지가 되다 36a

선물 dosis 30d

선물로 주다 didonai → 주다

선생 didaskalos 33a cf. 제자

설득되다 peithesthai → 따르다

설득력 있는, *그럴듯한 pithanos
17a, 23e cf. 따르다

설득하다, *확신시키다 peithein /
anapeithein cf. 따르다, 강요
하다, 믿다

— peithein 18b, d(다른 이들을
설득하려 한), 20a, 27e, 30a, e,
31b, 35c, d, 36c, 37a, d, e,
38a, d cf. 가르치다

— anapeithein 18d(여러분을
설득하려 한)

설명하다 legein → 말하다

섭리, *운명 moira 33c

성내다 achthesthai → 화내다

세우다, 임명하다 kathistanai

— 임명하다 37c

— 세우다 24c(법정에 세우다 :
eis agōna kathistanai → 직역하면
'송사를 하도록 데려가 세우다')

세우다 → 법정에 세우다 eisagein

소란을 벌이다, *떠들썩거리다 thory-
bein 17d*, 20e, 21a, 27b(2회),
30c(2회) cf. 고함을 지르다

소문 phēmē 18c, 20c

소송 graphē → 고발장

소송을 제기하다 graphēn graphesthai
→ 고발하다

소수 oligos → 근소한

*소일(消日) diatribē → 삶

소피스트 sophistēs 20a cf. 지혜로
운

손쉽게 이용할 수 있는 procheiros
23d

손에 꼽을 정도인, *세기 쉬운
euarithmē tos 40e

손을 대다 epicheirein → 시도하다

송사, 법정 agōn

— 송사 34c(2회)

— 법정 24c(법정에 세우다 : eis
agōna kathistanai — 직역하면 '송

사를 하도록 세운다')

송사 dikē → 대가

송사를 치르다 agōna agōnizesthai 34c

송아지 moschos 20a

수, 재간, *수완 mēchanē cf. 수를 쓰다

— 수 39a

— 재간 28a

수공 기술자, *장색(匠色), *장인(匠人) cheirotechnēs 22c cf. 장인

수를 쓰다, *고안하다, *획책하다 mēchanasthai 39a cf. 수

수수께끼 ainigma 27a

수수께끼를 내다 ainittesthai 21b, 27d

수없이 많은, 극도의 myrios

— 수없이 많은 41c

— 극도의 23c(극도로 가난한 상태에)

수치 aischynē 35a cf. 몰염치

수치스러운, 추한, *부끄러운 aischros cf. 아름다운, 몰염치한

— 수치스러운 24d, 28c, d, 35a

— 추한 29b

수치스럽다, 수치스러워하다, *부끄럽다 aischynesthai 17b, 22b, 28b, 29d

숙고하다 skopein, skeptesthai →

살펴보다

숙고하다, 마음에 두다, *마음속에 떠올리다 ennoein cf. 살펴보다, 계산에 넣다, 탐색하다

— 숙고하다 40c

— 마음에 두다, *마음속에 떠올리다, *염두에 두다 34c

순전히, 그야말로, *기술 없이, *단적으로 말해 atechnōs

— 순전히 18c, d, 26e

— 그야말로 17d*, 30e, 35d

숨 쉬다 empnein 29d

숨기다 apokryptein → 무색하게 하다

숱한 polys → 많은

숱한 → 이 숱한 tosoutos → 이런 많은

쉬운, 경솔한 rhadios

— 쉬운 30e, 31a(2회), 37b, d, 38a

— 경솔한 24c

쉽게 검증이 되는, *쉽게 시험해 볼 수 있는 euelenktos 33c cf. 논박하다, 논박

스스로, *자발적으로, 저절로, *자동적으로 automatos

— 스스로, *자발적으로 automatos 23c(시키지 않는데도 스스로)

— 저절로, *자동적으로 apo
tou automatou 38c, 41d

승자가 되다, *우승자가 되다, *승
리하다 nikan 36d

시(詩) poiēma 22b cf. 만들다

시 중앙 청사, *정부 청사, *평의회 운
영 청사/센터 prytaneion 36d*,
37a cf. 원형 청사, 평의회 운
영위원

시 짓는 기술, *시를 짓는다는 것, *시
poiēsis 22c cf. 만들다

시간 chronos 18c(오랜 시간 동안 고
발을), 19a(2회 : 오랜 시간 동안
들은 이 비방을 이렇게 짧은 시간
동안 … 제거하도록), 21b(오랜
시간 동안 그(즉 신)가 무슨 말을
하고 있는지를 놓고 고심했습니
다), 24a(대단하게 돼버린 이 비
방을 이렇게 짧은 시간 안에 … 제
거해 낼), 32a(정의를 위해 싸우
려는 사람은, 잠깐(직역 : 짧은 시
간) 동안이라도 목숨을 보전하겠
다고 한다면), b(나중에 — 직역하
면 '나중 시간에'), 33c(나와 더불
어 많은 시간을 보내면서), 37a
(서로 짧은 시간 동안 대화를 나누
었을 뿐), b(짧은 시간 안에 큰 비
방들을 해소하는), 38c(2회 : 얼마
되지도 않는 시간을 벌기 위해 …

잠깐(직역 : 짧은 시간) 동안만 기
다렸다면), 39e(그 동안만큼 — 직
역하면 '그만큼의 시간 동안'),
40a(이전에 — 직역하면 '이전 시
간에'), e(시간 전체), 41c(남은
시간 동안)

— 이전에(en tōi prosthen chronōi
: 이전 시간에) 40a

— 나중에(en tōi hysterōi chronōi
: 나중 시간에) 32b

— 잠깐 동안(oligon chronon :
짧은 시간 동안) 32a, 38c

— 그 동안만큼(tosouton chronon
: 그만큼의 시간 동안) 39e

시간, *때, *시절, *철, *청춘 hōra
42a

시간 보내기, 보내는 삶, *소일(消日),
담론, *소일거리, *교제, *공부
diatribē cf. 함께 있다, 교제, 삶

— 시간 보내기, *교제, *공부
33e

— 보내는 삶, *소일(消日) 41b

— 담론, *소일거리 37c

시간을 보내다, *소일(消日)하다 dia-
tribein 29c, 33c cf. 삶, 함께
있다, 지내다

시기, *질시 phthonos 18d, 28a cf.
비방, 쐬고 썼다, 인색하게 굴
다

시도하다, 노력하다, 해 보다(…하도록) peirasthai
— 시도하다 21c
— 노력하다 20d
— 해 보다(…하도록) 24b, 24c
시도하다, 손을 대다 epicheirein
— 시도하다 23c, 30d, 31d, 36c
— 손을 대다 19d
시민, 동료 시민 politēs cf. 내지인, 국가
— 시민 19e, 25c
— 동료 시민 37c
시민적인 politikos → 정치적인
시인 poiētēs 22a, b, c, d, 23e cf. 만들다
시작하다, 서두 archesthai cf. 지휘하다(archein)
— 시작하다 31d
— 서두(직역 : 시작하면서) 24a
시장 agora 17c
시험하다 diapeirasthai, apopeirasthai cf. 논박하다, 살펴보다
— diapeirasthai 27a
— apopeirasthai 27e
*시험하다 exetazein → 검토하다
식사 대접 sitēsis 37a
식사 대접 받다 siteisthai 36d
신, 여신 theos 18c(복수), 19a(단수),

20e(단수), 21b(단수), e(단수), 22a(단수), 23a(단수), b(2회 단수), c(단수), d(복수), 24b(복수), 26b(2회 복수), c(4회 복수), d(복수), e(단수), 27a(2회 복수), d(8회 복수), 28a(복수), c(단수 : 여신), e(단수), 29a(복수), b(복수), d(단수), 30a(2회 단수), d(단수), e(2회 단수), 31a(2회 단수), 33c(단수), 35d(2회 복수, 1회 단수), 37e(단수), 40b(단수), 41d(복수), 42a(단수) cf. 신적인, 무신론자, 신령
신 지피다, *신에게 영감을 받다 enthousiazein 22c
신경 쓰다, *주의를 기울이다 phrontizein 25c, 28d, 29e cf. 사색하는 사람, 돌보다
*신경 쓰다 kēdesthai → 마음 쓰다
신령 daimōn 27c(2회 복수), 27d(5회 복수), 28a(복수) cf. 신
신령스러운 것, *신령에 관련된 daimonion 24c(복수), 26b(복수), 27c(4회 복수, 첫째 것만 신령스러운 (활동)), e(복수), 31d(단수), 40a(단수) cf. 신적인
신을 잘 섬기다 eusebein 35c cf. 경건한
신적인 theios 27e(신적인 것), 31c(신적인 것), 33c(섭리) cf. 신령스

러운 것

신탁(神託), *예언(預言) chrēsmos
　　21c, e, 22e(2회), 23a cf. 예언

신탁 전달자 chrēsmōidos 22c cf. 예
　　언자

신탁에 묻다 manteuesthai → 예언
　　하다

*신탁을 전하다 chrēsmōidein → 예
　　언하다

신호, *표시 sēmeion 40b, c, 41d

실상 tēi alētheiāi → 진실, 참으로

실수, *허물, *틀린 가락 plēmmeleia
　　22d(장인들의) cf. 잘못

실제 행동 ergon → 행동

실제로 tōi onti → 참으로

실행해 내다 exergazesthai 22d cf.
　　하다

싫어하다(…하기) ouk ethelein → 거
　　부하다

심각한 → …만큼 심각한 tosoutos
　　→ 이런 많은

심리하다 krinein → 판가름하다

*심문하다 ereunan → 탐문하다

*심문하다 exetazein → 검토하다

심판 krisis 41b cf. 판가름하다, 판결
　　하다

싫어 하다(…하고) boulesthai → 바
　　라다

싸우다 machesthai 32a cf. 그림자와

싸우다

쌔고 쌨다, *수두룩하다, *숱하게 넘
　　쳐 난다, *아까울 게 없을 정도
　　로 풍부하다 pollē aphthonia
　　23c, 24e cf. 많은, 시기, 인색
　　하게 굴다

쌘 polys → 많은, 쌔고 쌨다

쓸 만한 chrēstos 25c, 33b cf. 제대
　　로 된, 훌륭한

쓸 만한 가치가 있는 ophelos → 이
　　득이 되는

아껴 두다, *살려 두다 pheidesthai
　　31a

아는 바가 있다 epaiein 19c

아는 사람 epistēmōn 20b cf. 알다,
　　앎, 지혜

아니라고 하다 ou phanai → 말하다

아들 huios 20a(2회), b, 28c(테티스의
　　아들), 29c, 34d, 41e, 42a
　　— …의 아들(이 단어 없이 2격
　　표현 '…의' 만으로) 20a, 23c,
　　33e(2회), 34a, 41b

아름다운, 멋진, 멋있는, *고상한, *훌
　　륭한, *칭찬할 만한 kalos cf. 훌
　　륭한, 아름답고 훌륭한, 추한
　　— 아름다운 28b, 34e, 35d,
　　39d(3회) + '아름답고 훌륭한'
　　의 용례들

— 멋진, 멋있는 19e, 22c, d(2
회), 37d
아름답고 훌륭한, *아름답고 좋은,
    *멋있고 훌륭한, *정말 훌륭한
    kalos te kagathos 20a~b*,
    21d, 25a cf. 아름다운, 훌륭한
아무것도 아닌 것, *무(無), *중요하
    지 않은 인물 mēden 40c, 41e
    (#용법이 다른 유사 용례들 17개
    생략)
아버지 patēr 31b, 33d, e(3회), 37e
아이, 어린, 자식, 새끼 pais cf. 어린
    애, 젊은이
    — 아이 18c, 28c(얘야 : ō pai)
    — 어린 18b(어린 시절부터),
    31d(어린 시절부터)
    — 자식 27d(3회)
    — 새끼 27e
*아이러니를 부리다 eirōneuesthai
    → 의뭉을 떨다
아주 polys → 많은
아주 tosoutos → 이런 많은
아주 잘 malista → 가장
아테네인 여러분 ō andres Athēnaioi
    → 여러분
악, *나쁨 kakia 39b cf. 나쁜, 사악,
    악덕
악감정이 있다, *화가 나다, *버거
    워하다 chalepainein 41d cf.

화내다
악덕 mochthēria 39b cf. 몹쓸, 불의,
    덕, 악
앉다 kathēsthai 35c
알게 되다 manthanein → 배우다
알다 eidenai cf. 배우다, 알아차리
    다, 모르다, 간파하다, 지혜
    — 17a, 18d, 20e, 21a, d(6회 :
    아름답고 훌륭한 어떤 것도 알지
    못하는 … 이 사람은 어떤 것을 알
    지 못하면서도 안다고 생각하는
    반면에 … 나는 … 알지 못하니까
    (알지) 못한다고 생각도 … 나는
    내가 알지 못하는 것들을 알지 못
    한다고 생각도 한다), 22a, c(아무
    것도 알지 못하거든요), d(내가 발
    견하게 되리라는 걸 알고), 23c(2
    회 : 뭔가를 안다고 생각하지만 실
    은 거의 혹은 아예 알지 못하는 사
    람들), d(2회 : 아는 척하지만 실
    은 아무것도 알지 못한다), 24a
    (나는 꽤 잘 알고 있습니다), d(당
    신이 … 알고 있을 게 분명하니
    까), e(법률들을 아는 게 누구냐),
    26d(가득 차 있다는 걸 알지 못할
    정도로), 29a(4회 : 알지 못하는
    것들을 안다고 생각하는 … 아무
    도 죽음을 알지 못하는데 … 최대
    로 나쁜 것임을 마치 잘 알고 있기

라도 한 것처럼), b(7회 : 알지 못하는 것을 안다고 생각하는 … 하데스의 일들에 관해서는 충분히 알지 못하니까 생각도 또한 그렇게 알지 못한다고 … 나쁘고 추하다는 건 내가 압니다. … 나쁘다는 걸 내가 알고 있는 … 좋은 것은 아닐지조차 내가 알지 못하는), 32a, 37b(2회 : 좋은 것인지도 나쁜 것인지도 내가 알지 못한다고 주장하는 … 나쁘다는 걸 내가 잘 아는), d(내 말에 귀를 기울이리라는 걸 난 잘 알거든요)

— 잘 알아 두세요, *명심해 주세요 eu iste 20d, 28a, 30a, c, 31d, 33b

알다 syneidenai 21b(나 자신이 … 지혜롭지 않다는 걸), 22d(나 자신이 … 아는 게 없다는 걸), 34b(멜레토스는 거짓을 … 나는 진실을 말하고 있다는 걸 그들이)

알다, *…할 줄 알다 epistasthai 20c (2회), e, 22d(4회 : 아무것도 아는 게 없다는 걸 … 많은 멋진 것들을 안다는 걸 … 내가 알지 못하는 것들을 알고 있었고) cf. 앎, 기술, 지혜

알다, 알아차리다 gignōskein 19d(이렇다는 걸 알게 될), 22b(다음과 같은 걸 알게 되었습니다), 23b(아무런 가치가 없다는 걸 아는), 25d (훌륭한 일을 한다는 걸 알고 있는), 27a(자기 모순적인 말을 할 때 알아차리게 될까), 33d(나쁜 조언을 한 적이 있다는 걸 알게 되었다면) cf. 알아차리다, 배우다

알려 주다, *지적하다, *보여 주다 phrazein 19d(2회) cf. 가르치다, 훈계하다

알려 주다, *드러내다, *밝히다 mēny-ein 24d

알맞은, 친척 prosēkōn

— 알맞은 20b cf. 적당한, 법도상 어울리는

— 친척 33d, 34b cf. 집안사람

알아 보다, *잘 관찰하다, *파악하다 katanoein 31b cf. 간파하다

알아차리다, 깨닫다, 눈치 채다, 듣다 aisthanesthai cf. 감각, 듣다, 알다(gignōskein)

— 알아차리다 22c

— 깨닫다 21e

— 눈치 채다 39d

— 듣다 20a

알아차리다 gignōskein → 알다

알아채지 못하다 lanthanein 19a

앎 epistēmē 19c cf. 알다, 아는 사람, 지혜

앙갚음, *복수 timōria 39c

앙갚음하다, 갚다, 복수하다 timōrein, timōreisthai

　　— 앙갚음하다 33d(2회)

　　— 갚다 41e

　　— 복수하다 28c, d

… 앞에 세우다(배심원들) eisagein → 법정에 세우다

애 paidion → 어린애

애국자 philopolis 24b

애원, *간청 antibolēsis 37a cf. 간청하다, 탄원하다

애초 archē → 관직

액수 → …만큼의 액수 tosoutos → 이런 많은

약속하다 hypischneisthai 33b

양반 anēr → 사람

양육하다 trephein 18a

어려운, 까다로운, 가혹한, 혹독한 chalepos

　　— 어려운 19a, 25c, 39a(2회)

　　— 까다로운 37e

　　— 가혹한 23a

　　— 혹독한 39c, d

어린 pais → 아이

어린애, 애 paidion cf. 아이, 젊은이

　　— 어린애 34d

　　— 애 34c

어림도 없다, 천만의 말씀이다, 전혀

아니다, 당최 …하는 일이 없다 pollou dein cf. 많은

　　— 어림도 없다 32e, 37d

　　— 천만의 말씀이다 38d

　　— 전혀 아니다 30d, 35d

　　— 당최 …하는 일이 없다 37b

어울리다, 적절하다 prepei

　　— 어울리다 36d(3회)

　　— 적절하다 17c

억누르다, *잘라 내다 kolouein 39d cf. 다잡다

언급 logos → 말

언짢아하다, 짜증 내다, *거슬리다 aganaktein cf. 화내다

　　— 언짢아하다 34c, 35e

　　— 짜증 내다 39d

얼마 되지도 않는 ou polys → 많은 (얼마가 되는)

얼버무리다, *억제하다 hypostellein 24a cf. 무색하게 하다

엄두를 내다, 감히 …하다, *감행하다 tolman cf. 대담함

　　— 엄두를 내다 31c, 39a

　　— 감히 …하다 21a

엉뚱한 atopos → 이상스러운

여겨지다 dokein → 생각하다

여기다 poiein → 만들다

여러 polys → 많은

여러분 ō andres cf. 사람

— 여러분 ō andres 17c, 18b,
19e, 21a, 22b, 23a, 27a, b,
29a, b, 31a, 34a, b, 35b, 38a
// (유죄 투표자에게) 38d(다수 사
본 β와 δ), 39a, c(ō andres hoi
eme apektonate : 나를 죽인 여러
분), *나에게 사형 판결을 내린
여러분. cf. '나에게 유죄 표를
던진 여러분(ō katapsēphisamenoi
mou)'이 바로 직전에 나옴 // (무
죄 투표자에게) 39e, 41e
— 아테네인 여러분 ō andres
Athēnaioi 17a☆, b, c, 18a, c, e,
19c, 20c, d, e, 21c, 22a, d, e,
24a, c, 26a, e, 28a, d, d~e,
29d, 30b, c, d, 31d, 32a, e,
33c(2회), 34d(2회), 35b, c, d,
e, 36b, d(2회), 37a, c, d, 38b,
c // (유죄 투표자에게) *38d(T
사본)
— 재판관 여러분 ō andres
dikastai 26d(멜레토스의 발언)
// (무죄 투표자에게) 40a, e,
41b, c
여신 theos → 신
여유, *한가함, *여가 scholē 23b, c,
36d cf. 분주함
여유를 누리다 scholēn agein → 이
끌다

여자, *여인 gynē 35b, 41c cf. 사람
연설 logos → 말
연설가, *연사(演士) rhētōr 17b, 18a,
24a, 32b
연장자 presbyteros → 나이 든 이
연출하다 eisagein → 법정에 세우다
*열성적인 syntetamenos 23e('짜임새
있게(syntetagmenōs)'를 '열성적
으로(syntetamenōs)'로 읽는 소수
독법이 있음)
열정적인, 열렬히, 열심으로, 힘주어
sphodros
— 열정적인 sphodros 21a, 23e
— 열렬히 sphodrōs 23e
— 열심으로 sphodra 30b
— 힘주어 pany sphodra 25a,
26b
영웅 hērōs 28a cf. 반신(半神), 신,
신령
영혼 psychē 29e, 30b, 40c cf. 목숨
에 연연해함, 육체
예비된, …할 태세인, …할 자세가
된 hetoimos
— 예비된 28c
— …할 태세인 32b
— …할 자세가 된 34a(도와줄
자세가 되어)
예언(預言), *신탁 manteion, manteia
cf. 신탁

238

— to manteion 21c, 33c

— hē manteia 22a, 29a

예언(預言), *예언 능력 mantikē 40a cf. 신탁

예언자 theomantis 22c cf. 신탁 전달자

예언하다, *신탁을 주다, *예언을 구하다, 신탁에 묻다 manteuesthai

— 예언하다, *신탁을 주다 39d

— 신탁에 묻다, *예언을 구하다 21a

예언하다, *신탁을 전하다 chrēsmōidein 39c(2회) cf. 신탁

오래된, 옛날의 palaios cf. 새로운

— 오래된 27c

— 옛날의 41b

오래전 palai 18b, e, 23e, 31d(2회) cf. 최근

오랜 polys → 많은

오르게 하다, *(연단에) 오르게/서게 하다, *(재판정에) 세우다/소환하다/출두시키다 anabibazesthai 18d, 34c, d

오르다, *(연단에) 오르다/서다, *(재판정에/대중 앞에) 서다, *(재판정에) 소환되다/출두하다 anabainein 17d*(재판정에), 31c(대중 앞에), 33d(연단에), 36a(재판정에), 40b(재판정에)

오르케스트라 orchēstra 26e☆

오명 onoma → 이름

오히려 mallon → 더 많이

옥살이, *구속, *속박 desmos 32c, 37b

온당하다고 생각하다 axioun → 생각하다

올림피아 경기 Olympiades 36d

올바른 orthos → 옳은

*올바른 dikaios → 정의로운

옮겨 살기, *이주(移住) metoikēsis 40c cf. 바뀜, 떠나 살기

옳은, 올바른 orthos

— 옳은 34b, 40a(2회)

— 올바른 39d, 40c

…와 같다 eoika → …인 것 같다

완고한, *제멋에 겨운, *제멋대로인, *강퍅한 authadēs 34c cf. 제멋에 겹다

외지인, 외국인, 외국인의 xenos cf. 내지인, 시민

— 외지인 23b, 30a, 35a

— 외국인, 외국인의 17d(2회: 생소한 외국인의 처지, 외국인)

요구하다, 요청하다 deisthai → 간청하다

욕망을 가지다(…하고 싶은), 욕망이 일다, *간절히 바라다 epithymein 33a, 39c

용기 andreia 35a cf. 대담한, 덕

용서하다 syngignōskein 17d

*운명 moira → 섭리

*운명 potmos → 죽을 운명

웃음거리인 katagelastos → 비웃음
의 대상인

원하다 boulesthai → 바라다

원하다 dokein → 생각하다

원형 청사, *원형 공관 tholos 32c☆,
d cf. 시 중앙 청사, 평의회 운
영위원

위험 kindynos 28b, c(2회), d, 34c,
38e, 39a

위험을 무릅쓰다, 위험에 처하다, …
인 것 같다, …이 아닐까 싶다
kindyneuein cf. 생각하다, …
인 것 같다

 — 위험을 무릅쓰다 28d, e,
34c

 — 위험에 처하다 25e, 28b

 — …인 것 같다 kindyneuein
20d, 21d, 23a

 — …이 아닐까 싶다 40b

위험을 무릅쓰다 diakindyneuein
32c

유공자, *은인 euergetēs 36d cf. 혜
택을 베풀다

유념하다 dianoeisthai → 생각을 품
다

유독 malista → 가장

유익하다 lysitelein 22e cf. 이득이
되다

*유죄 판결을 내리다 hairein → 잡다

유죄 판결을 받다 haliskesthai → 잡
히다

유죄 표를 던지다, 유죄 쪽에 투표하
다, *유죄 투표하다
katapsēphizesthai cf. 잡다,
방면 쪽에 투표하다

 — 유죄 표를 던지다 30e, 35b,
36a, 39c, d, 41d(2회)

 — 유죄 쪽에 투표하다 38d(사
형에 처하자는 쪽에 투표하다)

육체, *몸 sōma 30a cf. 영혼

으레 나타나다 eiōtha → 버릇이 들다

은화 argyrion → 돈

…의 아들 → 아들

의결하다, 결정을 내리다, 평의회 의원
이 되다 bouleuein, bouleuesthai

 — 의결하다 32b

 — 결정을 내리다 32c

 — 평의회 의원이 되다 32b

의도 dianoia 41d cf. 생각을 품다

의도 없이 akōn 25d, 26a(3회)

의도적으로, 고의로 hekōn

 — 의도적으로 25d(2회), e

 — 고의로 37a

의도하지 않은, *고의가 아닌 akousios

26a

의뭉을 떨다, *능청을 떨다, *시치미
　　를 떼다, *본뜻과 다른 말을 하
　　다, *아이러니를 부리다 eirō-
　　neuesthai 38a*

의미하다 noein 40a

의향이 있다 ethelein 38d, 40a, 41a
　　cf. 거부하다

이 나이의, 이 나이 먹은 tēlikosde
　　cf. 그 나이의
　　— 이 나이의 25d
　　— 이 나이 먹은 34e, 37d

이 숱한 tosoutos → 이런 많은

…이 아닐까 싶다 kindyneuein →
　　위험을 무릅쓰다

이 지역을 방문하다, *이 도시(아테
　　네)에 머물다 epidēmein 20a

이끌다, 잡아 오다 agein
　　— 이끌다 41c
　　— 잡아 오다 32c, d cf. 체포
　　하다
　　— 여유를 누리다 scholēn agein
　　36d
　　— 분주히 움직이다 ascholian
　　agein 39e
　　— 조용히 지내다, 가만히 있
　　다 hēsychian agein 35b, 36b,
　　37e, 38a

…이다 gignesthai → 생겨나다

이득 kerdos 40d, e

이득을 얻다, *혜택을 누리다 apolau-
　　ein 31b

이득을 주다 ōphelein 24e, 25c, d,
　　31e cf. 유익하다, 해를 주다

이득이 되는, 쓸 만한 가치가 있는
　　ophelos cf. 이득을 주다, 유익
　　하다, 해로운
　　— 이득이 되는 36c
　　— 쓸 만한 가치가 있는 28b

이득이 되다, 도움이 되다 oninanai
　　cf. 유익하다
　　— 이득이 되다 30c
　　— 도움이 되다 27c

이런 대단한 tosoutos → 이런 많은

이런 많은, 이 숱한, 이런 대단한, …
　　만큼(의 액수, 심각한), 그토록,
　　아주 tosoutos
　　— 이런 많은 20c, 32e(이 많은
　　세월(=여러 해) 동안)
　　— 이 숱한 31b(이 숱한 세월(=
　　여러 해) 동안)
　　— 이런 대단한 19c, 25e(이런
　　대단히 나쁜)
　　— …만큼 39e(그 동안만큼은 :
　　tosouton chronon)
　　— …만큼의 액수 38b(3회 : 다
　　물 능력이 될 만큼의 액수를, 그
　　액수의(2회))

— …만큼 심각한 25e

— 그토록 25d

— 아주 28c

이루다 pleon ti poiein → 만들다,
더 많은

이름, 오명, 단어, 미사여구, *칭호,
*명성 onoma

— 이름 18c, 20d(2회), 21c,
23a, b, 34e

— 오명 38c

— 단어 17c

— 미사여구 rhēmata kai ono-
mata 17c

이리저리 흔들거리다 peripheresthai
19c

이보시오 ō anthrōpe → 인간

이상스러운, 엉뚱한, *독특한 atopos

— 이상스러운 31c

— 엉뚱한 26e, 27e

이야기 logos → 말

이야기를 나누다, *이야기를 들려주
다 diamythologein 39e☆

이야기하다 legein → 말하다

이용하다 chrēsthai → 다루다

이웃한, *가까운 plēsios 25e

이유 logos → 말

*이유 aition → 까닭

이의를 제기하다, *반박하다
amphisbētein 29e cf. 반대하다

이전(以前) → 시간

이해하다 manthanein → 배우다

이해하다 hypolambanein → 상정하다

익숙해지다 ethizein, ethizesthai,
eiōtha → 버릇을 들이다, 버릇
이 들다

…인 것 같다, 보이다, 분명해 보이
다, 분명히 드러나다, 밝혀지
다, *나타나다 phainesthai cf.
생각하다, 위험을 무릅쓰다

— …인 것 같다 27a(2회 : 자기
모순적인 말을 하는 것 같거든요,
이런 말을 하고 있는 것 같다는)

— 보이다 23a(사용하는 것으로
보입니다), 40e

— 분명해 보이다 22c

— 분명히 드러나다 33a

— 밝혀지다 17b

…인 것 같다, …와 같다 eoika cf.
생각하다, 위험을 무릅쓰다

— …인 것 같다 21d, 25a, 36a
(지금 보니까 … 있었을 것 같네요)

— …와 같다 27a(시험하려는 사
람과도 같으니까요), 31b(인간에
게 속한 일 같지 않다)

…인 것 같다 kindyneuein → 위험
을 무릅쓰다

인간, 사람들, 이보시오 anthrōpos
cf. 사람

— 인간 20b(양수), e(단수 : 인간에 속하는 지혜), 22c(복수), 23b(복수 호격 : 인간들이여), c(복수), 24e(단수), 25b(복수), e(복수), 27b(복수, 2회), d(복수), e(복수), 29a(단수), b(단수), 30b(복수), 31e(복수), 33a(복수), c(단수), 34d(복수), 37a(복수), d(단수), 38a(단수, 2회), 39c(복수)

— 사람들 anthrōpoi 19d, e (이 두 용례는 '사람들을 가르친다'), 21c, d(이것만 단수 : 사람), 23c(사람들이 검토받는), 24c, 26d, 29b, 35a(많은 사람들과 다르다는), 37a, 39d

— 이보시오 ō anthrōpe 28b*

인간에 관련된 anthrōpeios 27b

인간적인, 인간에게 속한 anthrōpinos

— 인간적인 20b, d, 23a(3회 다 인간적 지혜)

— 인간에게 속한 31b

인색하게 굴다 phthonein 33a cf. 시기, 쌔고 쌨다

인생 bios → 삶

인정하다 dokein → 생각하다

일, *활동, *실천 praxis 40b

일, 활동, *행위, 골칫거리, *성가신/수고로운 일, *잡일, *문제, *사물, *것 pragma

— 일 20c(하는 일), 24c(관심을 가져본 적 없는 일들), 29a(죽음이든 다른 어떤 일이든), 39e(바로 이런 일이 일어난), 41d(이 사람의 일들), 42a(더 좋은 일)

— 활동, *행위 27b*(3회 : 인간에 관련된 활동들, 말에 관련된 활동들, 피리 연주에 관련된 활동들), c(신령스러운 활동들), 31d (정치적인 활동들)

— 골칫거리, *성가신/수고로운 일, *잡일, *문제 41d

— 일, …의 일 (to …, ta … : pragma 등이 생략되고 관사나 소유 표현 등을 사용) 21e(신의 일), 23b(2회: 국가의 일들, 집안일들), 31b(3회: 나 자신의 일들, 집안일들, 여러분의 일), 33a(나 자신의 일들), 41d(나의 일들)

일, *활동, *추구 epitēdeuma 28b cf. 추구하다

*일 ergon → 행동

일깨워 주다, *자극하다, 깨어나게 하다 egeirein

— 일깨워 주다, *자극하다 30e (2회)

— 깨어나게 하다 31a(깨어난)

일삼다, 공들이다, *애쓰다, *몰두

하다 pragmateuesthai

— 일삼다 20c

— 공들이다 22b

일생 bios → 삶

일어나다 symbainein 32a, 40a(2회 :
나에게 일어난 일이, 방금 나에게
일어났습니다), b(나에게 일어난
이 일이) cf. 생겨나다

일어나다 gignesthai → 생겨나다

일을 하다 prattein → 하다

읽다 anagignōskein 19b

임명하다 kathistanai → 세우다

입버릇처럼 → 버릇이 들다 eiōtha

있다 gignesthai → 생겨나다

잊다 epilanthanesthai 17a, 34a

자긍심을 갖다 habrynein 20c

자기모순 enantia emautōi / heautōi
→ 반대

자다 katheudein 31a, 40d cf. 잠에
빠지다, 졸다

자리를 내어 주다 parachōrein 34a

자리를 지키다, *제자리에 남다/머물
다, *곁에 남다/머물다 para-
menein 39e cf. 남다, 지키다

*자발적으로 automatos → 스스로

자부심을 갖다 kallynein 20c

자유인답지 않은 aneleutheros 38e

자식 pais → 아이

자제시키다 katechein 39d cf. 막다,
반대하다

자처하다 phaskein → 주장하다

작은 mikros, smikros cf. 근소한, 큰

— 작은 19c, 21b, 24a, 26b

@ 모두 '크든 작든'에 사용

— 사소한 40a

— 짧은 19d

— 조금 21d, 27e, 28b

*작은 oligos → 근소한

작정이다(…할), 막 …할 참이다, …
하게 될 것이다, …하려 하다,
…하겠다고 하다, …할 수 있
을 것이다 mellein

— …할 작정이다 20b, 30c

— 막 …할 참이다 21b, 39c(막
죽게 될 시점에)

— …하게 될 것이다 30c(여러
번 죽게 될 거라 해도), 35d(최선
이 될), 36c(아무 이득이 못 될)

— …하려 하다 31d(하려는 일
을), 40a(하려 할 때면), b(말하려
할 때든), c(하려던 일이)

— …하겠다고 하다 32a

— …할 수 있을 것이다 38b(물
수 있을)

잘못, *빗나감, *과실, *실패, *흠결
hamartēma 22d(시인들과 장인
들의), 26a(의도 없이 젊은이를

망치는 일) cf. 실수, 잘못을 범하다

잘못 ou kalōs → 아름다운(잘)

잘못된 기대를 하다 pseudesthai → 거짓말하다

잘못을 범하다, *빗나가다, *빗맞다 examartanein 30d cf. 실수, 잘못

잠 hypnos 40d

잠깐 → 시간, 근소한

잠에 빠지다 katadarthanein 40d cf. 자다

잠자코 있다 sigan → 침묵하다

잡다, 택하다, 뽑다, *유죄 판결을 내리다 hairein cf. 잡히다, 유죄 표를 던지다

— 잡다 28a☆(2회), b(2회)

— 택하다 37b, 38e

— 뽑다 28e

잡아 오다 agein → 이끌다

잡히다, 유죄 판결을 받다 haliskesthai cf. 잡다, 유죄 투표를 던지다, 죄를 벗다

— 잡히다 29c, 39b

— 유죄 판결을 받다 38d☆(2회)

장군 stratēgos 32b☆ cf. 군대 지휘

장난치다 charientizesthai 24c(장난으로 대한다), 27a(장난삼아), d cf. 농담하다

장인(匠人), *제작자, *기술자 dēmiourgos 22d, 23e cf. 수공 기술자

재간 mechanē → 수

재판관, *배심원 dikastēs 18a☆, 24e, 26d, 34c, 35c(2회), 40a(2회), e, 41a(2회), b, c

재판관 여러분 ō andres dikastai → 여러분

재판정, *법정 dikastērion 17d, 29a, 40b cf. 법정

재판정에서 흔히 듣는, *재판정의 dikanikos 32a

재판하다 dikazein → 판결하다

재판하다 krinein → 판가름하다

저절로 apo tou automatou → 스스로

저지르다 ergazesthai → 하다

적당한, *착한 가격의, *저렴한 emmelos 20c cf. 알맞은, 법도상 어울리는

*적대 apechtheia → 미움

*적은 oligos → 근소한

적절하다 prepei → 어울리다

적절한, *적정한 metrios 39b

전쟁 polemos 38e

전전(輾轉)하다, *번갈아 바꾸다 ameibesthai 37d

전투 machē 39a

전하다(이야기를, 말을) legein → 말

하다

전혀 아니다 pollou dein → 어림도
없다

젊은, 젊은이 neos, neōteros cf. 청
년, 나이 든 이, 아이

　　— neos 19e, 21a(젊어서부터),
23c, d, 24b, c, e, 25b, c, d,
26d, 30b, 33d(2회 : 후자가 '젊
었을 때'), 37d

　　— neōteros 24d, 25a, 26b,
30a(2회), 33a, 39d(더 젊은)

젊은 애 meirakion → 청년

젊은 혈기, *치기, *젊음 neotēs 26e

정권 archē → 관직

*정당한 dikaios → 정의로운

정말 hōs alēthōs → 진실, 참으로

정말 tōi onti → 참으로

정말 훌륭한 pankalos 31d cf. 아름
다운

정반대 poly enantion → 많은(정
(正))

*정신 nous → 지성

정실(情實)로 재단(裁斷)하다, *사적
이해관계로 판단하다 katachari-
zesthai 35c cf. 호의를 베풀다,
판가름하다

정의로운, 정의, 정의에 부합하는, *의
로운, *정당한, *공정한, *올
바른, *마땅한 dikaios cf. 부정

의한, 불의를 행하다, 옳은, 경
건한, 대가

　　— 정의로운, *의로운, *정당
한, *공정한, *올바른 17c*,
18a(2회), 20d, 28b(2회), 29a,
32c, 33b, 34b, 35b, d, 41a,
42a

　　— 정의 to dikaion, ta dikaia
32a(2회), b, e, 33a, 35c, 37a

　　— 정의에 부합하는, *마땅한
18a

정치적인, 정치인, 시민적인, *국가
의 politikos cf. 국가

　　— 정치적인 31d(2회)

　　— 정치인 21c, 22a, c, 23e

　　— 시민적인 20b

*제공하다 parechein → 내세우다

제대로 된, 반듯한, 합당한, *괜찮은,
*견실한, *점잖은, *훌륭한
epieikēs cf. 쓸 만한, 훌륭한

　　— 제대로 된 22a

　　— 반듯한 36c

　　— 합당한 34d

제멋에 겹다, *완고하다, *아집이
세다, *강퍅하다, 제멋에 겨워
말하다, *제멋대로 행동하다,
*여튼대다 authadizesthai,
apauthadizesthai cf. 완고한

　　— 제멋에 겹다, *완고하다, *강

246

퍅하다, *아집이 세다 autha-
dizesthai 34d

— 제멋에 겨워 말하다, *완고
하게 말하다, *여든대다, *제멋
대로 행동하다 apauthadizesthai
37a

제시하다 parechein → 내세우다

제안하다 timasthai → 형량을 제안
하다

제자 mathētēs 33a cf. 선생

제지하다 epechein → 막다

조금 smikros → 작은

조심하다 eulabeisthai 17a

조야(粗野)한, *천박한 phortikos 32a

조언하다 symbouleuein 31c(2회),
33d

조용히 지내다, 조용히 있다, *조용히
살다, *가만히 있다 hēsychian
agein cf. 이끌다

— 조용히 지내다, *조용히 살
다 36b, 37e, 38a

— 조용히 있다, *가만히 있다
35b

존중하다, *공경하다 timan 32a cf.
명예

졸다, *깜빡 선잠이 들다 nystazein
31a cf. 자다, 잠에 빠지다

종노릇하다, *종살이하다, *노예 노
릇하다 douleuein 37c

좋아하다, *애정을 갖다, *친절히
반기다 aspazesthai 29d cf. 사
랑하다

좋은 agathos → 훌륭한

좋은 기대를 가진 euelpis 41c cf. 가망

죄를 벗다, 면(免)하다, *죄를 면하다,
*면탈(免脫)하다, *무죄로 방
면되다, *피하다 apopheugein
cf. 유죄 판결을 받다, 벗어나다

— 죄를 벗다, *죄를 면하다,
*면탈(免脫)하다, *무죄로 방
면되다 35c, 36a(3회), 38d

— 면(免)하다, *피하다 39a☆

죄목, *죄 adikēma 27e cf. 불의를
행하다, 불의

죄악 aitia → 책임

주다, 선물로 주다, 지불하다 didonai

— 주다 31a

— 선물로 주다 31a

— 지불하다 20a

— 논박을 견뎌 내다 didonai
elenchon 39c

주의를 기울이다 ton noun prosechein
18a cf. 신경 쓰다, 지성

*주의를 기울이다 phrontizein → 신
경 쓰다

주장하다, 공언하다, 자처하다 phaskein

— 주장하다 21b

— 공언하다 19c

— 자처하다 41a

주장하다(자기 것이라고) prospoieisthai
→ 척하다

주장하다 phanai → 말하다

주제넘은 일을 하다, *쓸데없이 애쓰
다 periergazesthai 19b cf. 참
견하다

죽다 apothnēiskein, tethnanai cf.
삶을 마치다, 살다

— apothnēiskein 28b(죽을 위
험에 처하게), c(너 자신이 죽게
된다), e(죽을 위험을 무릅썼는
데), 29d(당신은 죽게 될 겁니다),
32c(죽일 작정으로 — 직역은 '그
가 죽게 되도록'), d(이 일 때문에
죽었을 겁니다), 35a(죽으면 뭔가
무서운 일을 겪게), 39a(죽음만큼
은 피할 수 있겠다는 — 직역하면
'죽게 되는 일만큼은 피할 수 있겠
다는'), c(막 죽게 될 시점에 와 있
기도), 42a(나는 죽으러)

— tethnanai 28b(사느냐 죽느냐
의 위험을 계산에 넣어야), d(곧
바로 죽어도 좋습니다), 30c(여러
번 죽게 된다 하더라도), 38e(저
런 식으로 해서 사느니보다 차라
리 이런 식으로 항변하고 죽는 쪽
을), 39e(가 죽어야 할 곳에), 40c
(3회 : 첫째와 둘째 용례 : 죽음

이 — 직역하면 '죽어 있다는 것이'
/ 셋째 용례 : 죽은 사람은), e(죽
은 사람들이), 41a(여러 번이라도
죽을), b(부정의한 심판 때문에 죽
은), d(죽어서)

죽다, *완전히 파괴되다 apollysthai
31d, 32a

죽을 운명, *운명 potmos 28c

죽음, 사형 thanatos cf. 삶

— 죽음 28c, d(2회), 29a(4회),
32a, c, d, 34e, 38c, 39a(3회 :
'죽음만큼은'은 이 용례가 아니라
동사 표현 — 즉 직역하면 '죽게 되
는 일만큼은'), b(2회), c, 40d,
e(2회), 41c

— 사형 36b, 37a, 38d

죽이다, *사형을 당하게 하다 apo-
kteinein 28c(2회), 29c*, 30c,
d(2회), e, 31a, 35a(여러분 손에
죽지 않으면 — 직역은 '여러분이
그들을 죽이지 않으면'), 38c,
39c(2회), d, 41c

죽지 않는, 불사자 athanatos

— 죽지 않는 41c

— 불사자 35a

*준비하다 paraskeuazein → 다잡다

줄곧 aei → 늘

중시하다 → 더 중시하다 peri pleionos
poieisthai → 더 많은

즐거운 (ouk aēdēs : 여간 즐거운 일이
   아니다) 33c, 41b cf. 달콤한
*즐거운 hēdys → 달콤한
즐거워하다 chairein 23c, 33b, c
증거 tekmērion 24a, d, 32a, 40c
증인, *증언자, *목격자 martys 19d,
   20e, 31c(2회), 34a
지내다(…하면서), *삶을 보내다 diagein
   41b cf. 시간을 보내다, 살다
지독한 barys → 버거운
지불하다 telein 20a
지불하다 didonai → 주다
지성, 주의, *정신 nous
   — 지성 27e
   — 주의 18a(주의를 기울이다)
지어내다, *빚어내다, *조작하다 pla-
   ttein 17c(말을 지어내다 : logous
   plattein) cf. 만들다
지키다, 충실하다 emmenein 39b
   cf. 남다, 참고 견디다
   — 지키다 30c
   — 충실하다 39b
지키다 → 자리를 지키다 paramenein
지하 hypo gēs → 땅
지혜 sophia 20d(3회), e(2회), 22b,
   e(2회), 23a, b, 29d, 35a cf.
   앎, 기술, 무지
*지혜 phronēsis → 현명함
지혜로운 sophos 18b*, 19c, 20a, d,

e, 21a(2회), b(3회), c(3회), d(4
   회), 22c, d(2회), e, 23a(3회),
   b(3회), 25d, 27a, 29a(2회), b,
   33c, 38c(2회), 41b cf. 현명한,
   무지한, 소피스트
*지혜로운 phronimos → 현명한
지혜를 사랑하다, *지혜를 추구하다,
   *철학하다 philosophein 23d,
   28e, 29c, d cf. 명예를 사랑하
   는
지휘관, 관리 archōn
   — 지휘관 28d, 28e
   — 관리 39e
지휘하다, 관직을 맡다 archein cf.
   시작하다 archesthai
   — 지휘하다 28e
   — 관직을 맡다 32b
직설적인, *촌스러운, *조야한, *투
   박한 agroikos 32d
진실, 진실된, 진짜, 정말 alēthēs cf.
   거짓
   — 진실 17a, b(2회 : 진실을 말
   하는, 진실을 거의), 18a, b,
   19e, 22a, b, 23d, 24a(2회),
   28a, 31c, e, 33c(진실이기도 하
   고), 34e, 40e, 41a, c(2회)
   — 진실된 18b, 27e, 32a, 33b
   — 진짜 hōs alēthōs 41a(진짜
   재판관들)

— 정말 hōs alēthōs 20b(정말
로), 29a(정말이지)
진실, 참으로, 실상, *진리 hē alē-
theia cf. 참으로
— 진실 17b(온전한 진실), 20d
(온전한 진실), 29e(무관사), 33c
(온전한 진실), 39b cf. 온전한
진실을
— 참으로 tēi alētheiāi 23b,
36d
— 실상 tēi alētheiāi 28d
진실을 말하다 alētheuein 34b cf. 거
짓말하다
진정성 있는, *참된 gnēsios 31e
진지하다 spoudazein 24c(진지한 척)
진지함 spoudē 24c(진지한 일을)
진짜 hōs alēthōs → 진실, 참으로
진짜 tōi onti → 참으로
질문하다 → 묻다
질서 있게 배열하다 kosmein 17c
짐, *부담 achthos 28d
집안 살림 oikonomia 36b cf. 집안일
집안사람, 집안일 oikeios
— 집안사람 hoi oikeioi 33d(2
회), 34a, c, d(2회, 전자 '집안사
람 몇은 무관사), 37e cf. 친척
— 집안일 ta oikeia 23b, 31b
cf. 집안 살림
짓다 poiein → 만들다

짜임새 있는, *조리 있는, *질서정
연한 syntetagmenos 23e cf.
열성적인
짜증 내다 achthesthai → 화내다
짜증 내다 aganaktein → 언짢아하
다
짧은 mikros → 작은
짧은 oligos → 근소한
쫓겨나 밖으로 나가다 exerchesthai
→ 밖으로 쫓겨나다
쫓아 버리다 apelaunein 37d, e cf.
추방하다, 밖으로 쫓겨나다

차라리 poly mallon 38e cf. 많은
참견하다, *많은 일들을 하느라 바
쁘다 polypragmonein 31c cf.
주제넘은 일을 하다
참고 견디다, *당하며 참아내다, *뒤
에 남다/머물다, *살아남다
hypomenein 28c cf. 남다, 지
키다
참으로 tēi alētheiāi → 진실, 참으로
참으로, 진짜, 실제로, 실상, 정말 tōi
onti, tēi alētheiāi, hōs alēthōs
— 참으로 tōi onti 32a / tēi alē-
theiāi 23b, 36d
— 진짜 tōi onti 23a / hōs alē-
thōs 41a(진짜 재판관들)
— 실제로 tōi onti 17c

추한 aischros → 수치스러운

축복받은 사람이라고 생각하다 makar-
izein 20b cf. 행복한

충분한, *만족스러운, *적절한, *적
당한 hikanos 24b(항변), d(증
거), 25c(보여 줌), 28a(항변),
29b(하데스에 관한 앎), 31c(증인)

충실하다 emmenein → 지키다

치르다, *물다 apotinein 36b cf. 물다

친구, 마음에 드는, 친애하는 philos
cf. 좋아하다, 동료, 동년배
— 친구 28d, 34c, 40a
— 마음에 드는 19a(신에게)
— 친애하는 (호칭) 26d(멜레토
스)

친척 prosēkōn → 알맞은

침묵하다, 잠자코 있다 sigan
— 침묵하다 37e
— 잠자코 있다 24d

큰, 커다란, 대(大), 긴 megas cf. 근
소한, 최대의, 더 큰
— 큰 19c, 21b, 24a, 26b,
30d(크게 나쁘다고), e, 40c
— 커다란 32a, 37b
— 대(大) 40d(대왕)
— 긴 19d
— 떠벌려(떠벌려 말하다 : mega
legein) 20e

큰 polys → 많은

큰 덩치, *크기 megethos 30e

탄원 hiketeia 39a

탄원하다 hiketeuein 34c cf. 간청하
다, 애원

탐구하다 zētein → 탐색하다

탐문하다, *찾다, *심문하다 ereunan
23b, 41b cf. 검토하다, 탐색하
다, 살펴보다

탐색, *탐구 zētēsis 21b, 29c cf. 검토,
탐색하다, 탐문하다, 추구하다

탐색하다, 탐구하다, 찾다 zētein cf.
발견하다, 검토하다, 찾다, 살
펴보다, 탐문하다, 추구하다
— 탐색하다 22a, 24b
— 탐구하다 18c, 19b
— 찾다 23b, 37d

택하다 hairein → 잡다

택하다 analambanein → 거론하다

터무니없는 말을 하다 ouden legein
30b

통곡하다, *울부짖다, *애도하다, *한
탄하다 thrēnein cf. 비탄하다

투표 psēphos 34d

투표하다 tithesthai tēn psēphon
34d

*투표하다 psēphizesthai → 반대표
를 던지다

252

투표하다 → 유죄 표를 던지다 kata-
    psēphizesthai
*특출하다 diapherein → 다르다
특히 malista → 가장
틀리다 pseudesthai → 거짓말하다
티 나는, *뛰는, *과도한, *유별난,
    *중뿔난 perittos 20c

파당, *내분 stasis 36b
판가름하다, 심리하다, 재판하다
    krinein cf. 정실로 재단하다,
    심판
    — 판가름하다 35c, 35d
    — 심리하다 32b, 37a
    — 재판하다 35a(재판을 받다)
판결하다, 재판하다 dikazein
    — 판결하다 35c
    — 재판하다 41a
펑펑 polys → 많은
편력 planē 22a
평범한 개인 idiōtēs 40d
평의회 운영위원, *평의회 의장단
    prytanis 32b
평의회 운영을 맡다, *평의회 의장
    단 직을 맡다 prytaneuein 32b
평의회 의원 bouleutēs 25a(2회)* cf.
    민회 구성원
평의회 의원이 되다 bouleuein → 의
    결하다

포착하다 katalambanein 22b
*표시 sēmeion → 신호
피고가 되다 pheugein → 피하다
피리 연주에 관련된 aulētikos 27b
피리 연주자 aulētēs 27b
피소되다 pheugein → 피하다
피하다, 회피하다, 피소되다, 피고가
    되다 pheugein 35d cf. 고발하
    다
    — 피하다 29b
    — 회피하다 26a
    — 피소되다 35d
    — 피고가 되다 19c
피하다, 방면되다, *벗어나다 dia-
    pheugein
    — 피하다 39a(죽음을 피하게 될)
    — 방면되다 29c(내가 방면되면)
피하다, *벗어나다, *방면되다 ek-
    pheugein 39a(2회 : 죽음만큼은
    피할, 죽음을 피하는 것이) cf. 추
    격하다
*피하다 apopheugein → 죄를 벗다
필요하다 deisthai → 간청하다

…하게 될 것이다 mellein → 작정이다
…하겠다고 하다 mellein → 작정이다
…하고 싶어 하다 boulesthai → 바
    라다
…하고 싶은 욕망을 가지다 epithy-

mein → 욕망을 가지다

…하기 싫어하다 ouk ethelein → 거부하다

하늘의 ouranios 19b

하다, 일을 하다, 활동을 하다, *행위를 하다, 받아 내다, *요구하다, *지내다, *살다 prattein cf. 일, 겪다, 만들다

— 하다, 일을 하다, *행위를 하다 20c(다른 유의 어떤 일을 하지 않았는데도), 23b(국가의 일들이든 집안일들이든 … 할 여유가), 28b(2회 : 어떤 일을 하면서 … 정의로운 일을 하고 있는지 부정의한 일을 하고 있는지 … 훌륭한 사람의 행동을 하고 있는지 나쁜 사람의 행동을 하고 있는지, 첫 두 용례에만 해당되는 원어가 대응하고 나머지는 원문에는 생략됨), 29d(계속 이 일을 하다), 30a(하는 일은), 31b(여러분의 일은 줄곧 해 왔다), d(2회 : 내가 하려는 일을, 정치적인 활동들을 하려고), 33a(나 자신의 일들을 하는 걸), c(2회 : 나에게 하라 명한, 어떤 일을 하라고 명함), 35c(경건하지도 않다고 생각하는 일들을 여러분 앞에서 해야 한다고), 38e(자유인답지 않은 일을 해서는), 40a (옳지 않은 일을 하려), c(하려던 일이)

— 활동을 하다, *행위를 하다 31d(정치적인 활동들을 하는 : ta politika prattein), 32e(2회 : 공적인 활동들을 했다면(prattein ta dēmosia), 훌륭한 사람에게 걸맞은 활동을 하면서), 33a(공적인 어떤 활동을 했다면(dēmosiāi prattein))

— 받아 내다, *요구하다 19e (돈을 받는다), 31c(보수를 받아 내거나)

하다, 저지르다, 행동을 벌이다 ergazesthai cf. 행동, 만들다, 실행해 내다

— 하다(…일을), 하다(…에게 … 일을) 25c(나쁜 일을 하고 … 훌륭한 일을 하는), d(나쁜 일을 하고 … 훌륭한 일을 한다), 34a (나쁜 일을 하는), 39c(방금 이 일을 해냈죠)

— 저지르다(…일을) 28d(무서운 일을 저질러 버린), 32d(2회 : 불경건한 어떤 일도 저지르지 않는, 부정의한 일을 저지르게)

— 행동을 벌이다 35a(놀라운 행동들을 벌입니다)

하다 poiein → 만들다

…하려 하다 mellein → 작정이다

하루 hēmera → 날

…하면서 지내다 diagein → 지내다

한인물 하다, *중요한 존재다 ti einai
　　35a, b, 41e(2회)

…할 수 있다, 허용되다 exesti
　　— …할 수 있다 19e(교제를 나
　　눌 수 있는데), 26d(살 수 있고)
　　— 허용되다 39e

…할 수 있을 것이다 mellein → 작
　　정이다

…할 자세가 된 hetoimos → 예비된

…할 작정이다 mellein → 작정이다

*…할 줄 알다 epistasthai → 알다

…할 태세인 hetoimos → 예비된

함께 살펴보다, *함께 따져 보다, *함
　　께 숙고하다 synepiskeptesthai
　　27a cf. 살펴보다

함께 있다, 함께 지내다, 교제하다,
　　교제를 나누다 syneinai 41c
　　cf. 가르치다, 대화를 나누다,
　　삶, 떠나다
　　— 함께 있다 25b, d, e
　　— 함께 지내다 41c
　　— 교제하다, 교제를 나누다
　　19e(교제를 나누길), 20a

함께 있다, 함께하다 syngignesthai
　　cf. 가르치다, 대화를 나누다,
　　교제

　　— 함께 있다 41a(호메로스와 함
　　께 있게 되는 일)
　　— 함께하다 26a(나와 함께하며
　　가르치는)

함부로 추측하다 autoschediazein
　　20d

합당한 epieikēs → 제대로 된

항변, *변명, *피고 변론 apologia
　　24b, 28a cf. 고발

항변하다, *변명하다, *피고로서 변
　　론하다 apologeisthai 17c☆,
　　18a, c, d, e(2회), 19a(2회),
　　24b, 30d, 34b, 35d, 38e(2회)

해 hēlios 26d(2회)

해 보다(…하도록) peirasthai → 시도
　　하다

해로운 blaberos 30b cf. 이득이 되는

해를 주다, 해를 끼치다, 해를 입히
　　다, 해가 되다 blaptein cf. 불
　　의를 행하다, 망치다, 이득을
　　주다
　　— 해를 주다 30c, 41e
　　— 해를 끼치다 30c
　　— 해를 입히다 25d(2회), 30d
　　— 해가 되다 38b

해소하다 apolyesthai 37b

…해야 하다, …해야겠다, …해야 마땅
　　하다 dei, dein cf. 거의(oligou
　　dein), 전혀 아니다(pollou dein)

cf. 가치가 있는, 생각하다(axioun)

— …해야 하다, …해서는 안
되다(부정) 22a, 28b, d, e,
29c, 32c, 35c, 36d, e, 37c,
38e(ou dein 2회 : …해서는 안
된다), 39b, e, 40d(2회 : 강조
위한 반복, 번역에는 1회만 반영
됨), 41e

— …해야겠다 19b, 22a, 38d

— …해야 마땅하다 18e

…해야 하다, …해야 마땅하다 chrē

— …해야 하다, …해서는 안
되다(부정) 17a(조심해야), 33d
(앙갚음을 했어야), 34a(내세웠어
야), 35b(oukoun chrē : 해도 안
되고), 41c(가져야)

— …해야 마땅하다 32e(마땅히
그래야)

해전 naumachia 32b

…해지다 gignesthai → 생겨나다

행동, *일, 실제 행동, *사실 ergon
cf. 말, 일

— 행동, *일 28b, 32d, 40b

— 실제 행동, *사실 17b*, 32a

행동을 벌이다 ergazesthai → 하다

행복, 다행 eudaimonia

— 행복 41c

— 다행 25b

행복한 eudaimōn 36d, 41c cf. 축복

받은 사람이라고 생각하다

행위 drama 35b cf. 하다

허용되다 exesti → …할 수 있다

허튼 소리 phlyaria 19c

허튼 소리를 해대다 phlyarian phlya-
rein 19c

헐뜯다, *비난하다 loidorein 38c
cf. 비난하다, 비방하다

헤어지다 apienai → 떠나다

현명한, *지혜로운, *사려 깊은, *분
별 있는, *양식 있는 phronimos
22a*, 36c cf. 지혜로운

현명함, *지혜, *사려 분별, *사려,
*분별 phronēsis 29e cf. 지혜

현장에서 ep' autophōrō 22b

혈통 좋은, *태생에 어울리는, *고
상한 gennaios 30e cf. 서출의

형(兄) adelphos presbyteros → 형제,
나이 든 이

형량을 제안하다, 제안하다, 벌금을
제안하다 timasthai cf. 대안
형량을 제안하다, 형벌을 부과
하다

— 형량을 제안하다, 제안하다
36b, d, 37a(2회), b(3회), c

— 벌금을 제안하다 38b(4회)

형벌을 부과하다, 벌금을 부과하다,
*형량 제안을 받아들이다
timan cf. 형량을 제안하다, 부

과된 벌, 돈
　— 형벌을 부과하다 37c
　— 벌금을 부과하다 38b
형제 adelphos 21a, 31b(형 : adelphos
　　presbyteros), 33d, e(2회), 34a(3
　　회)
형편없는 phaulos → 보잘것없는
혜택, *시혜, *봉사 euergesia 36c
혜택을 베풀다, *봉사하다 euergesian
　　euergetein 36c cf. 유공자
호의를 베풀다 charizesthai 35c cf.
　　정실(情實)로 재단(裁斷)하다
혹독한 chalepos → 어려운
화, *분노 orgē 34d(홧김에)
화내다, *분노하다 orgizesthai 23d,
　　34c
화내다, 성내다, 짜증내다, *분개하다
　　achthesthai cf. 언짢아하다
　— 화내다 31e
　— 성내다 23e
　— 짜증내다 31a
확신하다 peithesthai → 따르다
확연한 katadēlos 23d cf. 분명한
환전상, *탁자, *식탁 trapeza 17c
활동 pragma → 일
활동을 하다 prattein → 하다
회피하다 pheugein → 피하다
후회하다 metamelei 38e
훈계하다 nouthetein 26a cf. 가르치

다, 알려주다
훌륭한, 좋은 agathos cf. 아름답고
　　훌륭한, 아름다운, 제대로 된,
　　쓸 만한, 나쁜, 사악한, 악, 덕
　— 훌륭한 (사람) 22d, 24b,
　　d(훌륭한 양반 : ōgathe), 25c(2
　　회)☆, d(훌륭한 양반 : ōgathe),
　　e(2회), 28b, c, 32e, 41d + '아
　　름답고 훌륭한'의 용례들
　— 좋은 (것) 29a, b, 30a, b,
　　36d(2회), 37b, 38a, 40b, c(2
　　회), e
*훌륭한 epieikēs → 제대로 된
*훌륭함 aretē → 덕
훨씬 더 poly mallon → 많은(훨씬)
흉내 내다, *모방하다 mimeisthai
　　23c
흔들거리다 peripheresthai → 이리
　　저리 흔들거리다
흙 gē → 땅
희극 kōmōidia 19c cf. 비극
희화화하다 epikōmōidein 31d
힘 ischys 29d cf. 강고한
힘주어 pany sphodra → 열정적인

고유명사

고르기아스 Gorgias 19e

니코스트라토스 Nikostratos 33e

데모도코스 Dēmodokos 33e

델리온 Dēlion 28e

델피(델포이) Delphoi 20e, 21a

라다만튀스 Rhadamanthys 41a☆

레온 Leōn 32c, 32d

레온티니(레온티노이) 출신 Leontinos
   19e

뤼사니아스 Lysanias 33e

뤼콘 Lykōn 23e, 24a, 36a

멜레토스 Melētos 19b, c, 23e(2회),
   24b, c(2회), d, e, 25a, b, c(2
   회), d, e, 26b(3회), d(2회), e,
   27a, b, e, 28a(2회), 30c, 31d,
   34a(2회), b, 35d, 36a, 37b

무사이오스 Mousaios 41a☆

미노스 Minōs 41a☆

살라미스 Salamis 32c, 32d

살라미스 사람 Salaminios 32c

소크라테스 Sōkratēs 18b, 19b, c,
   20b, c, 23a, b, d, 24b, e,
   26e, 27a(2회), 28b, 29c(2회),
   35a, 37e, 38c

스페토스 출신 Sphēttios 33e

시쉬포스 Sisyphos 41c☆

*아가멤논 Agamemnōn 41c(트로이

와 싸우러 대군을 이끌고 간 사람)

아뉘토스 Anytos 18b☆, 23e(2회), 25b,
   28a, 29c(2회), 30b, c, 31a, 34b,
   36a

아데이만토스 Adeimantos 34a

아리스톤 Aristōn 34a

아이스키네스 Aischinēs 33e☆

아이아스 Aias 41b☆

아이아코스 Aiakos 41a☆

아이안토도로스 Aiantodōros 34a

*아킬레우스 Achilleus 28c(테티스의
   아들)

아테나이인(아테나이인) Athēnaios 25a,
   29d, 35b + '아테나이인 여러분'
   항목의 모든 용례(44회. T 사본
   의 것을 포함하면 45회)

아폴로도로스 Apollodōros 34a☆,
   38b

*아폴론 Apollōn 20e(델피에 있는 신)

안티오키스 Antiochis 32b

안티폰 Antiphōn 33e

암피폴리스 Amphipolis 28e

에우에노스 Euēnos 20b(2회)

에피게네스 Epigenēs 33e☆

엘리스 출신 Ēleios 19e

오뒤세우스 Odysseus 41c☆

오르페우스 Orpheus 41a☆

제우스 Zeus 17b, 25c, 26d, e(2회),
   35d, 39c

옮긴이의 말

철학의 알파와 오메가를 보여 주는 책 하나를 들어 보라면 난 주저 없이 『변명』을 택한다. 공부하면서 가르치면서 가장 많이 가장 즐거이 읽는 작품 가운데 하나가 『변명』이다. 읽을 때마다 여러 얼굴과 느낌으로 다가오며 새로운 깨달음과 가르침을 주는, 단 한 번 실망시키는 적 없는 텍스트가 『변명』이다. 이런 작품을 번역하고 여러분과 함께 읽을 수 있게 되어 즐겁고 반갑다.

날짜를 정리해 두지 않아 확실치 않지만, 내 원전 번역들 가운데 아마 초역이 제일 먼저 생산된 작품도 『변명』이 아닐까 싶다. 초급 희랍어 문법을 배운 지 2년 후 그걸 가르칠 기회를 얻어 즐거워하던 1992년 초 겨울에 학생들과 문법을 끝내고 그해 여름쯤 내친 김에 함께 읽어 보자고 그들을 꾄 텍스트가 『변명』이다. 그로부터 4년 후 중급 희랍어 집중 코스 선생이 되었을 때 야심

차게 준비하여 학생들과 독파한 텍스트도 『변명』이다. 이후로도 2004년인가에 학생들과 한 번 더 읽었고, 작년에 윤독을 하며 학당 동료 선후배들과 다시 읽기까지 여러 번 곱씹으며 고민한 작품이다. 이런 오랜 씨름의 결과 우리말 『변명』을 내놓게 되어 뿌듯하고 후련하다.

앞서 내 이름으로 나온 정암의 세 번역본(『뤼시스』, 『편지들』(공역), 『향연』)은 우연찮게도 모두 케임브리지에서 마지막 작업을 했는데, 이 책은 국내에서 마무리 작업을 하고 있어 느낌이 새롭다. 강릉에 내려와 지낸 5년의 삶이 이 책과 더불어 한 꼭지 정리되는 감도 없지 않아 있다. 앞으로 더 밀도 있고 충실한 삶을 살아야겠다는 다짐, 새삼 한 번 더 해 본다.

『향연』 때도 그랬지만 마무리에 들어간 시점에 아니나 다를까 「찾아보기」가 매우 중요하게 다가왔다. 거기 매달리느라 다른 작업들이 차례로 늦어졌고 '막판 뒤집기'도 숱하게 일어났다. 『향연』 때 끝까지 고민했던 말이 가장 일반적이고 대표적인 명사 '말', 즉 '로고스'였는데, 『변명』에서 끝까지 고심했던 말은 가장 일반적이고 대표적인 동사 '하다', 즉 '프라테인(prattein)'이었다. 연관된 말 '포이에인(poiein)', '에르가제스타이(ergazesthai)'까지 세트로 묶여 숙고의 대상이었다. 사실 이런 사안에 정답이란 없다. 그저 한 작품 안에서 키워드들을 중심으로 이루어지는 말들의 이합집산과 합종연횡이 가장 자연스럽게 포착되고 풍부한 함축이 드러나는 방식으로 유연하게 변환될 수 있는 체계 하나를 구상해 내면 그뿐이다. 그러니 나의 선택이 다른 작품이나 글들에까지 이어지고 적용되어야 한다고 주장할 생각은 없다. 『변명』을 읽으며 이런 번역어들이 여러 맥락들 속에서 가장 많은 조합을 자연스럽고 풍부하게 재현한다는 걸 발견했다는 보고를 하는 것으로 만족하겠다. 이러저런 굴곡을 거친 끝에, 오래 두고 고민했던 『향연』의 '로고스'가 한순간에 뒤집혀 '이야기'로 정착했듯이, 마지막 순간까지 고심했던 『변명』의 '프라테인'/'프라그마'는 어느 순간 '행하다(행동하다)'/'활동(일)'에서 '하다(일을 하다)'/'일(활동)'로 바뀌어 자리 잡았다. 「작품 안내」에 들여야 할 시간을 빼앗겨 가며 공들여 만든 「찾아보기」는 『변명』을 보다 심도 있게 읽어 내고자 하는 포부를 가진 이들에게 매우 유용한 안내 역할을 할 수 있으리라 기대한다.

이 번역서는 오랜 기다림과 수고 끝에 나왔다. 이 책을 가능한 한 흠 없는 상태로 만드는 데 노력과 도움을 아끼지 않으신 정암 가족 여러분, 그리고 늘 가르침과 충고를 아끼지 않으시는 은사님들과 동료 선후배 여러분께 고마움을 표한다. 삶과 세상에 대한 탐색과 희망을 함께하는 새길교회 길벗 여러분들의 격려와 관심은 표면에 드러나지 않는 곳에서 작동하는 깊고 묵직한 동력이다. 새삼 거론하는 것이 누가 될 가족들의 보이지 않는 배려와 공감이야말로 나의 삶과 일을 지탱하는 가장 큰 버팀목이다.

이 책에 혹시라도 뭔가 훌륭함이 깃들어 있다면 이 모든 이들이 곁에서 사랑으로 관심으로 지성으로 채찍질하고 감시하며 격려해 주시는 덕분이다. 깊이 머리 숙여 감사드린다. 기한 안에 완성도 높은 책을 펴내려 애쓰며 이 순간에도 인내심으로 원고를 기다리고 계신 출판사 분들이 계셔서 든든하고 고맙다. 그러나 어설픈 잘못이나 흠이 있다면 그 책임은 전적으로 나의 몫이다. 따끔히 지적해 주시면 더 좋은 번역과 더 멋진 이야기들을 함께 만들고 나누어 가는 기회로 삼겠다.

무엇보다도 나의 알량한 이야기에 열기와 끈기로 화답해 주시는 여러 수강생, 제자, 독자들과 더불어 이 책의 출간을 기뻐하고 싶다. '스펙'과 취업이 상아탑 안팎을 옥죄는 어려운 시절 쉽지 않은 공부와 탐색들을 이어가는 강릉과 다른 여러 곳의 제자와 학도들은 호기심 어린 눈과 열정에 찬 질문으로 선생이자 동학인 나를 긴장시키고 행복하게 한다. 편안히 의자에 기대어 앉아 쉽게 인문학을 소비할 기회들을 마다하고 난해한 희랍어에 '겁도 없이' 도전한 2014 정암 희랍어 멤버들은 휘발성 높은 희랍어의 흔적들이 머릿속에 '낙인'처럼 남길 바라는 마음으로, 내가 즐겨 인용하는 '칼레파 타 칼라(chalepa ta kala : 아름다운 것은 어렵다)'를 함께 주문처럼 외쳐 대는 중이다. 고전 연구자들을 늘 한결같은 따뜻한 시선으로 지켜봐 주시는 읽는 이 여러분들의 기다림과 격려가 나와 동료들에겐 늘 큰 힘과 자극이 된다. 고전

264

을 읽는 일 자체가, 고전의 번역을 손꼽아 기다려 주는 일 자체가 시장성과 시류를 따라 부유하는 이 시대 주류 문화에 저항하는 중요한 한 걸음을 내딛는 일이다. 시대를 거스르는 이런 이들과 더불어 만들어 가는 우리의 세상은 그래서 아주 어둡지만은 않다. 이런 모든 이들의 호기심과 호기로움, 인내와 '일냄', 그 끝의 짜릿함, 이 모든 것이 『변명』과 함께 오래오래 기억되고 빛날 것이다.

2014년 12월 15일 강릉에서

강철웅

사단법인 정암학당을 후원해 주시는 분들

정암학당의 연구와 역주서 발간 사업은 연구자들의 노력과 시민들의 귀한 뜻이 모여 이루어집니다. 학당의 모든 연구는 시민들의 자발적인 후원을 바탕으로 하기 때문입니다. 그 결실을 담은 '정암고전총서'는 연구자와 시민의 연대가 만들어 내는 고전 번역 운동의 산물이라고 할 수 있습니다. 이 같은 학술 운동의 역사적 의미를 기리고자 이 사업에 참여한 후원회원 한 분 한 분의 정성을 이 책에 기록합니다.

평생후원회원

Alexandros Kwanghae Park		강대진	강상진	강선자	강성훈	강순전	강창보
강철웅	고재희	공기석	권세혁	권영경	권장용	기종석	길명근	김경랑
김경현	김기영	김남두	김대오	김미성	김미옥	김상기	김상수	김상욱
김상현	김석언	김석준	김선희(58)	김성환	김숙자	김영균	김영순	김영일
김영찬	김운찬	김유순	김 율	김은자	김은희	김인곤	김재홍	김정락
김정란	김정례	김정명	김정신	김주일	김진성	김진식	김출곤	김 헌
김현래	김현주	김혜경	김혜자	김효미	류한형	문성민	문수영	문종철
박계형	박금순	박금옥	박명준	박병복	박복득	박상태	박선미	박세호
박승찬	박윤재	박정수	박정하	박종민	박종철	박진우	박창국	박태일
박현우	반채환	배인숙	백도형	백영경	변우희	서광복	서 명	서지민
설현석	성중모	손병석	손성석	손윤락	손효주	송경순	송대현	송성근
송순아	송유레	송정화	신성우	심재경	안성희	안 욱	안재원	안정옥
양문흠	양호영	엄윤경	여재훈	염수균	오서영	오지은	오흥식	유익재
유재민	유태권	유 혁	윤나다	윤신중	윤정혜	윤지숙	은규호	이기백
이기석	이기연	이기용	이두희	이명호	이미란	이민숙	이민정	이상구
이상원	이상익	이상인	이상희(69)	이상희(82)	이석호	이순이	이순정	이승재
이시연	이광영	이영원	이영호(48)	이영환	이옥심	이용구	이용술	이용재
이용철	이원제	이원혁	이유인	이은미	이임순	이재경	이정선(71)	이정선(75)
이정숙	이정식	이정호	이종환(71)	이종환(75)	이주형	이지수	이 진	이창우
이창연	이창원	이충원	이춘매	이태수	이태호	이필렬	이향섭	이향자
이황희	이현숙	이현임	임대윤	임보경	임성진	임연정	임창오	임환균
장경란	장동익	장미성	장영식	전국경	전병환	전헌상	전호근	정선빈
정세환	정순희	정연교	정 일	정정진	정제문	정준영(63)	정준영(64)	정태흡
정해남	정흥교	정희영	조광제	조대호	조병훈	조익순	지도영	차경숙
차기태	차미영	최 미	최세용	최수영	최병철	최영임	최영환	최운규
최원배	최윤정(77)	최은영	최인규	최지호	최 화	표경태	풍광섭	하선규
하성권	한경자	한명희	허남진	허선순	허성도	허영현	허용우	허정환
허지현	홍섬의	홍순정	홍 훈	황규빈	황유리	황예림	황희철	
나와우리〈책방이음〉			도미니코 수도회		도바세	방송대문교소담터스터디		
창송대영문과07 학번미아팀			법률사무소 큰숲		부북스출판사(신현부)			
생각과느낌 정신건강의학과			이제이북스		카페 벨라온			

개인 249, 단체 10, 총 259

후원위원

강성식	강승민	강용란	강진숙	강태형	고명선	곽삼근	곽성순	구미희
권영우	길양란	김경원	김나윤	김대권	김명희	김미란	김미선	김미향
김백현	김병연	김복희	김상봉	김성민	김성윤	김순희(1)	김승우	김양희(1)
김양희(2)	김애란	김영란	김옥경	김용배	김윤선	김장생	김정현	김지수(62)
김진숙(72)	김현제	김형준	김형희	김희대	맹국재	문영희	박미라	박수영
박우진	박현주	백선옥	사공엽	서도식	성민주	손창인	손혜민	송민호
송봉근	송상호	송연화	송찬섭	신미경	신성은	신영옥	신재순	심명은
오현주	오현주(62)	우현정	원해자	유미소	유형수	유효경	이경진	이명옥
이봉규	이봉철	이선순	이선희	이수민	이수은	이승목	이승준	이신자
이은수	이재환	이정민	이주완	이지희	이진희	이평순	이한주	임경미
임우식	장세백	전일순	정삼아	정은숙	정현석	조동제	조명화	조문숙
조민아	조백현	조범규	조성덕	조정희	조준호	조진희	조태현	주은영
천병희	최광호	최세실리아		최승렬	최승아	최이담	최정옥	최효임
한대규	허 민	홍순혁	홍은규	홍정수	황정숙	황훈성	정암학당1년후원	

문교경기〈처음처럼〉　　　　　　문교수원3학년학생회　　　　　　문교안양학생회
문교경기8대학생회　　　　　　　문교경기총동문회　　　　　　　문교대전충남학생회
문교베스트스터디　　　　　　　　문교부산지역7기동문회　　　　　문교부산지역학우일동(2018)
문교안양학습관　　　　　　　　　문교인천동문회　　　　　　　　　문교인천지역학생회
방송대동아리〈아노도스〉　　　　방송대동아리〈예사모〉　　　　　방송대동아리〈프로네시스〉
사가독서회

개인 124, 단체 16, 총 140

후원회원

강경훈	강경희	강규태	강보슬	강상훈	강선옥	강성만	강성심	강신은
강유선	강은미	강은정	강임향	강주완	강창조	강 항	강희석	고경효
고복미	고숙자	고승재	고창수	고효순	곽범환	곽수미	구본호	구익희
권 강	권동명	권미영	권성철	권순복	권순자	권오성	권오영	권용석
권원만	권정화	권해명	권혁민	김경미	김경원	김경화	김광석	김광성
김광택	김광호	김귀녀	김귀종	김길화	김나경(69)	김나경(71)	김남구	김대겸
김대훈	김동근	김동찬	김두훈	김 들	김래영	김명주(1)	김명주(2)	김명하
김명화	김명희(63)	김문성	김미경(61)	김미경(63)	김미숙	김미정	김미형	김민경
김민웅	김민주	김범석	김병수	김병옥	김보라미	김봉습	김비단결	김선규
김선민	김선희(66)	김성곤	김성기	김성은(1)	김성은(2)	김세은	김세원	김세진
김수진	김수환	김순금	김순옥	김순호	김순희(2)	김시형	김신태	김신판
김승원	김아영	김양식	김영선	김영숙(1)	김영숙(2)	김영애	김영준	김옥주
김용술	김용한	김용희	김유석	김은미	김은심	김은정	김은주	김은파
김인식	김인애	김인욱	김인자	김일학	김정식	김정현	김정현(96)	김정화
김정훈	김정희	김종태	김종호	김종희	김주미	김중우	김지수(2)	김지애

김지열	김지유	김지은	김진숙(71)	김진태	김철한	김태식	김태욱	김태헌
김태희	김평화	김하윤	김한기	김현규	김현숙(61)	김현숙(72)	김현우	김현정
김현정(2)	김현철	김형규	김형전	김혜숙(53)	김혜숙(60)	김혜원	김혜정	김홍명
김홍일	김희경	김희성	김희정	김희준	나의열	나춘화	나혜연	남수빈
남영우	남원일	남지연	남진애	노마리아	노미경	노선이	노성숙	노채은
노혜경	도종관	도진경	도진해	류다현	류동춘	류미희	류시운	류연옥
류점용	류종덕	류진선	모영진	문경남	문상흠	문순혁	문영식	문정숙
문종선	문준혁	문찬혁	문행자	민 영	민용기	민중근	민해정	박경남
박경수	박경숙	박경애	박귀자	박규철	박다연	박대길	박동심	박명화
박문영	박문형	박미경	박미숙(67)	박미숙(71)	박미자	박미정	박배민	박보경
박상선	박상준	박선대	박선희	박성기	박소운	박순주	박순희	박승억
박연숙	박영찬	박영호	박옥선	박원대	박원자	박윤하	박재준	박정서
박정오	박정주	박정은	박정희	박종례	박주현	박준용	박준하	박지영(58)
박지영(73)	박지희(74)	박지희(98)	박진만	박진현	박진희	박찬수	박찬은	박춘례
박태안	박한종	박해윤	박헌민	박현숙	박현자	박현정	박현철	박형전
박혜숙	박홍기	박희열	반덕진	배기완	배수영	배영지	배제성	배효선
백기자	백선영	백수영	백옹찬	백애숙	백현우	변은섭	봉성용	서강민
서경식	서동주	서두원	서민정	서범준	서승일	서영식	서옥희	서용심
서월순	서정원	서지희	서창립	서회자	서희승	석현주	설진철	성 염
성윤수	성지영	소도영	소병문	소선자	손금성	손금화	손동철	손민석
손상현	손정수	손지아	손태현	손혜정	송금숙	송기섭	송명화	송미희
송복순	송석현	송염만	송요중	송원욱	송원희	송유철	송인애	송진우
송태욱	송효정	신경원	신기동	신명우	신민주	신성호	신영미	신용균
신정애	신지영	신혜경	심경옥	심복섭	심은미	심은애	심정숙	심준보
심희정	안건형	안경화	안미희	안숙현	안영숙	안정숙	안정순	안진구
안진숙	안화숙	안혜정	안희경	안희돈	양경엽	양미선	양병만	양선경
양세규	양예진	양지연	엄순영	오명순	오승연	오신명	오영수	오영순
오유석	오은영	오진세	오창진	오혁진	옥명희	온정민	왕현주	우남권
우 람	우병권	우은주	우지호	원만희	유두신	유미애	유성경	유정원
유 철	유향숙	유희선	윤경숙	윤경자	윤선애	윤수홍	윤여훈	윤영미
윤영선	윤영이	윤 옥	윤은경	윤재은	윤정만	윤혜영	윤혜진	이건호
이경남(1)	이경남(72)	이경미	이경선	이경아	이경옥	이경원	이경자	이경희
이관호	이광로	이광석	이군무	이궁훈	이권주	이나영	이다영	이덕제
이동래	이동조	이동춘	이명란	이명순	이미옥	이병태	이복희	이상규
이상래	이상봉	이상선	이상훈	이선민	이선이	이성은	이성준	이성호
이성훈	이성희	이세준	이소영	이소정	이수경	이수련	이숙희	이순옥
이승용	이승훈	이시현	이아람	이양미	이연희	이영숙	이영신	이영실
이영애	이영애(2)	이영철	이영호(43)	이옥경	이용숙	이용웅	이용찬	이용태
이원용	이윤주	이윤철	이은규	이은심	이은정	이은주	이이숙	이인순

이재현	이정빈	이정석	이정선(68)	이정애	이정임	이종남	이종민	이종복
이중근	이지석	이지현	이진아	이진우	이창용	이철주	이춘성	이태곤
이평식	이표순	이한솔	이현주(1)	이현주(2)	이현호	이혜영	이혜원	이호석
이호섭	이화선	이희숙	이희정	임석희	임솔내	임정환	임창근	임현찬
장모범	장시은	장영애	장영재	장오현	장재희	장지나	장지원(65)	장지원(78)
장지은	장철형	장태순	장해숙	장홍순	전경민	전다록	전미래	전병덕
전석빈	전영석	전우성	전우진	전종호	전진호	정경회	정계란	정금숙
정금연	정금이	정금자	정난진	정미경	정미숙	정미자	정상묵	정상준
정선빈	정세영	정아연	정양민	정양욱	정 연	정연화	정영목	정옥진
정용백	정우정	정유미	정은정	정일순	정재웅	정정녀	정지숙	정진화
정창화	정하갑	정은교	정해경	정현주	정현진	정호영	정환수	조권수
조길자	조덕근	조미선	조미숙	조병진	조성일	조성혁	조수연	조슬기
조영래	조영수	조영신	조영연	조영호	조예빈	조용수	조용준	조윤정
조은진	조정란	조정미	조정옥	조중윤	조창호	조황호	주봉희	주연옥
주은빈	지정훈	진동성	차문송	차상민	차혜진	채수환	채장열	천동환
천명옥	최경식	최명자	최미경	최보근	최석묵	최선회	최성준	최수현
최숙현	최영란	최영순	최영식	최영아	최원옥	최유숙	최유진	최윤정(66)
최은경	최일우	최자련	최재식	최재원	최재혁	최정옥	최정호	최정환
최종희	최준원	최지연	최혁규	최현숙	최혜정	하승연	하혜용	한미영
한생곤	한선미	한연숙	한옥희	한윤주	한호경	함귀선	허미정	허성준
허 양	허 웅	허인자	허정우	홍경란	홍기표	홍병식	홍성경	홍성규
홍성은	홍영환	홍은영	홍의중	홍지흔	황경미	황광현	황미영	황미옥
황선영	황신해	황은주	황재규	황정희	황주영	황현숙	황혜성	황희수
kai1100	익명							

리테라 주식회사　　　　　　　문교강원동문회　　　　　　문교강원학생회
문교경기〈문사모〉　　　　　　문교경기동문〈문사모〉　　문교서울총동문회
문교원주학생회　　　　　　　문교잠실송파스터디　　　　문교인천졸업생
문교전국총동문회　　　　　　문교졸업생　　　　　　　　문교8대전국총학생회
문교11대서울학생회　　　　　문교K2스터디　　　　　　　서울대학교 철학과 학생회
(주)아트앤스터디　　　　　　영일통운(주)　　　　　　　장승포중앙서점(김강후)
책바람

개인 695, 단체 19, 총 714

2022년 4월 30일 현재, 1,068분과 45개의 단체(총 1,113)가 정암학당을 후원해 주고 계십니다.

┃ 옮긴이

강철웅

서울대학교 철학과를 졸업하고 플라톤 인식론 연구로 석사 학위를, 파르메니데스 단편 연구로 박사 학위를 받았으며, 하버드 대학교 철학과에서 박사 논문 연구를, 케임브리지 대학교 고전학부에서 기원전 1세기 아카데미 철학을 주제로 박사후 연수를 수행했다. 정암학당 창립 멤버이자 케임브리지 대학교 클레어홀 종신 멤버이며, 풀브라이트 학자로 초청받아 보스턴 칼리지 철학과에서 활동했다. 현재 강릉원주대학교 철학과 교수로 있다.

저서로 『설득과 비판: 초기 희랍의 철학 담론 전통』, 『서양고대철학 1』(공저)이 있고, 역서로 『소크라테스 이전 철학자들의 단편 선집』(공동 편역), 플라톤의 『소크라테스의 변명』, 『뤼시스』, 『향연』, 『법률』(공역), 『편지들』(공역), 존 던의 『민주주의의 수수께끼』(공역) 등이 있다. 고대 희랍이 가꾼 진지한 유희의 '아곤(콘테스트)' 정신을 재조명함으로써 우리 담론 문화가 이분법과 배타성을 넘어 보다 건강하고 열린 대화의 장으로 성숙해 가도록 하는 데 관심을 기울이고 있으며, 그 일환으로 작업 중인 『소피스트 단편 선집』이 출간을 앞두고 있다. (이메일: cukang@gwnu.ac.kr)

정암고전총서는 정암학당과 아카넷이 공동으로 펼치는 고전 번역 사업입니다. 고전의 지혜를 공유하여 현재를 비판하고 미래를 내다보는 안목을 키우는 문화적 기반을 마련하고자 합니다.

정암고전총서 플라톤 전집

소크라테스의 변명

1판 1쇄 펴냄 2020년 2월 28일
1판 6쇄 펴냄 2023년 4월 3일

지은이 플라톤
옮긴이 강철웅
펴낸이 김정호
펴낸곳 아카넷

출판등록 2000년 1월 24일(제406-2000-000012호)
주소 10881 경기도 파주시 회동길 445-3 2층
전화 031-955-9511(편집) · 031-955-9514(주문)
팩스 031-955-9519
www.acanet.co.kr

© 강철웅, 2020

Printed in Paju, Korea.

ISBN 978-89-5733-668-7 94160
ISBN 978-89-5733-634-2 (세트)

도서의 국립중앙도서관 출판예정도서목록(CIP)은
서지정보유통지원시스템 홈페이지(http://seoji.nl.go.kr)와
국가자료공동목록시스템(http://www.nl.go.kr/kolisnet)에서 이용하실 수 있습니다.
(CIP제어번호: CIP2020005578)